Jürgen Engel-Bock
Nikolai Laßmann
Rudi Rupp

Bilanzanalyse leicht gemacht

Der erfolgreiche Betriebsrat

Jürgen Engel-Bock
Nikolai Laßmann
Rudi Rupp

Bilanzanalyse leicht gemacht

Eine Arbeitshilfe für Betriebsräte,
Wirtschaftsausschussmitglieder
und Arbeitnehmervertreter in Aufsichtsräten

6., vollständig überarbeitete und erweiterte Auflage

Die im Anhang aufgeführten »Musterbögen für die Bilanzanalyse« sind auf der beigefügten CD-ROM hinterlegt. Sie können elektronisch oder manuell bearbeitet und ausgedruckt werden.
Sie können die Musterbögen direkt von der CD nutzen.
Direktaufruf von der CD: Gehen Sie auf Ihr CD-Laufwerk und doppelklicken Sie auf »Bilanzanalyse«.
Systemvoraussetzungen: Excel-Version ab 98, Windows ab 98.

Bibliografische Information der Deutschen Nationalbibliothek
Die Deutsche Nationalbibliothek verzeichnet diese Publikation in der Deutschen Nationalbibliografie; detaillierte bibliografische Daten sind im Internet über http://dnb.d-nb.de abrufbar.

6., vollständig überarbeitete und erweiterte Auflage 2012
© 1997 by Bund-Verlag GmbH, Frankfurt am Main
Herstellung: Madlen Richter
Umschlag: Cicero Kommunikation, Wiesbaden
Satz/CD-ROM-Entwicklung: Dörlemann Satz, Lemförde
CD-ROM-Vervielfältigung: Optimal media produktion GmbH, Röbel/Müritz
Druck: Freiburger Graphische Betriebe, Freiburg
Printed in Germany 2012
ISBN: 978-3-7663-6081-6

Alle Rechte vorbehalten,
insbesondere die des öffentlichen Vortrags,
der Rundfunksendung
und der Fernsehausstrahlung,
der fotomechanischen Wiedergabe,
auch einzelner Teile.

www.bund-verlag.de

Inhaltsverzeichnis

Vorwort 9

Abkürzungsverzeichnis 11

I. Die Auseinandersetzung mit dem Jahresabschluss 15

II. Der Jahresabschluss 21

    1. Grundsätzliches zum Jahresabschluss 21
       1.1 Rechtliche Grundlagen 21
       1.2 Der Jahresabschluss nach Unternehmensform und Unternehmensgröße 26
       1.3 Die Buchführung und die allgemeinen Grundsätze für die Aufstellung des Jahresabschlusses 32
    2. Bestandteile des Jahresabschlusses 36
       2.1 Die Bilanz 36
          2.1.1 Bilanzgliederung 37
          2.1.2 Aktivseite 42
          2.1.3 Passivseite 49
       2.2 Die Gewinn- und Verlustrechnung 59
       2.3 Der Anhang 69
          2.3.1 Angabepflichten im Anhang für Kapitalgesellschaften, die unter das Publizitätsgesetz fallen 69
          2.3.2 Rechtsformspezifische Angabepflichten im Anhang . 84
          2.3.3 Kapitalschlussrechnung 87
          2.3.4 Eigenkapitalspiegel 90
          2.3.5 Segmentberichterstattung 92

III. Besonderheiten im Konzernabschluss 96
    1. Der Konzernbegriff 96
    2. Bedeutung von Konzernabschlüssen 96

3. Rechtliche Grundlagen 97
    3.1 Aufstellungspflicht und Umfang des Konzernabschlusses . . 97
    3.2 Konzernabschlüsse nach internationalen Rechnungs-
        legungsstandards 101
 4. Konsolidierung 102
    4.1 Konsolidierungsrechnungen 102
    4.2 Konsolidierungskreis und Konsolidierungsformen 106
 5. Aufbau der Konzern-Gewinn- und Verlustrechnung
    und der Konzernbilanz nach IAS/IFRS 109
 6. Konzernanhang 112

IV. Der Lagebericht und der Prüfbericht 127
 1. Der Lagebericht zum Einzel- und Konzernabschluss 127
 2. Die Prüfung des Einzel- und Konzernabschlusses 132

V. Bilanzpolitik und Bilanzierungsspielräume 142
 1. Ziele und Instrumente der Bilanzpolitik 142
 2. Bilanzierungsspielräume und ihre Auswirkungen auf einzelne
    Bilanzpositionen 146
    2.1 Immaterielle Vermögensgegenstände 146
        2.1.1 Geschäfts- oder Firmenwert (Goodwill) 146
        2.1.2 Aktivierung von Entwicklungskosten 147
    2.2 Sach- und Finanzanlagen 148
        2.2.1 Abschreibungen 148
        2.2.2 Geringwertige Wirtschaftsgüter 151
        2.2.3 Leasing und Sale-and-lease-back-Geschäfte 152
    2.3 Vorräte 153
        2.3.1 Bewertung der Roh-, Hilfs- und Betriebsstoffe 154
        2.3.2 Bewertung der unfertigen und fertigen Erzeugnisse . . 154
    2.4 Latente Steuern 157
    2.5 Disagio 159
    2.6 Rückstellungen 159
    2.7 Sonderposten mit Rücklageanteil 160
 3. Umbewertungen und Währungsumrechnungen
    in der Konzernbilanz 161

VI. Bilanzanalyse 163
 1. Vom »Warum?« zum »Wie?« der Bilanzanalyse 163
 2. Umstrukturierung der Bilanz 165
 3. Aufgliederung der Gewinn- und Verlustrechnung 181

Inhaltsverzeichnis

4. Kennzahlen als Beurteilungshilfe 189
 4.1 Bilanzkennzahlen 190
  4.1.1 Veränderungen im Anlagevermögen 190
  4.1.2 Liquiditätskennzahlen 192
  4.1.3 Strukturelle Finanzierungskennzahlen 195
  4.1.4 Auswertung der Bilanzkennzahlen am Beispielfall
        Paul Hartmann AG 199
 4.2 Erfolgskennzahlen 203
  4.2.1 Umsatz/Gesamtleistung/EBITDA 203
  4.2.2 Intensitäts- bzw. Aufwandskennzahlen 205
  4.2.3 Rentabilitätskennzahlen 208
  4.2.4 Sozialkennzahlen 211
  4.2.5 Auswertung der Erfolgskennzahlen im Beispielfall
        Paul Hartmann AG für die Geschäftsjahre 2008–2010 215
 4.3 Dynamische finanzwirtschaftliche Kennzahlen 220
  4.3.1 Cashflow und Cashflow-Kennzahlen 220
  4.3.2 Kapitalflussrechnung 224
  4.3.3 Auswertung der finanzwirtschaftlichen Kennzahlen
        im Beispielfall Paul Hartmann AG 227

VII. Schlussbetrachtung 230

Anhang 234
Gliederung der Aktivseite der Bilanz in englischer/amerikanischer
 Sprache 234
Gliederung der Passivseite der Bilanz in englischer/amerikanischer
 Sprache 236
Gewinn- und Verlustrechnung in englischer/amerikanischer Sprache
 (Umsatzkostenverfahren) 237
Musterbogen für die Bilanzanalyse von HGB-Abschlüssen 238
Musterbogen für die Bilanzanalyse von IAS/IFRS-Abschlüssen 252

Glossar 266

Literaturverzeichnis 273
Stichwortverzeichnis 275

Vorwort

Der Jahresabschluss gehört erfahrungsgemäß zu den Themenbereichen, die Betriebsräten, Wirtschaftsausschussmitgliedern und Arbeitnehmervertretern in Aufsichtsräten große Verständnisschwierigkeiten bereiten – insbesondere wenn sie über keine kaufmännische Vorbildung verfügen. Der Umgang mit dem Jahresabschluss reicht von völligem Desinteresse (»Zahlenmärchen, nicht wichtig für die Interessenvertretungsarbeit«) bis zur unkritischen Akzeptanz geprüfter Jahresabschlüsse (»vom Wirtschaftsprüfer geprüfte Jahresabschlüsse werden schon stimmen«). Wie so oft im Leben liegt die Wahrheit wohl eher in der Mitte: Es geht um die kritische Beschäftigung mit dem Jahresabschluss, um mit Zahlen aus dem Jahresabschluss begründete Unternehmensentscheidungen und Forderungen an Betriebsrat und Belegschaft richtig einschätzen zu können. Dabei soll dieses Handbuch die Leser unterstützen.

Es geht uns nicht darum, Arbeitnehmervertreter in Betriebsrat, Wirtschaftsausschuss oder Aufsichtsrat zu Bilanzexperten auszubilden. Abgesehen davon, dass dies auch mit solch einem Buch nicht leistbar wäre, ist es gewerkschaftspolitisch auch nicht sinnvoll und zweckmäßig, da es zu einer völlig falschen Schwerpunktsetzung der Interessenvertretungsarbeit führen würde. Unser Anliegen ist es vielmehr, zu vermitteln, wie der Jahresabschluss eines Einzelunternehmens oder Konzerns einzuschätzen ist, welche Bedeutung ihm zukommt, welche Aussagekraft er besitzt und was davon für die Interessenvertretungsarbeit nützlich ist – nicht mehr, aber auch nicht weniger.

Seit der 5. Auflage sind einige Jahre vergangen, in denen sich vor allem durch das Bilanzrechtsmodernisierungsgesetz (BilMoG) die Bilanzierungspraxis erheblich geändert hat. Dadurch wurde für die 6. Auflage eine völlige Überarbeitung erforderlich. Dennoch wurde der in 5 Auflagen bewährte Aufbau des Buches grundsätzlich beibehalten. Auch die bewährten Formblätter zur Erleichterung der Bilanzanalyse im Anhang und auf der CD einschließlich der Auswertungssoftware wurden beibehalten.

Unser besonderer Dank gilt Jürgen Engel-Bock, der die ersten fünf Auflagen mit großem Erfolg alleine bewerkstelligt und uns dem Verlag als Nachfolgeautoren empfohlen hat und der letztmals – diesmal als Co-Autor dieser Auflage – in Erscheinung tritt.

Berlin, den 22.12.2011

Nikolai Laßmann
Rudi Rupp

Abkürzungsverzeichnis

a. a. O.	am angegebenen Ort
Abb.	Abbildung
Abl.	Ableitung
Abs.	Absatz
Abschn.	Abschnitt
abzgl.	abzüglich
a. F.	alte Fassung
AfA	Absetzung für Abnutzung
AG	Aktiengesellschaft
AHK	Anschaffungs- und Herstellungskosten
AiB	Arbeitsrecht im Betrieb (Zeitschrift)
AktG	Aktiengesetz
AV	Anlagevermögen
BA	Betriebsabrechnung
BAG	Bundesarbeitsgericht
BetrVG	Betriebsverfassungsgesetz
BFH	Bundesfinanzhof
BilMoG	Bilanzmodernisierungsgesetz
BilReG	Bilanzreformgesetz (Gesetz zur Einführung internationaler Rechnungslegungsstandards und zur Sicherung der Qualität der Abschlussprüfung)
BiRiLiG	Bilanzrichtliniengesetz
bspw.	beispielsweise
BStBl	Bundessteuerblatt
bzw.	beziehungsweise
ca.	circa
d. h.	das heißt
DM	Deutsche Mark
DRS	Deutscher Rechnungslegungsstandard
DVFA/SG	Deutsche Vereinigung für Finanzanalyse und Anlageberatung/Schmalenbach-Gesellschaft

Abkürzungsverzeichnis

ebd.	ebenda
EBIT	Earnings Before Interest and Taxes (Ergebnis vor Zinsen und Steuern)
EBITA	Earnings Before Interest, Taxes and Amortisation (Ergebnis vor Zinsen, Steuern und Abschreibungen auf Geschäfts- bzw. Firmenwert)
EBITDA	Earnings Before Interest, Taxes, Depreciation and Amortisation (Ergebnis vor Zinsen, Steuern und Abschreibungen auf Geschäfts- bzw. Firmenwert und Sachanlagen)
EBT	Earnings Before Taxes (Ergebnis vor Steuern)
EG	Europäische Gemeinschaften
EGHGB	Einführungsgesetz zum Handelsgesetzbuch
EK	Eigenkapital
EStG	Einkommensteuergesetz
EStR	Einkommensteuer-Richtlinien
EStDV	Einkommensteuer-Durchführungsverordnung
etc.	et cetera
EU	Europäische Union
evtl.	eventuell
EWG	Europäische Wirtschaftsgemeinschaften
EWR	Europäischer Wirtschaftsraum
€	Euro
FASB	Financial Accounting Standards Board (Privatrechtlich organisiertes US-amerikanisches Gremium, das im Auftrag der US-Börsenaufsicht SEC die US-GAAP entwickelt)
Fifo	First-in-first-out (Verbrauchsfolgeverfahren zur Bewertung der Roh-, Hilfs- und Betriebsstoffe)
FK	Fremdkapital
ggf.	gegebenenfalls
GmbH	Gesellschaft mit beschränkter Haftung
GmbHG	GmbH-Gesetz
GoB	Grundsätze ordnungsgemäßer Buchführung
GuV	Gewinn- und Verlustrechnung
HGB	Handelsgesetzbuch
HGB-E	Handelsgesetzbuch Entwurf
HR	Handelsregister
Hrsg.	Herausgeber
IAS	International Accounting Standards (Rechnungslegungsgrundsätze des International Accounting Committee, London)

Abkürzungsverzeichnis

IASB	International Accounting Standards Board (Nachfolgeorganisation der ISAC, die die IFRS entwickelt)
IASC	International Accounting Standards Committee, London (Internationale Organisation der Berufsverbände der Wirtschaftsprüfer und Steuerberater)
i. d. R.	in der Regel
IDW	Institut der Wirtschaftsprüfer
IFRS	International Financial Reporting Standards (Rechnungslegungsgrundsätze des International Accounting Standards Board; der Nachfolgeorganisation der IASC)
i. H. v.	in Höhe von
inkl.	inklusive
IOSCO	International Organisation of Securities Commissions (Internationale Organisation der Börsenaufsichtsbehörden)
i. S. d.	im Sinne des
i. S. v.	im Sinne von
IT	Informationstechnologie
i. V. m.	in Verbindung mit
JÜ	Jahresüberschuss
KapAEG	Kapitalaufnahmeerleichterungsgesetz
KapCoRiLiG	Kapitalgesellschaften & Co-Richtlinie-Gesetz
KG	Kommanditgesellschaft
KGaA	Kommanditgesellschaft auf Aktien
kons.	konstant
KonTraG	Gesetz zur Kontrolle und Transparenz im Unternehmensbereich
kurzfr.	kurzfristig
lgfr.	langfristig
Lifo	Last-in-first-out (Verbrauchsfolgeverfahren zur Bewertung der Roh-, Hilfs- und Betriebsstoffe)
lt.	laut
max.	maximal
Mio.	Millionen
Mon.	Monate
Mrd.	Milliarden
MU	Mutterunternehmen
Nr.	Nummer
o. Ä.	oder Ähnliches
OHG	Offene Handelsgesellschaft
PublG	Publizitätsgesetz

Abkürzungsverzeichnis

RAP	Rechnungsabgrenzungsposten
Rn.	Randnummer
S.	Seite
s.	siehe
s. o.	siehe oben
sog.	so genannte
SEC	Securities and Exchange Commission (US-Börsenaufsichtsbehörde)
TransPuG	Gesetz zur weiteren Reform des Aktien- und Bilanzrechts, zu Transparenz und Publizität (Transparenz- und Publizitätsgesetz)
Tsd.	Tausend
TU	Tochterunternehmen
u. a.	unter anderem
u. Ä.	und Ähnliche
u. E.	unseres Erachtens
unkons.	unkonsolidiert
US-GAAP	United Staates – Generally Accepted Accounting Principles (Allgemein anerkannte Rechnungslegungsgrundsätze der USA)
UStG	Umsatzsteuergesetz
usw.	und so weiter
UV	Umlaufvermögen
VFE	Vermögens-, Finanz- und Ertragslage
vgl.	vergleiche
WP	Wirtschaftsprüfer
z. B.	zum Beispiel
z. T.	zum Teil
zz.	zurzeit

I. Die Auseinandersetzung mit dem Jahresabschluss

Die Auseinandersetzung mit dem Jahresabschluss eines Unternehmens bereitet vielen Betriebsrats- und Wirtschaftsausschussmitgliedern – aber auch manchen Aufsichtsratsmitgliedern – erhebliche Schwierigkeiten. Zum einen glauben viele betriebliche Interessenvertreter, der Materie nicht gewachsen zu sein – wobei dieser Eindruck von vielen Unternehmensleitungen durch die Verwendung englischer Fachausdrücke bei der Besprechung des Jahresabschlusses noch verstärkt wird. Zum anderen herrscht bei manchem das Gefühl vor, dass der Jahresabschluss ohnehin manipuliert sei. Nicht zuletzt deshalb, weil durch das Bilanzrechtsreformgesetz (BilReG) ab 2005 kapitalmarktorientierte Kapitalgesellschaften[1] ihren Konzern-(Jahres-)abschluss nach den internationalen Rechnungslegungsstandards IAS/IFRS erstellen müssen und nicht am Kapitalmarkt agierende Kapitalgesellschaften dies »freiwillig« machen können, haben sich die Vorbehalte bei den ArbeitnehmervertreterInnen gegenüber dem Jahresabschluss eher noch erhöht. Verwundert mussten sie zur Kenntnis nehmen, dass mit der Umstellung von den bisher angewandten Vorschriften des Handelsgesetzbuches (HGB) auf die internationalen Rechnungslegungsstandards sich die Werte in der Konzernbilanz drastisch veränderten, d. h. in der Regel verbesserten. Vor diesem Hintergrund setzen sich viele ArbeitnehmervertreterInnen nicht sonderlich intensiv mit dem Jahresabschluss bzw. Konzernabschluss auseinander, ja lehnen die Auseinandersetzung darüber ausdrücklich ab.

Auf der anderen Seite gibt es aber auch Betriebsrats- und Wirtschaftsausschussmitglieder und vor allem ArbeitnehmervertreterInnen in Aufsichtsräten, die sich mit sehr viel Engagement in die Systematik des Jahresabschlusses und in betriebswirtschaftlichen Fragen eingearbeitet haben. Vor allem auch deshalb, weil es zu den Aufgaben des Betriebsrats und Wirtschaftsausschusses gehört, sich im Rahmen von § 108 Abs. 5 BetrVG mit dem Jahresabschluss zu beschäftigen. Ebenso gehört die Prüfung und Feststellung des Jahresabschlusses zu den Aufgaben des Aufsichtsrats (§ 171 AktG). In jenen Fällen, in denen sich

---

1 Als kapitalmarktorientiert gelten Unternehmen, die mit eigenen oder von einer Tochtergesellschaft ausgegebenen Wertpapieren (Aktien oder Schuldtiteln) einen organisierten Markt in Anspruch nehmen.

die betrieblichen InteressenvertreterInnen mit dem Jahresabschluss »ihres« Unternehmens auseinandersetzen, geschieht dies jedoch nicht selten zu unkritisch. Die im (Konzern-)Jahresabschluss veröffentlichten Zahlen werden nicht hinterfragt. Das Testat (Prüfvermerk) einer Wirtschaftsprüfungsgesellschaft wird in diesem Zusammenhang häufig als Beleg dafür angesehen, dass der Jahresabschluss die wirtschaftliche Lage eines Unternehmens objektiv widerspiegelt. Diese Annahme hat sich insbesondere nach Inkrafttreten des Gesetzes zur Kontrolle und Transparenz im Unternehmensbereich (KonTraG) verbreitet. So sind nach diesem im Jahr 1998 in Kraft getretenen Gesetz die Abschlussprüfer verpflichtet, in ihrem Bericht sowohl eine Beurteilung des Fortbestandes wie auch eine Beurteilung der künftigen Entwicklung des geprüften Unternehmens vorzunehmen. Die von Seiten der Unternehmensleitungen anhand der (Konzern-)Jahresabschlussdaten abgeleiteten betriebswirtschaftlichen Notwendigkeiten werden deshalb oftmals auch von Arbeitnehmervertretern vorbehaltlos akzeptiert.

Unseres Erachtens muss der Umgang mit dem Jahresabschluss zwischen diesen beiden Extremen liegen: Einerseits komplette Ablehnung, andererseits kritiklose Zurkenntnisnahme aller Jahresabschlussdaten und der daraus abgeleiteten betriebswirtschaftlichen Schlussfolgerungen. Man darf nie den Zusammenhang zwischen der wirtschaftlichen Lage eines Unternehmens (die auch über den Jahresabschluss zum Ausdruck kommen kann) und den unternehmerischen Entscheidungen – mit all ihren Auswirkungen auf die Beschäftigungs- und Arbeitssituation – übersehen. Trotz aller Unzulänglichkeiten – auf die noch einzugehen ist – bleibt der Jahresabschluss eine wichtige Informationsquelle für die betrieblichen InteressenvertreterInnen. So dürfte es unstreitig sein, dass es den Arbeitnehmervertretern im Aufsichtsrat darum gehen muss, frühzeitig eine die vorhandenen Arbeitsplätze gefährdende Unternehmenspolitik zu erkennen und so zu beeinflussen, dass diese Arbeitsplätze gesichert oder – im besten Fall – sogar zusätzliche Arbeitsplätze geschaffen werden. Das Hauptaugenmerk bei der Beschäftigung mit dem (Konzern-)Abschluss sollte für einen Wirtschaftsausschuss bzw. Betriebsrat darin bestehen, Informationen über die wirtschaftliche Lage »seines« Unternehmens zu erhalten, um damit besser die Mitwirkungs- und Mitbestimmungsrechte des Betriebsrats nach dem Betriebsverfassungsgesetz (BetrVG) wahrnehmen zu können. Darüber hinaus können diese Informationen – zumal wenn es dem Unternehmen gut geht – zum Zwecke der Aufklärung der Belegschaft eingesetzt werden, um damit bessere Voraussetzungen zur Mobilisierung der Belegschaft bei Auseinandersetzungen im Unternehmen zu schaffen.

Ist die wirtschaftliche Situation eines Unternehmens gut und werden hohe Gewinne erzielt, wird die Unternehmensleitung immer versucht sein, die Ertragslage nicht allzu positiv darzustellen. Dies geschieht allein schon deshalb, um materielle Ansprüche der Belegschaft abzuwehren. Hieraus dürften sich wohl auch die in der betrieblichen Praxis immer wiederkehrenden Fälle erklären, in denen Wirtschaftsausschussmitgliedern die Aushändigung des Jahresabschlusses und vor allem des Prüfberichts zu Unrecht verweigert wird. Ist hingegen die wirtschaftliche Lage eines Unternehmens tatsächlich schlecht, dann sind Geschäftsleitungen nicht selten gegenüber den Arbeitnehmervertretern von einer außergewöhnlichen Offenherzigkeit in der Darlegung wirtschaftlicher Daten. Aus Sicht der Unternehmensleitungen geht es in diesem Fall darum, die ArbeitnehmervertreterInnen von den betriebswirtschaftlich gebotenen Sanierungsmaßnahmen (z. B. Arbeitsplatzabbau, Outsourcing, Verlagerung von Betrieben in Billiglohnländer) zu überzeugen. In einer solchen Situation ist es für die betriebliche Interessenvertretung wichtig, durch die Verfolgung der zurückliegenden wirtschaftlichen Entwicklung des Unternehmens über eine Ursachenanalyse zu verfügen. Auch in diesem Fall sind es – neben anderen Unterlagen – die (Konzern-)Jahresabschlüsse, aus denen wichtige Informationen gewonnen werden können.

Häufig tritt der Fall ein, dass die Unternehmensleitung mit dem Hinweis auf ein vermeintlich unzureichendes Unternehmensergebnis versucht, Lohnbestandteile abzubauen (Kürzung übertariflicher Zulagen, Streichung von freiwilligen sozialen Leistungen, aber auch Abweichungen vom Tarifvertrag) und/oder Leistungssteigerungen durchzusetzen. Bei diesem Versuch wird eine nicht gerade ungeschickte Unternehmensleitung gegenüber dem Betriebsrat immer auf betriebswirtschaftliche Sachzwänge verweisen. Als Grundlage für die Verhandlungen zwischen Betriebsrat und Unternehmensleitung dient häufig der (Konzern-)Jahresabschluss. Doch ob ein Unternehmensergebnis »gut« oder »schlecht« ist, lässt sich nicht so ohne weiteres aus dem (Konzern-)Jahresabschluss ablesen, insbesondere nicht aus dem ausgewiesenen Gewinn oder Verlust. Das dort ausgewiesene Jahresergebnis kann durch ungewöhnliche Einflüsse und vor allem durch *Bilanzpolitik* stark beeinflusst sein. Dies herauszufinden ist ein wichtiger Teil der *Bilanzanalyse*. Obwohl der Name es vermuten lässt, bezieht sich die Bilanzanalyse nicht nur auf die Bilanz, sondern auf den gesamten Jahresabschluss, also auch auf die Gewinn- und Verlustrechnung (GuV) und die Angaben im Anhang. Eine Bilanzanalyse, die sich nur mit dem Jahresabschluss *eines* Geschäftsjahres befasst, greift allerdings auch zu kurz. Zur Beurteilung der wirtschaftlichen Lage eines Unternehmens ist es notwendig, aktuelle Jahresabschlussdaten mit denen der Vorjahre zu vergleichen. Um fundierte Aussagen treffen zu können, müssen mindestens drei Jahresabschlüsse gegenübergestellt werden. Ein Vergleich der wirtschaftlichen Kennzahlen eines Unternehmens mit denen der jeweiligen Branche bzw.

der wichtigsten Konkurrenzunternehmen rundet die Bilanzanalyse für ein Unternehmen ab.

Auch mit Hilfe der Bilanzanalyse werden Außenstehende kein absolut objektives Bild der wirtschaftlichen Situation eines Unternehmens erhalten. Doch der von den Unternehmensleitungen verbreitete Nebel, der ja nach Bedarf die wirtschaftliche Situation eines Unternehmens besser oder schlechter erscheinen lässt, kann etwas gelichtet werden. Man sollte sich allerdings in diesem Zusammenhang auch als Mitglied des Wirtschaftsausschusses, bzw. als ArbeitnehmervertreterIn im Aufsichtsrat keine Illusionen machen: Die ArbeitnehmervertreterInnen bleiben trotz mancher Information, die sie in diesen Gremien erhalten, und trotz Kenntnis eines Prüfberichts Außenstehende.

In einer Kapitalgesellschaft, die das Mutterunternehmen eines Konzerns ist, werden überdies sogar drei offizielle Jahresabschlüsse erstellt. Es handelt sich hierbei um den sog. *Einzelabschluss* des Mutterunternehmens, der wiederum maßgeblich für den *steuerrechtlichen Abschluss* ist. Auch wenn der steuerliche Abschluss auf Grundlage des handelsrechtlichen Einzelabschlusses erstellt wird, so weicht er doch durch unterschiedliche Anwendung von Bewertungsvorschriften vom Einzelabschluss ab. Dies um so mehr, als durch das BilMoG die »umgekehrte Maßgeblichkeit«[2] abgeschafft worden ist. Darüber hinaus muss das Mutterunternehmen auch noch einen *Konzernabschluss* erstellen, in den neben dem Mutterunternehmen auch alle Tochterunternehmen einbezogen werden. Während der Einzelabschluss nach den deutschen handelsrechtlichen Vorschriften, die im Wesentlichen im HGB festgehalten sind, zu erstellen ist, muss der Konzernabschluss bei kapitalmarktorientierten Kapitalgesellschaften nach den sog. internationalen Rechnungslegungsstandards erstellt werden. Nicht am Kapitalmarkt agierende Kapitalgesellschaften haben die Wahlmöglichkeit, ihren Konzernabschluss nach den deutschen handelsrechtlichen Vorschriften oder nach den internationalen Rechnungslegungsstandards aufzustellen (siehe Abb. 1).

Zwar erhalten die ArbeitnehmervertreterInnen im Aufsichtsrat und im Betriebsrat/Wirtschaftsausschuss nicht nur den Einzel-, sondern auch den Konzernabschluss, jedoch führt die mögliche Anwendung unterschiedlicher Rechnungslegungsstandards in den beiden Rechenwerken zunächst einmal zu mehr Unübersichtlichkeit. Durch die Einführung von IFRS-Standards in das durch das BilMoG novellierte HGB werden allerdings die Unterschiede etwas verringert.

---

2 Mit der umgekehrten Maßgeblichkeit mussten bei Inanspruchnahme steuerlicher Wahlrechte in der Steuerbilanz diese Werte in gleicher Höhe in die Handelsbilanz übernommen werden. Nach dem BilMoG erfolgt die Ausübung von steuerlichen Wahlrechten künftig ausschließlich in der Steuerbilanz. Siehe auch Ziffern 1.1 und 2.1.3.2.

Die Auseinandersetzung mit dem Jahresabschluss

Abb. 1
Übersicht der möglichen Jahresabschlüsse

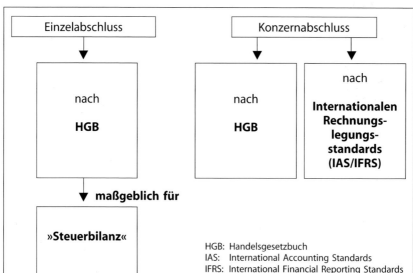

Die Analyse des Einzel- und Konzernabschlusses sollte deshalb zu Fragen an die Unternehmensleitungen führen. Das interne Wissen, über das betriebliche InteressenvertreterInnen aufgrund ihrer Zugehörigkeit zum Betrieb verfügen, sollte natürlich mit den Erkenntnissen aus dem (Konzern-)Jahresabschluss kombiniert werden. Auch sollten ArbeitnehmervertreterInnen ihren Blickwinkel nicht vollkommen auf wirtschaftliche Daten verengen. Es sollte vielmehr auch ihre Aufgabe sein, die wirtschaftlichen Daten (Gewinne, Investitionen etc.) in Bezug zu den sozialen Daten des Unternehmens (Beschäftigungsentwicklung, Überstunden, Krankenstand etc.) zu setzen. Auf einige wichtige Daten und Kennzahlen zur Beschäftigungs- und Arbeitssituation – sog. *Sozialkennzahlen* – wird deshalb zum Schluss des Kapitels »Bilanzanalyse« eingegangen.

Der Schwerpunkt dieses Buches liegt aber ohne Zweifel bei der betriebswirtschaftlich ausgerichteten Bilanzanalyse und den damit verbundenen *Bilanz- und Erfolgskennzahlen*. Diese Vorgehensweise resultiert aus der Erfahrung, dass viele ArbeitnehmervertreterInnen bereits Schwierigkeiten haben, die im (Konzern-)Jahresabschluss enthaltenen Informationen richtig zu verarbeiten. Dem soll hier Rechnung getragen werden, ohne die gewerkschaftliche Diskussion über die aussagekräftigsten Kennzahlen, Kennziffern oder sonstigen Informationssysteme neu beleben zu wollen.

Natürlich werden nicht alle Probleme behandelt werden können, die möglicherweise im Rahmen einer Auseinandersetzung mit dem (Konzern-)Jahresabschluss anfallen könnten. Vielmehr werden elementare Regeln aufgezeigt, nach denen ein (Konzern-)Jahresabschluss erstellt wird. Darüber hinaus werden einige der gebräuchlichsten Kennzahlen dargestellt und auf deren Aussagefähigkeit eingegangen. Diese Selbstbeschränkung in der Behandlung des umfangreichen Stoffs resultiert nicht nur aus dem Bestreben, übersichtlich und verständlich bleiben zu wollen, sondern auch aus der Auffassung, dass eine erfolgreiche Interessenvertretung nicht von der vollständigen Kenntnis aller den Jahresabschluss betreffenden Fakten abhängt. In diesem Zusammenhang sei auch an die »Spezialisten« in den Gewerkschaften erinnert, an die sich Betriebsräte/Wirtschaftsausschüsse und ArbeitnehmervertreterInnen im Aufsichtsrat mit besonderen »Jahresabschlussproblemen« wenden können. Der Bereich Mitbestimmungsförderung der Hans-Böckler-Stiftung unterstützt Arbeitnehmervertreter im Aufsichtsrat durch die kostenlose Erarbeitung von Bilanzanalysen, die von externen Experten erstellt werden.

Zur besseren Handhabung ist das vorliegende Handbuch bausteinartig aufgebaut. Trotz eines durchgehenden roten Fadens sind die einzelnen Kapitel und Unterpunkte in sich abgeschlossen. Dies soll es dem Leser ermöglichen, sich gezielt zu den einzelnen Punkten zu informieren, ohne dass hierzu das Nachlesen des gesamten vorangegangenen Textes notwendig wäre. Hieraus resultiert auch das etwas umfangreichere Inhaltsverzeichnis. Die Feingliederung ist vor allem deshalb vorgenommen worden, um beim nochmaligen Durchblättern oder bei der Klärung von Detailfragen die Orientierung zu erleichtern. Eine weitere nützliche Suchhilfe bietet auch das alphabetische Stichwortverzeichnis am Ende des Handbuchs.

Die sich in der Anlage befindlichen Formblätter zur Jahresabschlussanalyse bzw. zur Analyse des Konzernabschlusses sind als Kopiervorlagen gedacht. Auf der anliegenden CD-Rom befinden sich diese Formblätter ebenfalls (mit MS-Excel erstellt) sowohl blanko als auch mit hinterlegten Rechenformeln, und zwar jeweils für Jahresabschlüsse mit einer GuV nach dem sog. Gesamtkostenverfahren und dem sog. Umsatzkostenverfahren. Bei der Eingabe der Daten ist darauf zu achten, dass das richtige Verfahren vorab ausgewählt worden ist.

Darüber hinaus befinden sich auf der CD-Rom Formblätter zur Auswertung eines Konzernabschlusses, der nach den internationalen Rechnungslegungsstandards (IAS/IFRS) aufgestellt wurde. Bei Nutzung dieser »Arbeitswerkzeuge« dürfte die Bilanzanalyse (Jahresabschlussanalyse) zumindest technisch kein großes Problem mehr darstellen.

II. Der Jahresabschluss

1. Grundsätzliches zum Jahresabschluss

1.1 Rechtliche Grundlagen

Seit Inkrafttreten des Bilanzrichtliniengesetzes (BiRiLiG) im Jahre 1986 befinden sich die Vorschriften, nach denen die Jahresabschlüsse von Unternehmen und Konzernen in der Bundesrepublik Deutschland erstellt werden müssen, fast ausschließlich im HGB. Und dies gilt unabhängig von der Rechtsform und der Größe eines Unternehmens. Für Aktiengesellschaften gibt es hinsichtlich der Erstellung des Jahresabschlusses noch einige ergänzende Vorschriften im Aktiengesetz (§§ 152, 158, 160 und 161 AktG) und für GmbHs lediglich eine ergänzende Vorschrift im GmbH-Gesetz (§ 42 GmbH-Gesetz). Neben den Vorschriften über die Aufstellung des Jahresabschlusses werden im HGB auch die Prüfung und die Veröffentlichung des Jahresabschlusses bzw. des Konzernabschlusses geregelt.

Im Dritten Buch des HGB befinden sich fast alle Rechnungslegungsvorschriften, die sich in einen allgemeinen und einen besonderen Teil gliedern. Der allgemeine Teil enthält Regelungen für alle Kaufleute, unabhängig von Geschäftsumfang, Betriebsgröße und Rechtsform (§§ 238–263 HGB). Ergänzend gelten für Kapitalgesellschaften (AG, GmbH, KGaA) sowie für bestimmte Personenhandelsgesellschaften die §§ 264–335 HGB und für Genossenschaften die §§ 336–339 HGB (siehe Abb. 2). Im weiteren Verlauf soll allerdings nicht weiter auf die Genossenschaft eingegangen werden, da es sich hier um eine besondere Unternehmensform handelt, die lediglich in speziellen Wirtschaftsbereichen verbreitet ist (z. B. Landwirtschaft, Wohnungswirtschaft). Ergänzende Vorschriften enthält der vierte Abschnitt des Dritten Buches des HGB (§§ 340f. HGB) für bestimmte Geschäftszweige, vor allem für Kreditinstitute und Versicherungen, auf die hier aber nicht weiter eingegangen wird.

Mit dem Bilanzrichtliniengesetz wurden Richtlinien der damaligen Europäischen Gemeinschaft (EG) für die Rechnungslegung der Unternehmen in bundesdeutsches Recht umgesetzt. Mit Hilfe dieser Richtlinien sollte über die Ver-

22 Der Jahresabschluss

Abb. 2
Gliederung des HGB

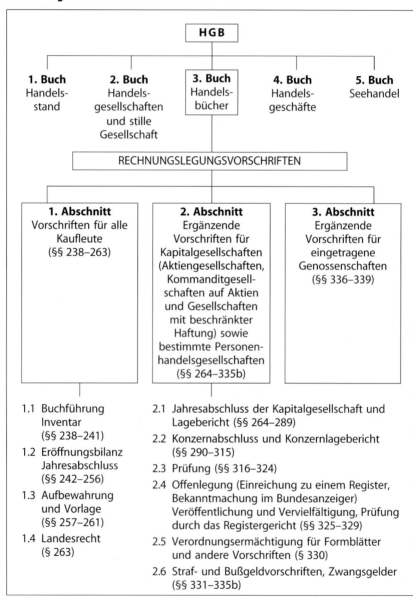

einheitlichung der nationalen Rechtsvorschriften in den einzelnen Mitgliedsstaaten der EG eine Vergleichbarkeit der Jahresabschlüsse von Unternehmen der EG-Staaten erreicht werden. Auch wenn sich in der Folgezeit die Jahresabschlüsse der Unternehmen in den EG-Staaten immer noch im Detail unterschieden, so wurde doch bereits 1986 eine Angleichung in der Darstellung der Jahresabschlüsse auf EG-Ebene erzielt. Auf der Ebene der Europäischen Union (EU) wurde das Ziel der Vereinheitlichung der Jahresabschlüsse von Unternehmen, deren Sitz in der EU ist, weiter vorangetrieben. Auf Grundlage einer im Jahr 2002 beschlossenen EU-Verordnung wurde Ende 2004 in Deutschland das Gesetz zur Einführung internationaler Rechnungslegungsstandards und zur Sicherung der Qualität der Abschlussprüfung (kurz: Bilanzreformgesetz – BiReG) in Kraft gesetzt. Ab dem 1.1.2005 haben kapitalmarktorientierte Kapitalgesellschaften ihren Konzernabschluss nach den internationalen Rechnungslegungsstandards (IFRS = International Financial Reporting Standards bzw. nach den vorangegangenen IAS = International Accounting Standards) aufzustellen (§ 315a HGB).

Das am 26.3.2009 vom Bundestag beschlossene Bilanzrechtsmodernisierungsgesetz (BilMoG) soll zu einem entschlackten, klarer strukturierten Bilanzrecht führen und steuerrechtliche Einflüsse aus der Handelsbilanz verbannen. Letzteres wurde vor allem durch die Aufgabe des umgekehrten Maßgeblichkeitsprinzips durch Streichung der Öffnungsklausel in § 254 HGB (a.F.) erreicht. Bis dahin durften steuerliche Bewertungswahlrechte (§§ 6 bis 7g EStG) in der Steuerbilanz nur genutzt werden, wenn sie auch in der Handelsbilanz berücksichtigt wurden (§ 5 EStG). Mit dem BilMoG verfolgt die Bundesregierung vier Ziele: (1) Durch Erleichterungen bei der Rechnungslegung sollen vor allem kleine Einzelhandelskaufleute kostenmäßig entlastet werden (Deregulierung); (2) durch die stärkere Anlehnung der Bilanzierungsvorschriften an IFRS-Standards sollen die HGB-Vorschriften stärker den internationalen Rechnungslegungsvorschriften angepasst werden (Internationalisierung); (3) dabei soll die bisherige Ausschüttungsorientierung des alten HGB beibehalten werden (Konservierung) und (4) wurde das BilMoG dazu genutzt, weitere Vorgaben der EU, wie der Abänderungsrichtlinie und der Abschlussprüferrichtlinie, umzusetzen (Harmonisierung).[3]

Sowohl mit dem Bilanzrichtliniengesetz als auch mit dem Bilanzreformgesetz und aktuell mit dem Bilanzrechtsmodernisierungsgesetz wurde von Regierungsseite offiziell auch das Ziel verfolgt, die Aussagefähigkeit der Jahresabschlüsse der Unternehmen zu verbessern. Aus Sicht der Kapitalseite ist dies sicherlich richtig. Aus Arbeitnehmersicht ist allerdings grundsätzlich zu kriti-

---

3 Vgl. Kessler/Leinen/Strickmann, S. 45 ff.

sieren, dass im Jahresabschluss die Informationsinteressen der ArbeitnehmerInnen z. B. hinsichtlich sozialer Daten nach wie vor vernachlässigt werden. Seit 1986 hat es sowohl Einschränkungen als auch Erweiterungen hinsichtlich des Informationsgehalts des Jahresabschlusses gegeben. Wobei man allerdings feststellen kann, dass Erweiterungen bei weitem überwiegen.

Mit der Umsetzung der EU-Mittelstandsrichtlinie in deutsches Recht (§ 286 Abs. 4 HGB) im Jahr 1994 brauchen Aktiengesellschaften, die nicht an der Börse notiert sind, die Gesamtbezüge ihrer Vorstandsmitglieder nicht mehr im Jahresabschluss (Anhang) zu veröffentlichen. Voraussetzung ist lediglich, dass sich anhand der Angabe der Gesamtbezüge die Bezüge eines einzelnen Vorstandsmitglieds feststellen lassen. Angesichts von i. d. R. ein bis drei Vorstandsmitgliedern bei nicht börsennotierten Aktiengesellschaften kann diese als Ausnahme konzipierte Vorschrift fast immer angewendet werden.

Das 1998 in Kraft getretene Gesetz zur Kontrolle und Transparenz im Unternehmensbereich (KonTraG) führte einerseits dazu, dass im Zusammenhang mit dem Jahresabschluss auf die Risiken der künftigen Entwicklung einer Kapitalgesellschaft einzugehen ist (Lagebericht) und die Anforderungen an den Prüfbericht erheblich erhöht wurden. Anderseits brauchen sog. kleine Kapitalgesellschaften ihren Jahresabschluss gar nicht prüfen lassen und entgegen der ursprünglichen Regelung von 1986 müssen sie heute überhaupt keinen Lagebericht mehr erstellen.

Eine wirkliche Verbesserung i. S. v. mehr Transparenz bei den Jahresabschlüssen brachte das Kapitalgesellschaften-&-Co-Richtlinien-Gesetz (KapCoRiLiG) vom 24. 2. 2000, mit dem eine Reihe von Richtlinien des Rats der EU in deutsches Recht umgesetzt wurde. Mit dem KapCoRiLiG wurden Offene Handelsgesellschaften (OHG) und Kommanditgesellschaften (KG) den Kapitalgesellschaften beim Jahresabschluss gleichgestellt, wenn diese in der Unternehmenskonstruktion »Kapitalgesellschaft & Co« geführt werden und diesen Gesellschaften keine natürliche Person als persönlich haftender Gesellschafter angehört.

Von gewerkschaftlicher Seite war schon seit langem gefordert worden, dass die bei Unternehmern sehr beliebten GmbH & Co.-Gesellschaften beim Jahresabschluss wie Kapitalgesellschaften behandelt werden sollten. So ist bei der GmbH & Co. KG der Komplementär (Vollhafter) keine natürliche Person – also ein Unternehmer Maier oder Schulze –, sondern eine GmbH, die nur mit ihrem Eigenkapital haftet. Die Kommanditisten (Teilhafter) einer solchen Gesellschaft sind zwar natürliche Personen, jedoch haften sie nur mit ihrer Einlage. Da für die Gründung einer GmbH nach dem GmbHG (§ 5) lediglich ein Mindeststammkapital von 25 000 € erforderlich ist, kann man sich also als Unternehmer mit der Gründung eine »Haftungs-GmbH« von der persönlichen

Grundsätzliches zum Jahresabschluss 25

Haftung ziemlich preiswert »befreien« und trotzdem eine Personenhandelsgesellschaft betreiben. Das heißt, faktisch ist die GmbH & Co. KG eine Kapitalgesellschaft – die nur mit ihren Einlagen haftet –, juristisch ist sie aber eine Personengesellschaft. Mit dem KapCoRiLiG unterliegt nun endlich die GmbH & Co. KG (sofern ihr keine natürliche Personen als persönlich haftende Gesellschafter angehören) hinsichtlich des Jahresabschlusses im Wesentlichen den gleichen Anforderungen wie sie für eine Kapitalgesellschaft gelten.

Darüber hinaus wurde mit dem KapCoRiLiG die Sanktionen zur Durchsetzung der Rechnungslegungspublizität verschärft (Pflichten hinsichtlich der Veröffentlichung des Jahresabschlusses und dazu gehörender Unterlagen). Allerdings wurde in diesem Zusammenhang auch die Frist für die Offenlegung des Jahresabschlusses für »mittelgroße« und »große« Kapitalgesellschaften (zu den Größenkriterien s. Abb. 4) von max. neun auf max. zwölf Monate nach Beendigung des Geschäftsjahres verlängert.

Eine weitere Verbesserung hinsichtlich des Informationsgehalts des Jahresabschlusses trat bei börsennotierten Aktiengesellschaften mit dem im Jahr 2003 in Kraft getretenen Gesetz zur weiteren Reform des Aktien- und Bilanzrechts, zu Transparenz und Publizität (Transparenz- und Publizitätsgesetz – TransPuG) ein.[4]

Vorstand und Aufsichtsrat einer börsennotierten AG müssen nun jährlich erklären, dass sie sich an die Empfehlungen der »Regierungskommission Deutscher Corporate Governance Kodex« halten bzw., wenn sie dies nicht vollständig tun, müssen sie veröffentlichen, welche Empfehlungen sie nicht anwenden (§ 161 AktG). Der Kodex stellt, wie es in seiner Präambel heißt, »wesentliche gesetzliche Vorschriften zur Leitung und Überwachung deutscher börsennotierter Gesellschaften dar und enthält international und national anerkannte Standards guter und verantwortlicher Unternehmensführung.«[5] Der von der »Regierungskommission« unter der Leitung des ehemaligen Vorstandschefs der ThyssenKrupp AG, Gerhard Cromme, erstellte Corporate Governance Kodex stärkt nicht nur die Rechte der Aufsichtsratsmitglieder – und damit auch die Rechte der ArbeitnehmervertreterInnen im Aufsichtsrat –, sondern gibt auch Empfehlungen zum Jahresabschluss, die im Rahmen des TransPuG zunächst nur zwingend für alle kapitalmarktorientierten Kapitalgesellschaften galten und später auf alle Kapitalgesellschaften (einschl. Kapitalgesellschaften & Co.) ausgedehnt wurden. So haben Mutterunternehmen den Konzernabschluss ab 2005 um eine Kapitalflussrechnung und einen Eigenkapitalspiegel zu erwei-

---
4 Vgl. Roland Köstler/Matthias Müller: Was sich für die Arbeit der Aufsichtsräte ändert, in: Mitbestimmung 9/2002, S. 64–66.
5 Regierungskommission Deutscher Corporate Governance Kodex: Deutscher Corporate Governance Kodex, in http//www.corporate-governance-code.de.

tern (§ 297 Abs. 1 HGB). Die im Kodex enthaltene Empfehlung, den Konzernabschluss um eine Segmentberichterstattung zu erweitern, wird ebenfalls im § 297 Abs. 1 HGB wiedergegeben. Eine weitere Verbesserung des Informationsgehalts kann auch durch den Wegfall einer Reihe von Bilanzierungswahlrechten und durch die Aufgabe des umgekehrten Maßgeblichkeitsprinzips durch das BilMoG erwartet werden.

Aber auch die Ausweitung der Rechnungslegungsvorschriften auf »Kapitalgesellschaften & Co« sollte nicht darüber hinwegtäuschen, dass damit ein Jahresabschluss noch lange nicht ein realistisches Bild eines Unternehmens widerspiegeln muss. Hervorzuheben ist deshalb, dass durch die Vorschriften des HGB die Informationsrechte auf anderer gesetzlicher Grundlage, also insbesondere durch das Betriebsverfassungsgesetz nicht berührt werden (§ 267 Abs. 6 HGB). Die grundlegenden Möglichkeiten der Informationsbeschaffung für Betriebsräte und Wirtschaftsausschüsse sind durch entsprechende Passagen des Betriebsverfassungsgesetzes, insbesondere durch die §§ 106 ff., geregelt. Im Rahmen ihrer Tätigkeit können Wirtschaftsausschüsse unabhängig von den Regelungen des HGB wirtschaftliche Informationsrechte durchsetzen (z. B. durch die Einigungsstelle nach § 109 BetrVG). Die Informationsrechte des Aufsichtsrats sind in § 90 AktG geregelt. Die in § 90 AktG vom Vorstand zu erstattenden Berichte können auch von einem einzelnen Aufsichtsratsmitglied verlangt werden (§ 90 Abs. 3 Satz 2 AktG), allerdings nur an den Aufsichtsrat. Auch als (Belegschaft-)Aktionär hat man nach § 131 Abs. 1 AktG auf der Hauptversammlung ein umfangreiches Auskunftsrecht gegenüber dem Vorstand.

1.2 Der Jahresabschluss nach Unternehmensform und Unternehmensgröße

Der Jahresabschluss besteht nach § 242 Abs. 3 HGB für Personenhandelsgesellschaften (Einzelkaufleute, OHG, KG) aus
- der Bilanz und
- der GuV.

Einzelkaufleute, die an den Abschlussstichtagen von zwei aufeinander folgenden Geschäftsjahren nicht mehr als 500 000 € Umsatzerlöse und nicht mehr als 50 000 € Jahresüberschuss aufweisen, sind von der Pflicht zur Buchführung und Erstellung eines Inventars (§ 241a HBG) sowie zur Aufstellung eines handelsrechtlichen Jahresabschlusses (§ 242 Abs. 4 HGB) befreit. Bei Neugründungen treten die Rechtsfolgen bereits ein, wenn die Schwellenwerte am ersten Abschlussstichtag nach der Neugründung nicht überschritten werden.

Grundsätzliches zum Jahresabschluss 27

Abb. 3
Rechnungslegung der Kapitalgesellschaften

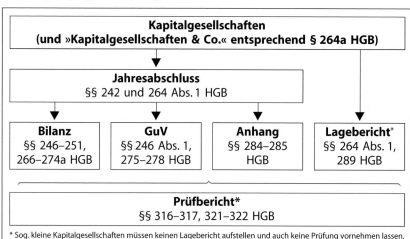

* Sog. kleine Kapitalgesellschaften müssen keinen Lagebericht aufstellen und auch keine Prüfung vornehmen lassen.

Kapitalgesellschaften und »Kapitalgesellschaften & Co«, bei denen keine natürliche Person als persönlich haftender Gesellschafter fungiert, haben hingegen einen »erweiterten Jahresabschluss«, bestehend aus *Bilanz, GuV und Anhang*, zu erstellen. Diesen Jahresabschluss haben diese Unternehmen um einen sog. *Lagebericht* (§ 264 Abs. 1 HGB) zu ergänzen. Besteht für das Unternehmen eine Prüfungspflicht, wird das Ergebnis der Prüfung in einem Prüfbericht festgehalten (siehe Abb. 3).

Kapitalmarktorientierte Kapitalgesellschaften (§ 264d HGB), die nicht zur Aufstellung eines Konzernabschlusses und -lageberichts verpflichtet sind, müssen den Einzelabschluss um
- eine Kapitalflussrechnung (s. Abschn. III. 2.3.3) sowie
- um einen Eigenkapitalspiegel (s. Abschn. III. 2.3.4)

erweitern. Für die Erstellung einer Segmentberichterstattung (s. Abschn. III. 2.3.5) besteht ein Wahlrecht (§ 264 Abs. 1, Satz 2 HGB).

Der Gesetzgeber hat allerdings die Regelungen zur Rechnungslegung sowie die Prüfungs- und Publizitätspflicht nach der Größe der Kapital- und Personengesellschaften gestaffelt. Die Kapital- und Personengesellschaften werden nach den in der Abb. 4 aufgeführten Größenmerkmalen geordnet, wobei die Zuordnung zu einer Größenklasse erfolgt, wenn bei Kapitalgesellschaften mindestens zwei der drei aufgeführten Merkmale in zwei aufeinanderfolgenden

Abb. 4
Größenklassen bei Kapital- und Personengesellschaften

Kriterien *)	Bilanzsumme in Mio. €	Umsatz in Mio. €	Anzahl Arbeitnehmer
Kleine Kapitalgesellschaft	≤ 4,84	≤ 9,68	≤ 50
Mittlere Kapitalgesellschaft	≤ 19,25	≤ 38,5	≤ 250
Große Kapitalgesellschaft	> 19,25	> 38,5	> 250
Große Personengesellschaft	> 65,0	> 130	> 5000

* Für die Zuordnung in eine Kategorie ist maßgebend, dass zwei der drei Merkmale über- bzw. unterschritten werden. Börsennotierte Unternehmen gelten stets als »große« Kapitalgesellschaften.

Geschäftsjahren (§ 267 Abs. 4 HGB) und bei Personengesellschaften in drei aufeinanderfolgenden Geschäftsjahren (§ 2 PublG) erfüllt sind.

Die Staffelung der Anforderungen nach Unternehmensgröße bedeutet konkret: Sog. kleine Kapitalgesellschaften müssen ihren Jahresabschluss nicht so ausführlich aufschlüsseln und diesen schon sehr zusammengefassten Jahresabschluss nur teilweise veröffentlichen. Eine Prüfung des Jahresabschlusses ist für eine kleine Kapitalgesellschaft überhaupt nicht vorgeschrieben. Das Wehklagen von Unternehmerseite hinsichtlich der Belastungen des Mittelstandes und der Kleinunternehmen kann sich also kaum auf die Rechnungslegungsvorschriften in Deutschland beziehen. Aber auch wenn man es für sinnvoll erachten kann, dass an kleine Kapitalgesellschaften nicht so hohe Anforderungen gestellt werden, so führen die größenabhängigen Unterscheidungen jedoch auch dazu, dass faktisch große Holdinggesellschaften, die selbst keine Umsatzerlöse haben und nur über wenig Personal verfügen, ihren Einzelabschluss nach den Vorschriften für eine kleine Kapitalgesellschaft durchführen dürfen.

Ein besonderer Mangel der Rechnungslegungsvorschriften besteht darin, dass Personengesellschaften, die nicht als »Kapitalgesellschaften & Co.« konstruiert sind, nur die Bilanz und die GuV aufzustellen haben. An diese beiden Rechenwerke werden überdies nicht so hohe Anforderungen wie bei Kapitalgesellschaften gestellt.

Der Jahresabschluss und der Lagebericht sind von *großen* und *mittelgroßen* Kapitalgesellschaften (und *großen* und *mittelgroßen* Kapitalgesellschaften & Co) innerhalb von drei Monaten nach Beendigung des Geschäftsjahres aufzustellen. *Kleine* Kapitalgesellschaften brauchen keinen Lagebericht aufzustellen und haben sogar sechs Monate Zeit, ihren Jahresabschluss aufzustellen (§ 264 Abs. 1 HGB). Ist ein Konzernabschluss aufzustellen, hat seine Aufstellung durch den Vorstand bzw. durch die Geschäftsführung innerhalb von fünf Monaten nach Beendigung des Geschäftsjahres zu erfolgen (§ 290 Abs. 1 HGB).

Für Personengesellschaften sind zwar keine exakten Aufstellungsfristen im HGB festgelegt, jedoch heißt es in § 243 Abs. 3 HGB: »Der Jahresabschluss ist innerhalb der einem ordnungsgemäßen Geschäftsgang entsprechenden Zeit aufzustellen.«

Diese sog. Bilanzaufstellungsfristen sind allerdings nicht zu verwechseln mit den sog. Bilanzfeststellungsfristen. Bei der Bilanzfeststellungsfrist handelt es sich um den Zeitraum, innerhalb dessen die Organe einer Kapitalgesellschaft (Aufsichtsrat, Hauptversammlung, Gesellschafterversammlung) einen Jahresabschluss bestätigen (siehe Abb. 5). Das heißt, die Mitglieder des Wirtschaftsausschusses und des Betriebsrats sollten sich nach Aufstellung des Jahresabschlusses nicht damit vertrösten lassen, dass der Jahresabschluss noch nicht durch den Aufsichtsrat (bei einer Aktiengesellschaft) oder durch die Gesellschafterversammlung (bei der GmbH) festgestellt sei. In § 108 Abs. 5 BetrVG steht nämlich nichts davon, dass der Jahresabschluss erst festgestellt sein muss, bevor er von der Unternehmensleitung dem Wirtschaftsausschuss zusammen mit dem Betriebsrat erläutert werden kann. In den gängigen Kommentierungen zum Betriebsverfassungsgesetz wird ausdrücklich darauf verwiesen, dass der Jahresabschluss sofort nach Fertigstellung zu erläutern ist.[6] Auch wenn es nicht ausdrücklich im § 108 Abs. 5 BetrVG genannt wird, bezieht sich nach herrschender Rechtsauffassung die Erläuterungspflicht der Unternehmensleitung auch auf den Konzernabschluss.[7]

Angesichts der großen Abstände zwischen der Frist zur »Bilanzaufstellung« und der Frist zur »Bilanzfeststellung« sollte man als Wirtschaftsausschuss und Betriebsrat immer auf eine (auf das Geschäftsjahr bezogene) zeitnahe Vorlage des Jahresabschlusses bzw. Konzernabschlusses bestehen. Das heißt, der Wirtschaftsausschuss und der Betriebsrat sollten spätestens dann auf die Vorlage des Jahresabschlusses bzw. Konzernabschlusses bestehen, wenn dieser aufgestellt und einer eventuellen Prüfung unterzogen worden ist.

Alle Kapitalgesellschaften sind grundsätzlich publizitätspflichtig, d. h. zur Offenlegung ihres Jahresabschlusses und ggf. ihres Konzernabschlusses verpflichtet, und zwar spätestens zwölf Monate nach Beendigung des Geschäftsjahres. Von den Personengesellschaften sind dies nur die Unternehmen, die aufgrund ihrer Größe unter das Publizitätsgesetz fallen. Wenn eine Unternehmensleitung die Veröffentlichungsfrist ausschöpft, hat der veröffentlichte Jahresabschluss bzw. Konzernabschluss keinen aktuellen Erkenntniswert, da bereits ein neues Geschäftsjahr abgeschlossen ist. Zumindest bei börsennotierten Aktiengesellschaften wird der Außenstehende zur ordentlichen Hauptver-

---

6 Vgl. Fitting u. a., Rn. 33 zu § 108 BetrVG.
7 Vgl. ebd. Rn. 31 zu § 108.

sammlung, also spätestens im 8. Monat nach Beendigung des Geschäftsjahres einen Geschäftsbericht erhalten, der den Jahresabschluss bzw. Konzernabschluss beinhaltet.

Was nun den Umfang der zu veröffentlichten Unterlagen anbelangt, gibt es beachtliche Unterschiede je nach Größe der Kapitalgesellschaft (vgl. Abb. 5).

Kleine Kapitalgesellschaften müssen nur die Bilanz und den Anhang im elektronischen Bundesanzeiger veröffentlichen (§ 325 Abs. 1 HGB). Die Publizitätspflicht der *kleinen* Kapitalgesellschaften ist also außerordentlich dürftig.

Mittelgroße Kapitalgesellschaften müssen den Jahresabschluss mit dem Prüfvermerk, den Lagebericht, den Bericht des Aufsichtsrats und – sofern dies nicht aus dem Jahresabschluss hervorgeht – den Vorschlag über die Ergebnisverwendung und den Beschluss darüber im elektronischen Bundesanzeiger veröffentlichen. Bei börsennotierten Aktiengesellschaften ist zusätzlich die nach § 161 AktG vorgeschriebene Erklärung zu veröffentlichen, inwieweit die Empfehlungen des Corporate Governance Kodex eingehalten wurden. Allerdings gibt es auch bei den *mittelgroßen* Kapitalgesellschaften sog. Erleichterungen bei der Offenlegung (§ 327 HGB). So brauchen *mittelgroße* Kapitalgesellschaften ihre Bilanz im Wesentlichen nur in der für *kleine* Kapitalgesellschaften vorgeschriebenen (nicht so untergliederten) Form zu veröffentlichen. In diesem Fall sind dann allerdings einige zusätzliche Angaben im Anhang erforderlich.

Darüber hinaus dürfen *mittelgroße* Kapitalgesellschaften einen Anhang veröffentlichen (§ 327 Abs. 2 HGB),
- in dem nicht jeder einzelne Posten der Verbindlichkeiten nach seiner Restlaufzeit und der Art der Absicherung aufgeführt ist,
- in dem bei Anwendung des Umsatzkostenverfahrens der Materialaufwand nicht ausgewiesen wird und
- in dem die sonstigen Rückstellungen nicht erläutert werden.

Das heißt, auch bei *mittelgroßen* Kapitalgesellschaften kann man sich aufgrund der veröffentlichten Unterlagen nur bedingt ein Bild von deren wirtschaftlichen Verfassung machen.

Große Kapitalgesellschaften müssen ihren aufgestellten Jahresabschluss und Lagebericht vollständig im elektronischen Bundesanzeiger veröffentlichen. Darüber hinaus haben sie wie die *mittelgroßen* Kapitalgesellschaften, den Prüfvermerk, den Bericht des Aufsichtsrats und – sofern dies nicht aus dem Jahresabschluss hervorgeht – den Vorschlag über die Ergebnisverwendung und den Beschluss darüber zu veröffentlichen (§ 325 Abs. 1 HGB). Börsennotierte Aktiengesellschaften haben die nach § 161 AktG vorgeschriebene Erklärung (Einhaltung des Corporate Governance Kodex) ebenfalls zu veröffentlichen.

Grundsätzliches zum Jahresabschluss

Abb. 5
Rechnungslegungs-, Prüfungs- und Veröffentlichungspflicht von Unternehmen in Abhängigkeit von Rechtsform und Unternehmensgröße

	Kapitalgesellschaften (AG, KGaA, GmbH) + Kapitalgesellschaften & Co.[1]			Personengesellschaften (Einzelkaufmann, OHG, KG)		Sonstige[2]	
	Größenklassen[3] (§ 267 (1)–(3) HGB)			Größenklassen[3] (§ 1 (1) PublG)		Größenklassen[3] (§ 1 (1) PublG)	
	klein	mittel	groß	klein/groß	sehr groß	klein-groß	sehr groß
Bilanz							
Erstellung	ja	ja	ja	ja	ja	ja	ja
Veröffentlichung	EBAZ	EBAZ	EBAZ	nein	EBAZ	nein	EBAZ
G + V-Rechnung:							
Erstellung	ja[4]	ja[4]	ja	ja	ja	ja	ja
Veröffentlichung	nein	EBAZ	EBAZ	nein	nein	nein	EBAZ
Anhang:							
Erstellung	ja	ja	ja	nein	nein	nein	ja
Veröffentlichung	EBAZ	EBAZ	EBAZ	nein	nein	nein	EBAZ
Lagebericht:							
Erstellung	nein	ja	ja	nein	nein	nein	ja
Veröffentlichung	nein	EBAZ	EBAZ	nein	nein	nein	EBAZ
Gewinnverwendungsrechnung							
Erstellung	ja	ja	ja	nein	nein	nein	ja
Veröffentlichung	EBAZ	EBAZ	EBAZ	nein	nein	nein	EBAZ
Kapitalflussrechnung							
Erstellung	Ja[6]	Ja[6]	Ja[6]	nein	nein	nein	nein
Veröffentlichung	EBAZ	EBAZ	EBAZ	nein	nein	nein	nein
Eigenkapitalspiegel							
Erstellung	Ja[6]	Ja[6]	Ja[6]	nein	nein	nein	nein
Veröffentlichung	EBAZ	EBAZ	EBAZ	nein	nein	nein	nein
Pflichtprüfung	nein	ja	ja	nein	ja	nein	ja
Aufstellungspflicht	6 Mon.	3 Mon.	3 Mon.	keine Frist	3 Mon.	keine Frist	3 Mon.
Feststellungsfrist							
– GmbH	11 Mon.	8 Mon.	8 Mon.	Keine Frist	Keine Frist	Keine Frist	Keine Frist
– AG	8 Mon.	8 Mon.	8 Mon.	Keine Frist	Keine Frist	Keine Frist	Keine Frist
Veröffentlichungsfrist	12 Mon.	12 Mon.	12 Mon.	–	12 Mon.	–	12 Mon.

1 = für alle ab 1.1.2008 beginnenden Geschäftsjahre
2 = Abgesehen von Sonderregelungen für Kreditinstitute und Versicherungen, für die auch andere Größenkriterien gelten, und für Genossenschaften, für deren Jahresabschluss die meisten Regeln wie für Kapitalgesellschaften gelten, für deren Konzernabschluss aber nur das PublG gilt.
3 = Die Zuordnung zu den Größenklassen erfolgt, wenn zwei der drei aufgeführten Größenmerkmale zutreffen.
4 = in verkürzter Form ohne Umsatzausweis
5 = soweit sich nicht aus dem Jahresabschluss ergibt
6 = nur für börsennotierte Kapitalgesellschaften, die nicht zur Aufstellung eines Konzernabschlusses verpflichtet sind
EBAZ = elektronischer Bundesanzeiger

Der Jahresabschluss

Im Rahmen des KapCoRiLiG wurde in das HGB der § 335a neu eingeführt. Gegen Mitglieder des vertretungsberechtigten Organs einer Kapitalgesellschaft, die ihrer Pflicht zur Offenlegung des Jahresabschlusses, des Lageberichts, des Konzernabschlusses, des Konzernlageberichts und anderer Unterlagen der Rechnungslegung nicht nachkommen, haben nun die Registergerichte ein Ordnungsgeld zu verhängen. Dieses Ordnungsgeld beträgt mindestens 2500 und höchstens 25 000 €. (Diese Regelung gilt nach § 335b HGB auch für bestimmte Kapitalgesellschaften & Co). Die Einführung des § 335a HGB hat sicherlich dazu geführt, dass gegenüber der Vergangenheit mehr öffentlichkeitsscheue Unternehmensleitungen »ihren« Jahresabschluss veröffentlichen.

Anhand Abb. 5 ist auch ablesbar, welche Bestandteile je nach Unternehmensform und -größe zum Jahresabschluss eines einzelnen Unternehmens gehören und ob dieser Jahresabschluss und weitere Unterlagen erstellt, geprüft, festgestellt und veröffentlicht werden müssen. Der Leser kann sich je nachdem, in welchem Unternehmenstyp er beschäftigt ist, darüber informieren, welchen Umfang der Jahresabschluss »seines« Unternehmens hat.

1.3 Die Buchführung und die allgemeinen Grundsätze für die Aufstellung des Jahresabschlusses

Vorweg zu schicken ist, dass in Deutschland zu erstellende Jahresabschlüsse in deutscher Sprache und in Euro aufzustellen sind (244 HGB).

Grundlage für den Jahresabschluss ist die Buchführung. Diese Buchführungspflicht ist im § 238 HGB verankert. Die Buchführung muss so beschaffen sein, dass sie einem sachverständigen Dritten innerhalb angemessener Zeit einen Überblick über die Geschäftsvorgänge und über die Lage des Unternehmens vermitteln kann. In diesem Zusammenhang wird im HGB von »Grundsätzen ordnungsmäßiger Buchführung« (GoB) gesprochen (z. B. §§ 243 Abs. 1, 264 Abs. 2 HGB). Diese GoB werden allerdings nicht im HGB detailliert beschrieben; sie stehen auch nicht aufgelistet in einem anderen Gesetz. Es handelt sich vielmehr nach der Rechtsprechung bei den GoB um »Regeln, nach denen der Kaufmann zu verfahren hat, um zu einer dem gesetzlichen Zweck entsprechenden Bilanz zu gelangen.«[8]

---

8 BFH – 3.2.1969 – GrS 2/68 – BStBl 1969 II, S. 291 ff., zitiert nach Prangenberg, Konzernabschluss International, S. 19 f.

Die GoB speisen sich im Wesentlichen aus vier Quellen:
- kaufmännische Übung (»Handelsbrauch«, »Praxis ordentlicher Kaufleute«),
- ausdrückliche gesetzliche Regelungen und Normen, die durch Rechtsprechung geschaffen wurden,
- Erlasse, Gutachten und Empfehlungen von Behörden und Verbänden,
- wissenschaftliche Fachdiskussionen, die in der einschlägigen Literatur dokumentiert sind.

Neben den allgemeinen GoB[9]
- der Richtigkeit (die betrieblichen Vorgänge sind i. S. d. Buchführungsvorschriften zutreffend wiedergegeben) und Willkürfreiheit (bei Zugrundelegen von Schätzwerten sind die wahrscheinlichsten Werte anzugeben),
- der Klarheit (Posten in der Bilanz und GuV sind eindeutig zu bezeichnen) und
- der Vollständigkeit (alle buchungspflichtigen Geschäftsvorfälle sind erfasst)

gibt es im HGB (§ 252 HGB) für alle Kaufleute und Unternehmen geltende Bewertungsgrundsätze für die einzelnen Jahresabschlusspositionen, von denen nur in Ausnahmefällen abgewichen werden darf. Es handelt sich hierbei um
- den Grundsatz der Bilanzkontinuität (Schlussbilanz eines Geschäftsjahres ist identisch mit der Eröffnungsbilanz des Folgejahres),
- den Grundsatz der Einzelbewertung (jeder Vermögensgegenstand ist für sich zu bewerten),
- das Niederstwertprinzip (wenn der tatsächliche Wert eines Vermögensgegenstandes und der zuletzt in der Bilanz angesetzte Buchwert auseinanderfallen, ist der niedrigere Wert anzusetzen),
- den Grundsatz der Vorsicht, vor allem das Imparitätsprinzip (nur realisierte Gewinne, aber alle möglichen Verluste sind zu berücksichtigen),
- den Grundsatz der periodengerechten Zuordnung der Aufwendungen und Erträge (durch zeitliche Abgrenzung der Aufwendungen und Erträge wird sichergestellt, dass nur die das Geschäftsjahr betreffenden Aufwendungen und Erträge bei der Erfolgsermittlung berücksichtigt werden),
- den Grundsatz der Stetigkeit bei der Anwendung von Bewertungsmethoden (Beibehaltung einer einmal gewählten Bewertungsmethode für den jeweiligen Vermögensgegenstand).

Von diesen Grundsätzen kann nur in wenigen Ausnahmefällen abgewichen werden. Der Grund für das Abweichen und die daraus resultierenden Auswirkungen auf Bilanz und GuV-Rechnung sind im Anhang anzugeben (§ 284 Abs. 2 Nr. 3 f. HGB).

---

[9] Vgl. Coenenberg/Haller/Schultze, Jahresabschluss und Jahresabschlussanalyse, S. 38 ff.

Ausdrücklich ist in § 252 Abs. 1 Punkt 2 HGB erwähnt, dass bei der Bewertung der Bilanzpositionen von der Fortführung der Unternehmenstätigkeit auszugehen ist, sofern dem nicht tatsächliche oder rechtliche Gegebenheiten entgegenstehen. Diese mit dem Bilanzrichtlinien-Gesetz eingeführte Generalnorm ist aus dem anglo-amerikanischen Rechnungslegungssystem übernommen worden (»Going-concern-Prinzip«).

Mit dem BiRiLiG wurde ebenfalls das aus dem anglo-amerikanischen Rechnungslegungssystem stammende »True-and-fair-view-Prinzip« in die deutsche Rechnungslegung übernommen. Für Kapitalgesellschaften ist ausdrücklich festgelegt, dass der Jahresabschluss »unter Beachtung der Grundsätze ordnungsmäßiger Buchführung ein den tatsächlichen Verhältnissen entsprechendes Bild der Vermögens-, Finanz- und Ertragslage der Kapitalgesellschaften (zu) vermitteln« hat (§ 264 Abs. 2 HGB). Diese Vorschrift steht damit als Generalnorm über sämtlichen Regelungen zur Bilanzierung von Kapitalgesellschaften (sowie »Kapitalgesellschaften & Co«) und »ist in der Praxis immer dann heranzuziehen, wenn Zweifel bei der Auslegung einzelner Vorschriften entstehen oder Lücken in der gesetzlichen Regelung zu schließen sind«.[10]

Da § 264 Abs. 2 HGB allerdings nur für Kapitalgesellschaften (und »Kapitalgesellschaften & Co«) gilt, bedeutet dies im Umkehrschluss, dass die Jahresabschlüsse von Personengesellschaften eben nicht dieser Generalnorm unterliegen. Doch selbst bei Kapitalgesellschaften kann man sich in der Praxis keineswegs darauf verlassen, dass der Jahresabschluss die tatsächlichen Verhältnisse der Vermögens-, Finanz- und Ertragslage widerspiegelt. Führen nämlich besondere Umstände dazu, dass der Jahresabschluss trotz Beachtung der GoB nicht ein den tatsächlichen Verhältnissen entsprechendes Bild der Vermögens-, Finanz- und Ertragslage vermittelt, so ist die Unternehmensleitung lediglich verpflichtet, im Anhang hierzu einige Angaben zu machen (§ 264 Abs. 2 HGB).

Ohne in die Tiefen der Buchführung einsteigen zu wollen, soll die Abb. 6 den Zusammenhang zwischen Buchführung und Jahresabschluss (Bilanz und GuV) aufzeigen.

In der Buchhaltung eines Unternehmens werden alle Vermögensbestände (Immobilien, Maschinen, Vorräte, Bankguthaben etc.) und Kapitalbestände (Schulden = Fremdkapital und Eigenkapital) erfasst. Über Belege wie Rechnungen, Überweisungsbelege etc. werden Veränderungen der Bestände und die Mengen- und Leistungsbewegungen festgehalten, die innerhalb eines Geschäftsjahres (12 Monate, die nicht mit dem Kalenderjahr identisch sein müssen) anfallen. Diese Vorgänge werden mit dem System der »Doppelten Buchführung« erfasst.

---

10 Ebd., S. 28.

Abb. 6
Zusammenfassung zwischen Buchführung und Jahresabschluss

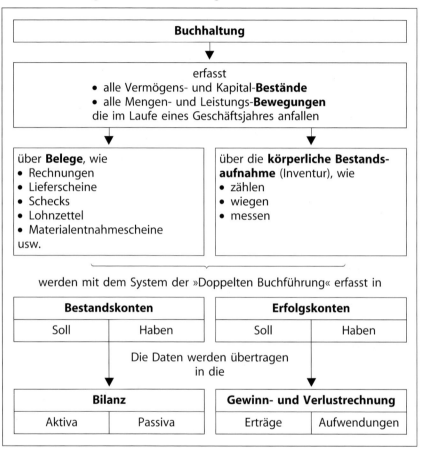

Doppelte Buchführung heißt, dass bei einem Geschäftsvorfall der anfallende Betrag doppelt festgehalten wird. In der Buchhaltung werden Konten mit zwei Seiten eingerichtet: die linke Seite heißt »Soll«, die rechte »Haben«.[11] Die Kontenführung geschah früher ausschließlich in Büchern aus richtigem Papier (daraus leitet sich auch der Begriff Buchhaltung ab), heute wer-

---

11 Über die Namensgebung der beiden Kontoseiten sollte man sich keine Gedanken machen, sondern sie einfach hinnehmen.

den die Konten EDV-mäßig geführt. Tritt nun bspw. der Geschäftsvorfall »Kauf eines Firmenwagens auf Kredit i. H. v. 25.000 €« ein, dann wird dieser Betrag einmal auf einem Bestandskonto »Fuhrpark« (Soll) und ein weiteres Mal auf dem Bestandskonto »Verbindlichkeiten« (Haben) gebucht. Werden z. B. Waren i. H. v. 100000 € auf Rechnung verkauft, dann führt dieser Geschäftsvorfall dazu, dass auf dem Bestandskonto »Forderungen auf der Soll-Seite 100000 € gebucht werden und die Gegenbuchung auf dem Erfolgskonto »Umsatzerlöse« auf der Haben-Seite ebenfalls mit 100000 € erfolgt. Das heißt, die Buchungen der Soll- und Haben-Seiten sind identisch und bei diesem »narrensicheren« System fallen Falschbuchungen auf.

Am Ende eines Geschäftsjahres sind die Konten allerdings durch die Ergebnisse der Inventur zu korrigieren. Dies ist deshalb notwendig, weil sich z. B. bei einer »körperlichen Bestandsaufnahme« zeigen könnte, dass die Vorräte im Lager beschädigt wurden, oder dass Vorräte fehlen (z. B. wegen Fehler in der Lagerbuchhaltung oder Schwund) und deshalb die Werte des Bestandskontos »Vorräte« nicht mehr realistisch sind. In diesem Fall muss eine Wertberichtigung vorgenommen werden.

Nach den im Rahmen der Inventur vorgenommenen Korrekturen (Neubewertungen) werden die Bestands- und Erfolgskonten abgeschlossen. Die Nettowerte (Saldo aus Soll- und Haben-Seite) jedes einzelnen Bestandskontos gehen in die Bilanz als Bestandswerte zu einem bestimmten Stichtag (z. B. 31. 12. als letzten Tag des Geschäftsjahres) ein. Die Nettowerte jedes einzelnen Erfolgskontos gehen in die GuV als Ertrags- oder Aufwandsposten ein, die innerhalb eines Geschäftsjahres angefallen sind (z. B. Kalenderjahr oder abweichendes Geschäftsjahr).

2. Bestandteile des Jahresabschlusses

2.1 Die Bilanz

Die Bilanz ist eine Gegenüberstellung von Vermögen und Kapital zu einem bestimmten Stichtag (letzter Tag des Geschäftsjahres). Auf der Aktivseite der Bilanz (Aktiva) wird das Vermögen, bestehend aus einzelnen Vermögensgegenständen bzw. Gruppen von Vermögensgegenständen, dargestellt. Vermögensgegenstände sind wirtschaftliche Werte, die selbständig bewertbar und selbständig verkehrsfähig, d. h. einzeln veräußerbar sind.[12]

---

12 Vgl. Coenenberg/Haller/Schultze, a. a. O., S. 863 f.

Abb. 7
Vereinfachter Bilanzaufbau

Aktiva		Passiva	
Vermögensseite		**Kapitalseite**	
I. Anlagevermögen II. Umlaufvermögen (evtl. Rechnungs- abgrenzungsposten)	6 500 000 € 8 500 000 €	I. Eigenkapital II. Fremdkapital (evtl. Rechnungs- abgrenzungsposten)	4 500 000 € 10 500 000 €
Vermögen (Bilanzsumme)	15 000 000 €	**Kapital** (Bilanzsumme)	15 000 000 €
Wo ist das Kapital angelegt?		**Woher stammt das Kapital?**	

Auf der Passivseite der Bilanz (Passiva) wird das Kapital abgebildet. Es wird gezeigt, wie das Vermögen finanziert ist, nämlich mit wie viel und mit welcher Art von Fremdkapital/Schulden (z. B. Bankverbindlichkeiten, Lieferantenverbindlichkeiten) und mit wie viel Eigenkapital. Aus der Gliederung des Eigenkapitals ist auch ersichtlich, ob das Kapital (Geld oder Sacheinlage) von außen dem Unternehmen zugeführt wurde (enthalten in den Positionen »gezeichnetes Kapital« und »Kapitalrücklage«) oder intern durch die Einbehaltung von Gewinnen (Gewinnrücklage) entstanden ist.

Anders ausgedrückt zeigt die Passivseite der Bilanz die Mittelherkunft und beantwortet die Frage: Woher stammt das Geld/Kapital? Die Aktivseite der Bilanz zeigt die Mittelverwendung und beantwortet die Frage: In was wurde das Geld/Kapital investiert? Es handelt sich bei der Aktiva und Passiva um zwei Seiten derselben Medaille.

2.1.1 Bilanzgliederung

Für Einzelkaufleute und Personenhandelsgesellschaften bestehen nach dem HGB nur grobe Gliederungsvorschriften für die Bilanz. Nach § 247 Abs. 1 HGB sind das Anlage- und Umlaufvermögen, das Eigenkapital, die Schulden sowie evtl. anfallende Rechnungsabgrenzungsposten gesondert auszuweisen und hinreichend aufzugliedern (siehe Abb. 8). Der Maßstab für eine hinreichende Aufgliederung ist der in § 243 Abs. 2 HGB niedergelegte Grundsatz der Klarheit und Übersichtlichkeit.

Für den Einzelabschluss einer »großen« und »mittelgroßen« Kapitalgesellschaft ist die in Abb. 8 aufgezeigte Bilanzgliederung vorgeschrieben. Betragslose

Abb. 8a
Grundschema der Bilanzgliederung für große und mittlere Kapitalgesellschaften (§ 266 Abs. 2 und 3 HGB)

Aktivseite	Passivseite
A. Anlagevermögen	A. Eigenkapital
I. Immaterielle Vermögensgegenstände	I. Gezeichnetes Kapital
1. Selbstgeschaffene gewerbliche Schutzrechte und ähnliche Rechte und Werte	II. Kapitalrücklage
	III. Gewinnrücklagen
	1. gesetzliche Rücklage
2. Entgeltlich erworbene Konzessionen, gewerbliche Schutzrechte und ähnliche Rechte und Werte sowie Lizenzen an solchen Rechten und Werten	2. Rücklage für Anteile an einem herrschenden oder mehrheitlich beteiligten Unternehmen
	3. Satzungsmäßige Rücklagen
3. Geschäfts- und Firmenwert	4. Andere Gewinnrücklagen
4. Geleistete Anzahlungen	IV. Gewinnvortrag/Verlustvortrag
II. Sachanlagen	V. Jahresüberschuss/Jahresfehlbetrag
1. Grundstücke, grundstücksgleiche Rechte und Bauten auf fremden Grundstücken	B. Rückstellungen
	1. Rückstellungen für Pensionen und ähnliche Verpflichtungen
2. Technische Anlagen und Maschinen	2. Steuerrückstellungen
3. Andere Anlagen, Betriebs- und Geschäftsausstattung	3. sonstige Rückstellungen
	C. Verbindlichkeiten
4. Geleistete Anzahlungen und Anlagen im Bau	1. Anleihen
	– davon konvertibel;
III. Finanzanlagen	– davon Restlaufzeit bis zu 1 Jahr
1. Anteile an verbundenen Unternehmen	
2. Ausleihungen an verbundene Unternehmen	2. Verbindlichkeiten gegenüber Kreditinstituten
– davon mit einer Restlaufzeit von 1 Jahr	– davon Restlaufzeit bis zu 1 Jahr
3. Beteiligungen	3. Erhaltene Anzahlungen auf Bestellungen
4. Ausleihungen an Unternehmen, mit denen ein Beteiligungsverhältnis besteht	– davon Restlaufzeit bis zu 1 Jahr
– davon mit einer Restlaufzeit von 1 Jahr	4. Verbindlichkeiten aus Lieferungen und Leistungen
	– davon Restlaufzeit bis zu 1 Jahr
5. Wertpapiere des Anlagevermögens	5. Verbindlichkeiten aus der Annahme gezogener Wechsel und der Ausstellung eigener Wechsel
6. sonstige Ausleihungen	
– davon mit einer Restlaufzeit von 1 Jahr	– davon Restlaufzeit bis zu 1 Jahr
B. Umlaufvermögen	6. Verbindlichkeiten gegenüber verbundenen Unternehmen
I. Vorräte	
1. Roh-, Hilfs- und Betriebsstoffe	– davon Restlaufzeit bis zu 1 Jahr

Bestandteile des Jahresabschlusses

Aktivseite	Passivseite

2. Unfertige Erzeugnisse, unfertige Leistungen
3. Fertige Erzeugnisse und Waren
4. Geleistete Anzahlungen
II. Forderungen und sonstige Vermögensgegenstände
1. Forderungen aus Lieferungen und Leistungen
   – davon Restlaufzeit mehr als 1 Jahr.
2. Forderungen gegen verbundene Unternehmen
   – davon mit einer Restlaufzeit von 1 Jahr
3. Forderungen gegen Unternehmen, mit denen ein Beteiligungsverhältnis besteht
   – davon Restlaufzeit mehr als 1 Jahr
4. sonstige Vermögensgegenstände
   – davon Restlaufzeit mehr als 1 Jahr.
III. Wertpapiere
1. Anteile an verbundenen Unternehmen
2. sonstige Wertpapiere
IV. Schecks, Kassenbestand, Bundesbank- und Postgiroguthaben, Guthaben bei Kreditinstituten
C. Rechnungsabgrenzungsposten Disagio
D. Aktive latente Steuern
E. Aktiver Unterschiedsbetrag aus der Vermögensverrechnung
F. Nicht durch Eigenkapital gedeckter Fehlbetrag
	7. Verbindlichkeiten gegenüber Unternehmen, mit denen ein Beteiligungsverhältnis besteht
	   – davon Restlaufzeit bis zu 1 Jahr
	8. Sonstige Verbindlichkeiten
	   – davon aus Steuern:
	   – davon im Rahmen der sozialen Sicherheit
	   – davon Restlaufzeit mehr als 1 Jahr
	D. Rechnungsabgrenzungsposten
	E. Passive latente Steuern

Posten können weggelassen werden, soweit sie nicht zum Ausweis eines Vorjahresbetrages erforderlich sind (§ 265 Abs. 8 HGB). »Kleine« Kapitalgesellschaften sind allerdings nur verpflichtet, eine stark zusammengefasste Bilanz zu erstellen (§§ 266 Abs. 1, 274a HGB). Eine kleine Kapitalgesellschaft, die freiwillig ihre Bilanz tiefer aufgliedert, als vorgeschrieben ist, muss diese Gliederung dann allerdings auch für die Zukunft beibehalten (§ 265 Abs. 1 HGB). Diese Vorschriften gelten wie bereits eingangs erwähnt auch für die »Kapitalgesellschaften & Co.«, sofern ihnen keine natürliche Person als persönlich haftender Gesellschafter angehört. Im Folgenden ist, wenn von Kapitalgesellschaften die Rede ist, auch diese Form der »Kapitalgesellschaft & Co.« gemeint.

Im Folgenden werden die einzelnen Bilanzpositionen dargestellt. Diese Darstellung orientiert sich an der Gliederung, die für eine große Kapitalgesellschaft vorgeschrieben ist. Da im Rahmen der Globalisierung und Internationalisierung ArbeitnehmervertreterInnen zunehmend auch mit Jahresabschlüssen konfrontiert werden, die in englischer oder amerikanischer Sprache abgefasst sind, befinden sich im Anhang dieses Buches der Jahresabschluss und die GuV-Rechnung in englischer/amerikanischer Sprache.

Die Zusammenfassung von Bilanzposten, die in dem für Kapitalgesellschaften vorgeschriebenen Gliederungsschema arabische Ziffern tragen, ist zulässig, wenn die Posten unbedeutend sind und damit die Vermittlung eines den tatsächlichen Verhältnissen entsprechenden Bildes nicht beeinträchtigen oder dadurch die Klarheit der Darstellung vergrößert wird. In diesem Fall müssen aber die zusammengefassten Positionen im Anhang gesondert ausgewiesen werden (§ 265 Abs. 7 HGB).

Die Paul Hartmann AG, die später als Fallbeispiel für die Bilanzanalyse verwendet wird, macht von dieser Darstellungsform Gebrauch. Die Bilanz hat dann folgendes Aussehen:

Abb. 8b
Bilanz der Paul Hartmann AG (Beispiel)

in Tausend EUR Aktiva	Anhang	31.12.2010	Struktur in %	31.12.2009
A. Anlagevermögen	6			
I. Immaterielle Vermögens- gegenstände	7	10.215	1,4	7.868
II. Sachanlagen	8	69.260	9,8	64.247
III. Finanzanlagen	9	281.688	39,9	286.058
		361.162	51,2	358.173
B. Umlaufvermögen				
I. Vorräte	10	128.923	18,3	84.595
II. Forderungen und sonstige Vermögensgegenstände	11	210.643	29,9	207.850
III. Wertpapiere	12	12	0,0	44
IV. Kassenbestand, Guthaben bei Kreditinstituten, Schecks	13	3.616	0,5	2.156
		343.195	48,7	294.645
Passiva				
A. Eigenkapital				
I. Gezeichnetes Kapital	15	91.328	12,9	91.328
abzüglich eigene Anteile		–529	–0,1	
II. Kapitalrücklage	16	50.828	7,2	50.828
III. Gewinnrücklagen	17	130.069	18,4	100.339
IV. Bilanzgewinn		21.595	3,1	18.229
		293.291	41,6	260.724
Sonderposten mit Rücklagenanteil		0	0,0	5.250
B. Rückstellungen				
1. Rückstellungen für Pensionen und ähnliche Verpflichtungen	18	52.582	7,5	47.645
2. Übrige Rückstellungen	19	67.457	9,6	72.458
		120.039	17,0	120.103
C. Verbindlichkeiten	20	291.938	41,4	267.907
D. Rechnungsabgrenzungsposten		0	0,0	0
E. Passive Latente Steuern	21	0	0,0	0
		705.268	100,0	653.984

(Quelle: Geschäftsbericht 2010 Paul Hartmann AG, S. 4)

Die Ziffern in der Spalte Anhang verweisen auf die entsprechenden Aufschlüsselungen der einzelnen Bilanzpositionen im Anhang. So sind bspw. unter Ziffer 10 die Vorräte aufgeschlüsselt:

Abb. 8c
Aufschlüsselung der Vorräte im Anhang (Beispiel)

10 Vorräte		
in Tausend	31.12.2010	31.12.2009
Roh-, Hilfs- und Betriebsstoffe	34.670	26.396
Unfertige Erzeugnisse	1.465	717
Fertige Erzeugnisse	35.154	21.884
Waren	57.199	35.163
Anzahlungen für Vorräte	435	435
	128.923	84.595

(Quelle: Geschäftsbericht 2010 Paul Hartmann AG, S. 8)

2.1.2 Aktivseite

2.1.2.1 Anlagevermögen

Als Anlagevermögen sind nur die Gegenstände auszuweisen, die bestimmt sind, dauernd dem Geschäftsbetrieb zu dienen (§ 247 Abs. 2 HGB) und die dem Unternehmen wirtschaftlich zuzurechnen sind (§ 246 Abs. Satz 2f. HGB). In dem Abschluss einer Kapitalgesellschaft sind für jede Position des Anlagevermögens die ursprünglichen Anschaffungs- bzw. Herstellungskosten und die bislang erfolgten Abschreibungen (kumulierte Abschreibungen) sowie die Abschreibungen des letzten Geschäftsjahres anzugeben. Dieser sog. *Anlagespiegel* kann Bestandteil der Bilanz sein oder aber im Anhang aufgeführt werden (§ 268 Abs. 2 HGB). In der Regel dürfte sich der Anlagespiegel im Anhang befinden und soll deshalb auch im Anhang ausführlich dargestellt werden. Kleine Kapitalgesellschaften wurden allerdings mit der Einführung des § 274a HGB, Punkt 1, von dieser Vorschrift befreit.

Für Gegenstände des Anlagevermögens gilt gem. § 253 Abs. 3 Satz 4 HGB das sog. gemilderte Niedrigstwertprinzip: Bei voraussichtlich nicht dauerhafter Wertminderung besteht ein Abschreibungswahlrecht auf den niedrigeren Wert; bei voraussichtlich dauerhafter Wertminderung besteht eine Abschreibungspflicht. Nach § 253 Abs. 5 HGB besteht ein umfassendes und rechtsformunabhängiges Wertaufholungsgebot. Ausgenommen hiervon ist der entgeltlich erworbene Geschäfts- oder Firmenwert (»goodwill«).

I. Immaterielle Vermögensgegenstände
Unter dieser Position sind *entgeltlich erworbene* Konzessionen, gewerbliche Schutzrechte und ähnliche Rechte und Werte sowie Lizenzen an solchen Rechten und Werten zu ihren Anschaffungskosten abzüglich Abschreibungen aufzuführen. Für selbst geschaffene gewerbliche Schutzrechte und ähnliche Rechte und Werte besteht ein Aktivierungswahlrecht. Allerdings dürfen nur Entwicklungsaufwendungen, nicht aber Forschungsaufwendungen aktiviert werden. Sofern eine Trennung nicht möglich ist, besteht ein Aktivierungsverbot (§ 255 Abs. 2a, Satz 4 HGB). Darüber hinaus muss der käuflich erworbene Geschäfts- oder Firmenwert in der Bilanz aktiviert und planmäßig abgeschrieben werden. (Diese Position wird ausführlich im Kapitel VI behandelt.)

II. Sachanlagen
Sachanlagen stellen im Wesentlichen die dem Unternehmen gehörenden Grundstücke, Gebäude und Maschinen dar. Zum Posten *Technische Anlagen* zählen alle Anlagen und Maschinen, die unmittelbar der Produktion dienen. Unter dem Posten *Andere Anlagen, Betriebs- und Geschäftsausstattung* sind z. B. die Einrichtung der Werkstatt, der Fuhrpark, Werkzeuge sowie die Büroausstattung zusammengefasst. Da Grundstücke, grundstücksgleiche Rechte und Bauten in einer Sammelposition zusammengefasst sind, ist die Information hinsichtlich sog. *Stiller Reserven* eingeschränkt. Denn gerade die Grundstücke dürften in der Bilanz zu einem deutlich niedrigeren Wert als ihrem Verkehrswert bewertet sein. Dabei gilt der Grundsatz, dass die sog. *stillen Reserven* umso höher sein dürften, je länger sich die Grundstücke im Besitz des Unternehmens befinden.

Für geleaste Gegenstände des Anlagevermögens gilt Folgendes: Handelt es sich um ein sog. Finanzierungsleasing und werden die Leasingerlasse der Finanzverwaltung beachtet, ist der entsprechend geleaste Vermögensgegenstand zu aktivieren. Handelt es sich um Mietleasing, darf der geleaste Vermögensgenstand nicht aktiviert werden. Die Leasingraten sind sofort aufwandswirksam über die Laufzeit des Leasingvertrags in der GuV-Rechnung zu erfassen.

III. Finanzanlagen
Es wird zwischen Anteilen und Ausleihungen an verbundene Unternehmen und beteiligte Unternehmen unterschieden. Bei verbundenen Unternehmen handelt es sich um Mutter- oder Tochtergesellschaften (Definition in § 271 Abs. 2 HGB).»Beteiligungen sind Anteile an anderen Unternehmen, die be-

stimmt sind, dem eigenen Geschäftsbetrieb durch Herstellung einer dauerhaften Verbindung zu jenen Unternehmen zu dienen« (§ 271 Abs. 1 HGB).

Im Zweifelsfall handelt es sich dann um eine Beteiligung, wenn an einer Kapitalgesellschaft mehr als 20 % der Anteile (bezogen auf den Nennwert) gehalten werden. Anteile an Personengesellschaften gelten grundsätzlich als Beteiligungen, während die Mitgliedschaft in einer Genossenschaft nicht als eine Beteiligung i. S. d. HGB anzusehen ist (§ 271 Abs. 1 HGB). Aufgrund der zunehmenden Finanzverflechtungen ist die differenzierte Gliederung des Finanzanlagevermögens von besonderem Wert.

Für die bei den Finanzanlagen auszuweisenden Ausleihungen ist keine Mindestanlagezeit vorgeschrieben. Es gelten deshalb die allgemeinen Kriterien für das Anlagevermögen, die im § 247 Abs. 2 HGB festgelegt sind. (»Beim Anlagevermögen sind nur die Gegenstände auszuweisen, die dazu bestimmt sind, dauernd dem Geschäftsbetrieb zu dienen.«)

Die Entwicklung der Beteiligungen muss in der Bilanz oder im Anhang ausgewiesen werden (§ 268 Abs. 2 HGB). Bei einer GmbH müssen Ausleihungen an unmittelbare Gesellschafter nach § 42 Abs. 3 GmbHG gesondert ausgewiesen werden.

Soweit Unternehmen derivate Finanzinstrumente, wie z. B. Optionen, Futures, Swaps, Forwards oder Warenterminkontrakte zur Absicherung von Preis-, Kurs- oder Zinsrisiken einsetzen, sind diese als schwebende oder auch sog. bilanzunwirksame Geschäfte nicht zu bilanzieren. Zu bilanzieren sind aber die damit verbundenen Prämien- und Margenzahlungen sowie Abgrenzungsbeträge z. B. in Form von Rückstellungen für drohende Verluste aus schwebenden Geschäften. Sämtliche Transaktionen sind jedoch in einer Nebenbuchhaltung zu erfassen. Im Rahmen der Erläuterung des Jahresabschlusses gem. § 108 Abs. 5 BetrVG hat der Unternehmer hierüber zu informieren.

2.1.2.2 Umlaufvermögen

Beim Umlaufvermögen handelt es sich um die Vermögensgegenstände, die ihrer Zweckbestimmung nach nicht dazu bestimmt sind, dem Geschäftsbetrieb dauerhaft zu dienen. Für sämtliche Gegenstände des Umlaufvermögens gilt das strenge Niederstwertprinzip (§ 253 Abs. 4 HGB). Von mehreren möglichen Wertansätzen ist der niedrigste Wert anzusetzen bzw. auf den niedrigsten Wert abzuschreiben. Es gilt außerdem ein zwingendes Wertaufholungsgebot (§ 253 Abs. 3 HGB), d. h. bei Wegfall des Grundes für die Abschreibung muss die Abschreibung wieder ganz oder teilweise rückgängig gemacht werden.

I. Vorräte

Hier haben Kapitalgesellschaften neben dem Vorratsvermögen (»Roh-, Hilfs- und Betriebsstoffe«, »unfertige Erzeugnisse, unfertige Leistungen«, »fertige Erzeugnisse und Waren«) auch die auf die Vorräte geleisteten Anzahlungen auszuweisen (§ 266 Abs. 2 HGB). Da kleine Kapitalgesellschaften die Position Vorräte nicht unterteilen müssen (§ 266 Abs. 1 HGB), brauchen geleistete Anzahlungen auf Vorräte zwar nicht ausgewiesen zu werden, doch sind sie in der Gesamtposition enthalten. Der § 268 Abs. 5 HGB eröffnet überdies die Möglichkeit (Wahlrecht), erhaltene Anzahlungen offen von den Vorräten abzusetzen. Ansonsten sind die erhaltenen Anzahlungen auf Bestellungen unter der Position Verbindlichkeiten gesondert auszuweisen.

Kleine Kapitalgesellschaften brauchen nur eine verkürzte Bilanz aufzustellen, in die nur die mit Buchstaben und römischen Zahlen bezeichneten Positionen aufgenommen werden (§ 266 Abs. 1 HGB).

Vorräte sind mit dem niedrigeren Wert aus Anschaffungs- oder Herstellungskosten und dem beizulegenden Wert anzusetzen. Soweit ein Börsenkurs oder Marktpreis nicht existiert, ist der beizulegende Wert mittels verlustfreier Bewertung aus dem Verkaufspreis oder den Wiederbeschaffungskosten abzuleiten. Die Anwendung von Bewertungsvereinfachungsverfahren ist zulässig (Gruppen- oder Durchschnittsbewertung, Fifo[13]- und Lifo[14]-Verfahren). Allerdings sind nach dem BilMoG Abschreibungen auf zukünftige niedrigere Werte, auf einen niedrigeren steuerlichen (Teil-)Wert sowie aufgrund vernünftiger kaufmännischer Beurteilung nicht mehr zulässig.

II. Forderungen und sonstige Vermögensgegenstände

Hier sind bei Kapitalgesellschaften die Forderungen mit einer wichtigen Zusatzinformation zu versehen, nämlich mit ihrer Restlaufzeit. Nach § 268 Abs. 4 HGB müssen Forderungen mit einer Restlaufzeit von mehr als einem Jahr gesondert vermerkt werden (dies kann entweder in der Bilanz oder im Anhang geschehen). Für die Liquiditätsanalyse (Untersuchung der Zahlungsunfähigkeit eines Unternehmens) ist dies sehr hilfreich. Die Risiken für die Zukunft lassen sich damit besser einschätzen, da sich kurzfristige Verbindlichkeiten außer mit neuen Schulden nur mit liquiden Mitteln und kurzfristig fälligen Forderungen begleichen lassen.

---

[13] Fifo = First in, first out; die zuerst beschafften Vorräte gelten als zuerst verbraucht.
[14] Lifo = Last in, first out; die zuletzt beschafften Vorräte gelten als zuerst verbraucht.

III. Wertpapiere

Unter der Position »*Wertpapiere*« kann auch die Position »eigene Anteile« aufgeführt sein. Eine Gesellschaft kann aus ganz unterschiedlichen Gründen in den Besitz eigener Anteile kommen. So kann eine Aktiengesellschaft z. B. Aktien des eigenen Unternehmens kaufen, um das Eigenkapital herabzusetzen. In diesem Fall sind eigene Anteile ein reiner Korrekturposten zum Eigenkapital. Eine Aktiengesellschaft könnte aber auch eigene Aktien erwerben, um diese Belegschaftsmitgliedern zum Erwerb anzubieten (§ 71 Abs. 1 Nr. 2 AktG) oder um außenstehende Aktionäre abzufinden (§ 71 Abs. 1 Nr. 3 AktG). In diesem Fall verkörpern eigene Anteile durchaus Vermögenswerte.

Hinsichtlich der Bilanzierung eigener Anteile kommt es auf die Zielsetzung des Erwerbs an. Nach dem KonTraG ist die Verfahrensweise klar geregelt. § 272 Abs. 1 Satz 4 HGB schreibt vor, dass Aktien, die zur Einziehung erworben werden, offen vom Eigenkapital abzusetzen sind. Das heißt, die Endsumme des Eigenkapitals (das sich ja aus mehreren Positionen zusammensetzt) reduziert sich. Werden allerdings eigene Anteile nicht mit der Absicht erworben, sie einzuziehen, werden sie im Umlaufvermögen ausgewiesen. Konkret: Werden z. B. Aktien des eigenen Unternehmens erworben, um sie später an die Belegschaft zu veräußern, dann werden diese Aktien im Umlaufvermögen in der Position Wertpapiere als eigene Anteile ausgewiesen. § 272 Abs. 4 HGB bestimmt in diesem Fall, dass entsprechend der Höhe der auf der Aktivseite der Bilanz ausgewiesenen eigenen Anteile auf der Passivseite der Bilanz in dem Posten Eigenkapital eine Rücklage auf eigene Anteile gebildet werden muss. Die Dotierung dieser Rücklage erfolgt aus den im Eigenkapital ausgewiesenen Gewinnrücklagen.

Für die Bilanzanalyse ergibt sich hieraus folgende Überlegung: Zwar haben die im Umlaufvermögen ausgewiesenen eigenen Anteile einen Vermögenswert, da sie nicht zum Einzug bestimmt sind, jedoch sind diese eigenen Anteile am Bilanzstichtag noch nicht weiter veräußert worden. Im Sinne einer vorsichtigen Betrachtung der Vermögenssituation eines Unternehmens sollte man deshalb im Rahmen einer »Bilanzverkürzung« die eigenen Anteile mit der Rücklage auf eigene Anteile verrechnen (Abzug der auf der Aktivseite der Bilanz ausgewiesenen eigenen Anteile von dem auf der Passivseite der Bilanz stehenden Eigenkapital).

IV. Kassenbestand, Bundesbankguthaben, Guthaben bei Kreditinstituten und Schecks

Hier werden alle liquiden (flüssigen) Mittel zusammengefasst. Es handelt sich hier um jene Finanzmittel, die dem Unternehmen jederzeit zur Verfügung stehen. Das Vorhandensein nur geringer liquider Mittel ist nicht immer ein Zeichen drohender Zahlungsunfähigkeit (Illiquidität). Gerade in Konzernverbünden wird sehr häufig ein sog. Cash-Pooling praktiziert. Es handelt sich hierbei um ein Instrument zur Steuerung der Liquidität innerhalb der einzelnen Konzerngesellschaften, mit dem Ziel der zentralen Lenkung der Finanzmittel, der Reduktion des Kreditbedarfs und der Optimierung der Anlagemöglichkeiten. Dabei wird die Liquidität täglich von den Konten der einzelnen Konzerngesellschaften abgeschöpft und auf ein zentrales Masterkonto meist bei der Konzernobergesellschaft transferiert. Im Gegenzug erhält die Gesellschaft eine Forderung in gleicher Höhe gegen die Konzernobergesellschaft. Umgekehrt wird bei einem Liquiditätsbedarf dem einzelnen Unternehmen die benötigte Liquidität zur Verfügung gestellt, entweder als Rückzahlung eines Guthabens oder als Kredit. Entsprechend werden Guthaben- oder Kreditzinsen berechnet. Das Praktizieren eines Cash-Pooling ist dem Wirtschaftsausschuss zu erläutern.

2.1.2.3 Rechnungsabgrenzungsposten

»Als Rechnungsabgrenzungsposten sind auf der Aktivseite Ausgaben vor dem Abschlusstag auszuweisen, soweit sie Aufwand für eine bestimmte Zeit nach diesem Tag darstellen« (§ 250 Abs. 1 HGB). Typische Fälle, die die Grundlage für die Bildung eines aktiven Rechnungsabgrenzungspostens bilden, stellen im Voraus bezahlte Versicherungsprämien, Beiträge, Mieten u. Ä. dar. Ein bei Kreditaufnahmen entstehendes Disagio (Kapitalbeschaffungskosten = Differenzbetrag zwischen den erhaltenen finanziellen Mitteln und der eingegangenen Verbindlichkeit) *kann* gem. § 250 Abs. 3 HGB ebenfalls in den Rechnungsabgrenzungsposten auf der Aktivseite der Bilanz aufgenommen werden (Aktivierungswahlrecht). Kapitalgesellschaften haben ein aktiviertes Disagio in der Bilanz gesondert auszuweisen oder im Anhang anzugeben (§ 268 Abs. 6 HGB).

Im Rahmen der Bilanzanalyse sollte man den Rechnungsabgrenzungsposten der Aktivseite der Bilanz nicht als Vermögenswert betrachten, sondern vom Eigenkapital abziehen.

2.1.2.4 Aktivische latente Steuern

Wenn der Steueraufwand aufgrund steuerrechtlicher Vorschriften höher ist, als er nach dem handelsrechtlichen Ergebnis wäre, und sich dieser Steueraufwand in späteren Geschäftsjahren voraussichtlich ausgleicht, *darf* diese voraussichtliche *künftige* Steuerentlastung im Einzelabschluss einer Kapitalgesellschaft aktiviert werden (§ 274 Abs. 2 HGB). Der Hintergrund dieser

Regelung ist der, dass die tatsächliche Steuerschuld aufgrund des steuerrechtlichen Jahresabschlusses ermittelt wird und in den handelsrechtlichen Jahresabschluss übernommen werden muss. Immer dann, wenn der Gewinnausweis im handelsrechtlichen Abschluss geringer ist als im steuerrechtlichen, wird das handelsrechtliche Ergebnis eigentlich mit einem zu hohen Steueraufwand belastet. Der Differenzbetrag zwischen tatsächlicher Steuerbelastung und fiktiver Steuerschuld aufgrund des nach Handelsrecht ermittelten Gewinns darf deshalb als Aktivposten (aktivische latente Steuer) in die Bilanz eingestellt werden, wenn in Zukunft entsprechend geringere Steuern auf den handelsrechtlich ermittelten Gewinn zu erwarten sind. Der Betrag ist aufzulösen, sobald die Steuerentlastung eintritt oder mit ihr voraussichtlich nicht mehr zu rechnen ist (§ 274 Abs. 2 HGB). Aktivische latente Steuern können separat ausgewiesen oder mit passivischen latenten Steuern verrechnet werden.

Aktivische latente Steuern sind in dem Umfang, in dem sie mögliche passivische latente Steuern übersteigen, mit einer Ausschüttungssperre zu versehen (§ 268 Abs. 8 Satz 2 HGB). Es handelt sich hier um den Ausweis noch nicht realisierter Erträge, was einen Verstoß gegen das Realisierungsprinzip gem. § 252 Abs. 1 Nr. 4 HGB darstellt und deshalb zumindest dem Zugriff der Gesellschafter entzogen sein soll.

Fallen im Konzernabschluss aufgrund von Konsolidierungsmaßnahmen aktivische latente Steuern an, *müssen* diese auf jeden Fall in der Konzernbilanz ausgewiesen werden (§ 306 HGB). Der Ausweis der aktivischen latenten Steuern kann dann auch in der Weise erfolgen, dass sie in den Rechnungsabgrenzungsposten (RAP) auf der Aktivseite der Bilanz aufgenommen werden. Die genaue Höhe der aktivischen latenten Steuern erfährt man in diesem Fall aus dem Anhang, in dem diese Position überdies zu erläutern ist.

2.1.2.1.5 Nicht durch Eigenkapital gedeckter Fehlbetrag

Wenn das Eigenkapital durch Verluste aufgebraucht ist und die Passivaposten (die nur noch aus Fremdkapital bestehen) größer als die Aktivaposten (das Vermögen) sind, ist ein Unternehmen buchmäßig überschuldet. § 268 Abs. 3 HGB schreibt für diesen Fall vor, dass ein entsprechender Negativkapitalposten am Schluss der Aktivseite der Bilanz auszuweisen ist. Ein Unternehmen, das buchmäßig überschuldet ist, müsste eigentlich Insolvenz anmelden; es sei denn, dieses Unternehmen verfügt über sog. stille Reserven (also unter Marktpreisen bewertete Vermögensgegenstände), die i. d. R. in den Immobilien stecken.[15] Auf

---

15 Zunächst befristet bis 31.12.2013 führt der Insolvenztatbestand der (tatsächlichen) Überschuldung dann nicht zur Insolvenz, wenn die Zahlungsfähigkeit weiterhin gegeben ist.

jeden Fall kann man davon ausgehen, dass ein Unternehmen, das in seiner Bilanz einen nicht durch Eigenkapital gedeckten Fehlbetrag ausweist, in seiner Existenz akut gefährdet ist.

2.1.3 Passivseite

2.1.3.1 Eigenkapital

Das Eigenkapital wird bei Kapitalgesellschaften sehr übersichtlich dargestellt (siehe § 272 HGB). Als erste Position erscheint im Eigenkapitalblock das *gezeichnete Kapital*. Hierbei handelt es sich bei einer Aktiengesellschaft um den Nennwert der ausgegebenen Aktien und/oder bei einer GmbH um den Nennbetrag der ausgegebenen gezeichneten Gesellschaftsanteile. Nach dem BilMoG sind erworbene eigene Anteile in einer Vorspalte offen von dem Posten »gezeichnetes Kapital« abzusetzen (§ 272 Abs. 1a Satz 1 HGB). Besteht zwischen dem Nennbetrag der erworbenen Anteile und den Anschaffungskosten ein Wertunterschied, ist der Differenzbetrag mit den frei verfügbaren Rücklagen zu verrechnen (d. h. diese werden bei positiver Differenz um den entsprechenden Betrag vermindert). Die »frei verfügbaren Rücklagen« umfassen dabei alle Beträge aus der Kapital- und Gewinnrücklage, die weder durch Gesetz noch durch Satzung zweckgebunden sind bzw. einer Ausschüttungssperre unterliegen.

Die zweite Eigenkapitalposition stellt die *Kapitalrücklage* dar. In dieser Position werden z. B. Beträge eingestellt, die das Unternehmen bei der Ausgabe von Aktien erhielt, die über den Nennwert der Aktien hinausgingen (Agio).

> **Beispiel:**
> Eine Aktiengesellschaft gibt neue Aktien (Kapitalaufstockung im Nennwert von 1 €) zu einem Kurs von 2,50 € aus. Pro verkaufte Aktie fließen dem Unternehmen also 2,50 € zu, was auf der Aktivseite der Bilanz zu einem Anwachsen der liquiden Mittel von 2,50 € führt. Auf der Passivseite der Bilanz, die ja die Mittelherkunft aufzeigen soll, werden pro verkaufte Aktie 1 € unter der Position »gezeichnetes Kapital« und 1,50 € unter »Kapitalrücklage« verbucht.

Bei der dritten Eigenkapitalposition – den *Gewinnrücklagen* – handelt es sich um Gewinne, die im Geschäftsjahr oder früheren Geschäftsjahren angefallen sind und nicht an die Eigentümer ausgeschüttet wurden. Unter der Position »Gewinnrücklage« sind folgende Rücklagen gesondert auszuweisen (§ 266 Abs. 3 HGB):

- Gesetzliche Rücklage (nur bei AG bzw. KGaA gem. § 150 Abs. 1 AktG: Einstellung von jährlich 5% des Jahresüberschusses, bis 10% des gezeichneten Kapitals erreicht sind)
- Rücklage für Anteile an einem herrschenden oder mit Mehrheit beteiligten Unternehmen (in Höhe des Betrags, der dem Wert der erworbenen Anteile auf der Aktivseite der Bilanz entspricht)
- Satzungsmäßige Rücklagen (Einstellung erfolgt entsprechend der Satzung der Gesellschaft)
- Andere Rücklagen (Einstellung entsprechend den Beschlüssen von Vorstand, Aufsichtsrat und Gesellschafterversammlung unter Beachtung der gesetzlichen Bestimmungen (z. B. § 58 Abs. 1 Satz und 2 AktG))

Dem Eigenkapital ebenfalls zugerechnet wird bei einer Kapitalgesellschaft der im Geschäftsjahr erwirtschaftete Gewinn, der ja selbst bei einer beabsichtigten Auszahlung an die Aktionäre bzw. Gesellschafter zum Zeitpunkt der Bilanzerstellung noch im Unternehmen steckt. In der Regel werden Dividenden an die Aktionäre in der zweiten Hälfte des folgenden Geschäftsjahres ausgezahlt.

Wird die Bilanz *nach* teilweiser oder vollständiger Verwendung des Jahresüberschusses bzw. Jahresfehlbetrages aufgestellt (der Jahresüberschuss wird vollständig oder teilweise in die Gewinnrücklagen eingestellt oder der Jahresfehlbetrag wird durch die Auflösung von Rücklagen reduziert), dann erscheint als letzte Position innerhalb des Eigenkapitalblocks der *Bilanzgewinn* bzw. der *Bilanzverlust*. Ein vorhandener Gewinn- oder Verlustvortrag ist in den Posten »Bilanzgewinn/Bilanzverlust« einzubeziehen (§ 268 Abs. 1 HGB). Aktiengesellschaften haben ihre GuV nach § 158 Abs. 1 AktG mit der Position Bilanzgewinn bzw. Bilanzverlust abzuschließen. Entsprechend werden sie auch in der Bilanz im Eigenkapitalblock die Positionen Bilanzgewinn bzw. Bilanzverlust aufführen.

Die Reihenfolge der Dotierung sämtlicher Rücklagen im Rahmen der Ergebnisverwendungsrechnung zeigt Abb. 9.

Abb. 9
Rücklagendotierung in der Ergebnisverwendungsrechnung einer AG

Jahresüberschuss − Verlustvortrag
= Bemessungsgrundlage 1
− Pflichtdotierung der gesetzlichen Rücklage (so lange 5 % der Bemessungsgrundlage 1, bis die gesetzliche Rücklage und Kapitalrücklage zusammen 10 % des gezeichneten Kapitals erreicht haben)
= Bemessungsgrundlage 2

a) Hauptversammlung stellt Jahresabschluss fest: − lt. Satzungsbestimmung Einstellung von max. 50 % der Bemessungsgrundlage 2 in die anderen Gewinnrücklagen	b) Vorstand und Aufsichtsrat stellen Jahresabschluss fest: − Einstellung von max. 50 % der Bemessungsgrundlage 2 immer möglich − lt. Satzung mögliche zusätzliche Einstellungen von mehr als 50 % der Bemessungsgrundlage 2 in die anderen Gewinnrücklagen solange zulässig, bis diese 50 % des gezeichneten Kapitals erreicht haben

= Bemessungsgrundlage 3
− Einstellung in die Rücklagen für Anteile an einem herrschenden oder mit Mehrheit beteiligten Unternehmen − Einstellung in die satzungsmäßigen Rücklagen − Einstellung des Eigenkapitalanteils von − Wertaufholungen im Anlage- und Umlaufvermögen − Auflösung des Sonderpostens mit Rücklageanteil
= Bemessungsgrundlage 4
+ Gewinnvortrag
= Bilanzgewinn (Bemessungsgrundlage für den Ergebnisverwendungsbeschluss der Hauptversammlung

(Quelle: Coenenberg/Haller/Schultze: a.a.O., S. 337)

Für die Darstellungen des Ausweises des Unternehmensergebnisses sieht das HGB drei Möglichkeiten vor: Die Bilanz kann grundsätzlich entweder unter Berücksichtigung der vollständigen oder teilweisen Verwendung des Jahresergebnisses, aber auch ohne Berücksichtigung der Ergebnisverwendung aufgestellt werden (§ 268 Abs. 1 HGB). Die zu wählende Darstellungsform ist nach herrschender Meinung von der tatsächlichen Situation der Ergebnisverwendung zum Zeitpunkt der Bilanzerstellung abhängig zu machen.

Der Jahresabschluss

Die drei Ausweismöglichkeiten verdeutlicht nachfolgendes Beispiel:[16]

Variante 1: Aufstellung des Jahresabschlusses vor Gewinnverwendung

Aktiva	Mio. €	Passiva	Mio. €
Anlage- und Umlaufvermögen	100	Gezeichnetes Kapital	10
		Kapitalrücklage	3
		Gewinnrücklage	12
		Gewinnvortrag	2
		Jahresüberschuss	3
		Fremdkapital	70
	100		100

Variante 2: Aufstellung des Jahresabschlusses nach teilweiser Gewinnverwendung

Aktiva	Mio. €	Passiva	Mio. €
Anlage- und Umlaufvermögen	100	Gezeichnetes Kapital	10
		Kapitalrücklage	3
		Gewinnrücklage	13
		Bilanzgewinn	4
		Fremdkapital	70
	100		100

Variante 3: Aufstellung des Jahresabschlusses nach vollständiger Gewinnausschüttung

Aktiva	Mio. €	**Passiva**	Mio. €
Anlage- und Umlaufvermögen	100	Gezeichnetes Kapital	10
		Kapitalrücklage	3
		Gewinnrücklage	15
		Fremdkapital	72
	100		100

---

16 Entnommen: Coenenberg/Haller/Schultze, a. a. O., S. 346 f.

Bestandteile des Jahresabschlusses 53

Abb. 10
Typen von Eigenkapitalkonten bei Einzelunternehmen und Personengesellschaften

Rechtsform	Konstantes Eigenkapitalkonto	Variables Eigenkapitalkonto
Einzelunternehmen		Kapitalkonto des Einzelkaufmanns (oftmals mit vorgeschaltetem Privatkonto)
Offene Handelsgesellschaft (OHG)		Kapitalkonten der OHG-Gesellschafter mit den jeweiligen Einlagen
Kommanditgesellschaft	Kapitalkonten mit den Einlagen der Kommanditisten	Kapitalkonten mit den Einlagen der Komplementäre
Stille Gesellschaft	Einlage des stillen Gesellschafters	Kapitalkonto mit der Einlage des Firmeninhabers

(Quelle: Coenenberg/Haller/Schultze, a.a.O., S. 351)

Derjenige Teil des Bilanzgewinns, der an die Gesellschafter ausgeschüttet werden soll (in unserem Beispiel 2 Mio. €) stellt eine Verbindlichkeit des Unternehmens an die Gesellschafter dar und ist als Fremdkapital unter dem Posten »*sonstige Verbindlichkeiten*« zu verbuchen.

In den Bilanzen von Einzelunternehmen und Personengesellschaften wird das Eigenkapital durch konstante und variable Kapitalkonten abgebildet (Abb. 10).

2.1.3.2 Sonderposten mit Rücklageanteil

Die Bildung eines Sonderpostens mit Rücklageanteil verdankte seine Existenz dem Steuerrecht. Sonderposten mit Rücklageanteil durften nur insoweit gebildet werden, als das Steuerrecht die Anerkennung des Wertansatzes bei der steuerlichen Gewinnermittlung davon abhängig machte, dass der Sonderposten in der Handelsbilanz gebildet wurde (§ 273 HGB a. F.). Dies nannte man »umgekehrte Maßgeblichkeit«, denn nicht wie sonst üblich war hier die Handelsbilanz maßgeblich für die Steuerbilanz, sondern die Steuerbilanz war in diesem Fall maßgeblich für die Handelsbilanz. Zu den in der Praxis am häufigsten vorkommenden steuerlich abzugsfähigen Rücklagen gehörte die »Rücklage für Ersatzbeschaffung« (R 6.6 EStR) und die »Rücklage für Veräußerungsgewinne bei bestimmten Gütern des Anlagevermögens« (§ 6b EStG). Als Sonderposten mit Rücklageanteil konnten auch »steuerliche Sonderabschreibungen« und – bei Wahl der indirekten Abschreibungsmethode – auch die Normalabschreibungen eingestellt werden. Die so gebildeten Sonderposten mit Rücklageanteil waren dann entsprechend den jeweiligen steuerlichen Vorschriften (z. B. Reinvestitionsrücklage (§ 6b EStG), Ersatzbeschaffungsrücklage (R.6.6ff. EStR), Zuschussrücklage (R6.5 Abs. 4 EStR), Ansparabschreibung (§ 7g EStG)), nach denen sie gebildet worden sind, ratierlich aufzulösen. Durch die Bildung von Sonderposten mit Rücklageanteil erreichte das Unternehmen keine Steuerersparnis, sondern lediglich eine – oftmals langjährige – Steuerstundung.

Durch das BilMoG besteht für Jahresabschlüsse für Geschäftsjahre ab dem 1. 1. 2010 ein Passivierungsverbot für Sonderposten mit Rücklageanteil in der Handelsbilanz (§ 66 Abs.5 EGHGB). Allerdings bestehen für die nach altem Recht gebildeten Sonderposten mit Rücklageanteil ein Beibehaltungswahlrecht. Alternativ kann der Sonderposten mit Rücklageanteil aber auch aufgelöst werden. Da der Sonderposten mit Rücklageanteil in der Bilanz eine Zwitterposition dergestalt einnimmt, dass in ihm sowohl Eigen- als auch Fremdkapital in Form eines Steueranteils enthalten ist, führt seine Auflösung zur Erhöhung der Gewinnrücklage (in Höhe des Eigenkapitalanteils) und zur Passivierung latenter Steuern (in Höhe des Steueranteils).

Beispiel:
Ein Unternehmen hat 2009 ein Grundstück verkauft und den Veräußerungsgewinn i. H. v. 4500 T€ in der Steuerbilanz in eine steuerlich abzugsfähige Rücklage nach § 6b EStG eingestellt, mit der Folge, dass dieser Veräußerungsgewinn (zunächst) nicht zu versteuern war. Wegen der umgekehrten Maßgeblichkeit musste auch in der Handelsbilanz ein entsprechender Sonderposten mit Rücklageanteil nach § 273 HGB a.F. gebildet werden. Bei einem angenommenen Ertragssteueranteil von 30% werden bei einer vollständigen Auflösung des Sonderpostens mit Rücklageanteil 1350 T€ auf passive latente Steuern und 3150 T€ auf Gewinnrücklage gebucht. Der entsprechende Buchungssatz lautet:

Buchung	Soll	Haben
Sonderposten mit Rücklageanteil	4500 T€	
Passive latente Steuern		1350 T€
Gewinnrücklage		3150 T€

Durch die Möglichkeit der Inanspruchnahme des Beibehaltungswahlrechts wird in vielen Bilanzen auch in naher Zukunft noch der Sonderposten mit Rücklageanteil auf der Passivseite der Bilanz ausgewiesen sein, allerdings mit abnehmender Tendenz aufgrund der ratierlichen Auflösung und des Verbots der Neubildung.

2.1.3.3 Rückstellungen

Den Rückstellungen liegen Zahlungsverpflichtungen zugrunde, die hinsichtlich der Höhe und/oder des Fälligkeitstermins noch nicht genau bekannt sind (§ 249 HGB). Somit sind Rückstellungen juristisch gesehen Fremdkapital. Die Höhe der zu bildenden Rückstellung richtet sich nach dem nach vernünftiger kaufmännischer Beurteilung notwendigen Erfüllungsbetrag (§ 253 Abs. 1 Satz 2 HGB). Erwartete künftige Preis- und Kostensteigerungen bis zum Zeitpunkt der tatsächlichen Inanspruchnahme fließen in die Bewertung der Rückstellung ein. Rückstellungen mit einer Laufzeit von mehr als einem Jahr sind abzuzinsen. Die Abzinsung hat mit dem durchschnittlichen Marktzinssatz der vergangenen sieben Geschäftsjahre zu erfolgen (§ 253 Abs. 2 Satz 1 HGB). Der anzuwendende Zinssatz wird von der Deutschen Bundesbank ermittelt und auf deren Internetseite zur Verfügung gestellt. Erträge und Aufwendungen aus der Abzinsung sind als Zinserträge bzw. -aufwendungen in der GuV-Rechnung unter dem Posten »Sonstige Zinsen und Erträge« bzw. »Zinsen und ähnliche Aufwendungen« auszuweisen (§ 277 Abs. 5 HGB).

Bei den Rückstellungen unterscheidet man zwischen Rückstellungen aufgrund einer Verpflichtung gegenüber Dritten und Rückstellungen ohne Verpflichtung gegenüber Dritten.

Rückstellungen aufgrund einer Verpflichtung gegenüber Dritten sind vor allem
- Pensionsrückstellungen
- Steuerrückstellungen
- Rückstellungen für Garantieverpflichtungen
- Kulanzrückstellungen
- Rückstellungen für Umweltschutzmaßnahmen
- Weitere Rückstellungen, wie Provisionsrückstellungen, Prozessrisikorückstellungen, Sozialplanrückstellungen, Altersteilzeitrückstellungen, Rückstellungen für Mehrarbeits- und Urlaubsansprüche aus dem Berichtsjahr

Rückstellungen ohne Verpflichtung gegenüber Dritten können nur noch in den beiden folgenden Fällen gebildet werden:
- Rückstellungen für unterlassene Aufwendungen zur Instandsetzung, die innerhalb der ersten drei Monate des neuen Berichtsjahres begonnen und im Wesentlichen auch beendet werden
- Rückstellungen für unterlassene Abraumbeseitigung

Von den einzelnen Rückstellungsarten werden nur die Pensionsrückstellungen und die Steuerrückstellungen gesondert auf der Passivseite der Bilanz ausgewiesen. Alle anderen Rückstellungen werden als Sammelposten unter den sonstigen Rückstellungen ausgewiesen und die bedeutendsten dann im Anhang erläutert.

2.1.3.3.1 Pensionsrückstellungen

Möchte ein Unternehmer den Arbeitnehmern zukünftige Versorgungsleistungen (Alters-, Invaliden-, Hinterbliebenenversorgung) gewähren, stehen ihm dazu mehrere Möglichkeiten zur Verfügung:
- Unmittelbare Versorgungszusage
- Mittelbare Versorgungszusage (Zuweisung zu einer Pensions- oder Unterstützungskasse) oder
- Abschluss einer Direktversicherung

Dabei sind die Mitbestimmungsrechte des Betriebsrats gem. § 87 Abs. 1 Nr. 10 BetrVG zu beachten.

Für unmittelbare Pensionszusagen müssen nach § 249 Abs.1 HGB in jedem Fall Rückstellungen in der Bilanz gebildet werden, doch gilt für alle Zusagen und deren Erhöhungen, die bis zum 31.12.1986 erworben wurden, ein Bilanzierungswahlrecht (Passivierungswahlrecht). Allerdings müssen Kapitalgesellschaften die nicht in der Bilanz ausgewiesenen Pensionsrückstellungen im Anhang in einem Betrag angeben (§ 285 Nr. 24 HGB).

Für mittelbare Pensionszusagen, die über Pensions- und Unterstützungskassen sowie über Versicherungsunternehmen abgewickelt werden, besteht neuerdings nach dem BilMoG ein Passivierungswahlrecht (Art. 28 Abs. 1 Satz 2 EGHGB). Dieses Wahlrecht gilt auch dann, wenn mit Sicherheit eine bevorstehende Inanspruchnahme aufgrund einer Deckungslücke droht.

Das BilMoG sieht in § 246 Abs. 2 Satz 2 HGB eine Saldierung von Vermögensgegenständen, die ausschließlich der Erfüllung von Schulden aus Altersversorgungsverpflichtungen oder vergleichbaren langfristig fälligen Verpflichtungen (z.B. Altersteilzeit, Lebensarbeitszeitmodelle) dienen (sog. Planvermögen), mit diesen Schulden vor. In der Bilanz erfolgt nur noch der Ausweis der Nettoverpflichtung, also der Belastung, die das Unternehmen tatsächlich wirtschaftlich trifft. Die Bewertung des Planvermögens erfolgt zum beizulegenden Zeitwert (§ 253 Abs. 1 Satz 4 HGB). Ergibt sich nach der Saldierung des Planvermögens mit den entsprechenden Schulden ein positiver Nettobetrag, muss für diesen Betrag eine Ausschüttungssperre als gesonderter Posten »Aktiver Unterschiedsbetrag aus der Vermögensverrechnung« aktiviert werden (§ 268 Abs. 8 HGB).

Pensionsrückstellungen sind für ein Unternehmen nicht nur ein Kostenfaktor, sondern auch eine wichtige Finanzierungsquelle. Unterstellt man z.B. eine kontinuierliche Entwicklung der Pensionszusagen und kontinuierliche Zahlungsverpflichtungen durch die tatsächlich eingetretenen Pensionsfälle, dann stehen die Pensionsrückstellungen dem Unternehmen auf Dauer als Finanzierungsquelle zur Verfügung. Man kann in diesem Fall bei Pensionsrückstellungen auch von »eigenkapitalähnlichen Mitteln« sprechen. Auf jeden Fall können Pensionsrückstellungen als langfristig dem Unternehmen zur Verfügung stehende Mittel angesehen werden.

2.1.3.3.2 Steuerrückstellungen

Für Steuern und Abgaben muss dann eine *Steuerrückstellung* gebildet werden, wenn aufgrund der bisherigen wirtschaftlichen Tätigkeit Steuern und Abgaben zu entrichten sind, deren Höhe aber noch nicht bekannt ist. Am Bilanzstichtag bereits fällige Steuerzahlungen (aufgrund ergangener Steuerbescheide) sind allerdings als Verbindlichkeiten zu buchen.

2.1.3.3.3 Sonstige Rückstellungen

Unter den *sonstigen Rückstellungen* sind z. B. folgende Rückstellungen auszuweisen: für Gewährleistungen (mit und ohne rechtliche Verpflichtung), für drohende Verluste aus schwebenden Geschäften (Verbindlichkeiten übersteigen die korrespondierenden Forderungen: Rückstellung in Höhe des Differenzbetrags), für Umweltschutzmaßnahmen, Rückstellungen für unterlassene Aufwendungen zur Instandhaltung (nur sofern die Instandhaltung innerhalb von drei Monaten nach dem Bilanzstichtag ausgeführt wird), für Urlaubsansprüche aus nicht genommenem Urlaub, für Mehrarbeit und Überstunden (deren Ausgleich oder Bezahlung erst im nächsten Jahr erfolgt), für Sozialpläne (sobald ernsthaft mit einer Betriebsänderung gem. § 111 BetrVG zu rechnen ist).

Unter den sonstigen Rückstellungen sind die Rückstellungen für Sozialpläne und für Altersteilzeit für die Interessenvertretungen von besonderer Bedeutung.

Eine Sozialplanrückstellung ist zu bilden, sobald ernsthaft mit einer Betriebsänderung (z. B. Massenentlassung, Betriebseinschränkung, Betriebsstilllegung, Betriebsverlagerung) zu rechnen ist, die nach §§ 111ff. BetrVG eine Pflicht zur Aufstellung eines Sozialplans zur Folge hat. Die Rückstellung ist in dem Berichtsjahr zu bilden, in dem die Interessenausgleichs- und Sozialplanverhandlungen mit dem Betriebsrat aufgenommen werden.

Befindet sich ein Betriebsrat in Verhandlungen über einen Sozialplan (§ 112 BetrVG), kann es hilfreich sein zu wissen, in welcher Höhe der Arbeitgeber bereits durch Rückstellungsbildung Vorsorge getroffen hat. Ein Sozialplan mit einem Volumen in Höhe der gebildeten Rückstellung belastet das Ergebnis des laufenden Geschäftsjahres in keiner Weise. Ein Sozialplanvolumen, das in seiner Höhe über der gebildeten Rücklage liegt, belastet das laufende Geschäftsjahr nur mit dem Differenzbetrag. Dies kann für die Beurteilung der wirtschaftlichen Vertretbarkeit eines Sozialplans von erheblicher Bedeutung sein[17].

Eine Rückstellung für Altersteilzeit ist immer dann zu bilden für zum Bilanzstichtag bereits abgeschlossene Altersteilzeitverträge sowie für zukünftig wahrscheinliche Altersteilzeitverträge (nur bei unwiderruflich eingeräumtem Wahlrecht z. B. aufgrund eines Tarifvertrags oder einer Betriebsvereinbarung). Die voraussichtliche Inanspruchnahme des Wahlrechts ist vorsichtig zu schätzen. Die tatsächlichen und die voraussichtlich zu leistenden Aufstockungsbeträge sind nach versicherungsmathematischen Grundsätzen zu ermitteln und abzuzinsen (§ 253 Abs. 1 Satz 2. HGB).

2.1.3.4 Verbindlichkeiten

Verbindlichkeiten sind Verpflichtungen des Unternehmens gegenüber einem Dritten. Sie sind mit ihrem Erfüllungsbetrag anzusetzen (§ 253 Abs. 1 HGB). Verbindlichkeiten mit einer Restlaufzeit bis zu einem Jahr sind von Kapitalgesellschaften in der Bilanz gesondert auszuweisen (§ 268 Abs. 5 HGB). Alle Kapitalgesellschaften haben überdies im Anhang den Gesamtbetrag der Verbindlichkeiten mit einer Restlaufzeit von mehr als fünf Jahren anzugeben (§ 285 Ziffer 1 HGB). Für die Beurteilung der Zahlungsfähigkeit des Unternehmens sind diese Angaben sehr wichtig.

2.1.3.5 Rechnungsabgrenzungsposten

»Auf der Passivseite sind als Rechnungsabgrenzungsposten Einnahmen vor dem Abschlussstichtag aufzuweisen, soweit sie Erträge für eine bestimmte Zeit nach diesem Tag darstellen.« (§ 250 HGB)

> **Beispiel:**
> Ein Unternehmen, dessen Geschäftsjahr zum 31.12. endet, erhält bereits im Monat Dezember Mietvorauszahlungen für den Monat Januar des Folgejahres. Das heißt, die Mietzahlung hat zu einer Erhöhung der Vermögensseite der Bilanz beigetragen (Aktiva: Erhöhung Bankguthaben). Auf der anderen Seite ist die Leistung für diese Zahlung (das Überlassen von Räumlichkeiten) noch gar nicht erfolgt.

Im Rahmen der Bilanzanalyse kann man also den Rechnungsabgrenzungsposten der Passivseite der Bilanz dem Fremdkapital zuordnen.

---

17 Vgl. Göritz/Hase/Laßmann/Rupp, Interessenausgleich und Sozialplan, S. 344 ff.

2.1.3.6 Passivische latente Steuern

Ist der Steueraufwand nach den steuerrechtlichen Vorschriften niedriger, als er nach dem handelsrechtlichen Ergebnis wäre, besteht in Höhe der voraussichtlichen Steuerbelastung nachfolgender Geschäftsjahre eine Passivierungspflicht. Das heißt, eine Kapitalgesellschaft muss in diesem Fall einen Sonderposten für sog. passivische latente Steuern vornehmen. Dieser Posten ist aufzulösen, sobald die höhere Steuerbelastung eintritt oder mit ihr voraussichtlich nicht mehr zu rechnen ist. Aktivische und passivische latente Steuern können gegenseitig verrechnet oder auch separat ausgewiesen werden (§ 274 Abs. 1 HGB).

2.2 Die Gewinn- und Verlustrechnung

Nach § 242 Abs. 2 HGB stellt die Gewinn- und Verlustrechnung (GuV) eine Gegenüberstellung von Aufwendungen und Erträgen des Geschäftsjahres dar. Als Aufwendungen gilt der in Geldgrößen bewertete Verbrauch von Gütern und Dienstleistungen. (So erscheint der geldlich bewertete Materialeinsatz, der für die Produktion von Gütern in einem Unternehmen aufgewandt wurde, in der GuV dieses Unternehmens als Materialaufwand). Die Erträge sind die einem Unternehmen zuzurechnenden Einnahmen. Das heißt aber auch, dass Erträge mehr sind als nur die tatsächlich erhaltenen Einnahmen. Dies wird an dem größten Ertragsposten der GuV, den Umsatzerlösen, deutlich. Umsatzerlöse sind alle im Geschäftsjahr *verkauften*, geldlich bewerteten Güter- und Dienstleistungsmengen und nicht nur die bezahlten. Sind innerhalb eines Geschäftsjahres die Erträge größer als die Aufwendungen, so stellt die Differenzgröße den Gewinn (den sog. Jahresüberschuss) dar. Sind hingegen innerhalb eines Geschäftsjahres die Aufwendungen größer als die Erträge, so muss in der GuV ein Verlust (der sog. Jahresfehlbetrag) ausgewiesen werden.

Als grundsätzliche Vorschrift für die Erstellung der GuV-Rechnung gilt das Verbot der Verrechnung von Aufwendungen und Erträgen (§ 246 Abs. 2 HGB). Ein konkretes Gliederungsschema der GuV ist aber nur für Kapitalgesellschaften (und Kapitalgesellschaften & Co) vorgeschrieben (§ 275 HGB), an das sich fast alle Nicht-Kapitalgesellschaften aber auch halten.

Die GuV-Rechnung ist zunächst einmal in der sog. Staffelform aufzustellen (§ 275 Abs.1 HGB). Konkret bedeutet dies: Die Aufwendungen und Erträge sind untereinander anzuordnen, wobei hierbei bestimmte Aufwendungen von bestimmten Erträgen abgezogen werden. Das HGB räumt jedoch den Kapitalgesellschaften bei der Aufstellung der GuV ein Wahlrecht zwischen zwei verschiedenen Darstellungsformen (Gliederungen) ein. Die eine Form der Aufstellung der GuV heißt *Gesamtkostenverfahren*, die andere *Umsatzkostenverfahren* (siehe Abb. 11).

Abb. 11
Gliederungsschema der GuV-Rechnung nach dem Gesamtkosten- und dem Umsatzkostenverfahren für große Kapitalgesellschaften (§ 275 Abs. 2 und 3 HGB)

Gesamtkostenverfahren	Umsatzkostenverfahren

1. Umsatzerlöse
2. Erhöhung oder Verminderung des Bestands an fertigen und unfertigen Erzeugnissen
3. andere aktivierte Eigenleistungen
4. sonstige betriebliche Erträge
5. Materialaufwand:
   a) Aufwendungen für Roh-, Hilfs- und Betriebsstoffe und für bezogene Waren
   b) Aufwendungen für bezogene Leistungen
6. Personalaufwand:
   a) Löhne und Gehälter
   b) soziale Abgaben und Aufwendungen für Altersversorgung und für Unterstützung
   – davon für Altersversorgung
7. Abschreibungen:
   a) auf immaterielle Vermögensgegenstände des Anlagevermögens und Sachanlagen sowie auf aktivierte Aufwendungen für die Ingangsetzung und Erweiterung des Geschäftsbetriebs
   b) auf Vermögensgegenstände des Umlaufvermögens, soweit diese die in der Kapitalgesellschaft üblichen Abschreibungen überschreiten
8. sonstige betriebliche Aufwendungen
9. Erträge aus Beteiligungen
   – davon aus verbundenen Unternehmen
10. Erträge aus anderen Wertpapieren und Ausleihungen des Finanzanlagevermögens
   – davon aus verbundenen Unternehmen
	1. Umsatzerlöse
	2. Herstellungskosten der zur Erzielung der Umsatzerlöse erbrachten Leistungen
	3. Bruttoergebnis vom Umsatz
	4. Vertriebskosten
	5. allgemeine Verwaltungskosten
	6. sonstige betriebliche Erträge
	7. sonstige betriebliche Aufwendungen
	8. Erträge aus Beteiligungen
	   – davon aus verbundenen Unternehmen
	9. Erträge aus anderen Wertpapieren und Ausleihungen des Finanzanlagevermögens
	   – davon aus verbundenen Unternehmen
	10. sonstige Zinsen und ähnliche Erträge
	   – davon aus verbundenen Unternehmen
	11. Abschreibungen auf Finanzanlagen und auf Wertpapiere des Umlaufvermögens
	12. Zinsen und ähnliche Aufwendungen
	   – davon an verbundene Unternehmen
	13. Ergebnis der gewöhnlichen Geschäftstätigkeit
	14. außerordentliche Erträge
	15. außerordentliche Aufwendungen
	16. außerordentliches Ergebnis
	17. Steuern vom Einkommen und vom Ertrag
	18. sonstige Steuern
	19. Jahresüberschuss/Jahresfehlbetrag

Gesamtkostenverfahren	Umsatzkostenverfahren
11. sonstige Zinsen und ähnliche Erträge – davon aus verbundenen Unternehmen 12. Abschreibungen auf Finanzanlagen und auf Wertpapiere des Umlaufvermögens 13. Zinsen und ähnliche Aufwendungen – davon an verbundene Unternehmen 14. Ergebnis der gewöhnlichen Geschäftstätigkeit 15. außerordentliche Erträge 16. außerordentliche Aufwendungen 17. außerordentliches Ergebnis 18. Steuern vom Einkommen und vom Ertrag 19. sonstige Steuern 20. Jahresüberschuss/Jahresfehlbetrag	

Beim Gesamtkostenverfahren dürfen kleine und mittelgroße Kapitalgesellschaften die Positionen 1–5 zum Rohergebnis zusammenfassen; beim Umsatzkostenverfahren dürfen kleine und mittelgroße Kapitalgesellschaften die Positionen 1–3 und 6 zum Rohergebnis zusammenfassen (§ 276 HGB).

In Deutschland erstellen die meisten Unternehmen eine GuV nach dem Gesamtkostenverfahren, zumal dies bis 1985 auch das einzig zulässige Verfahren war. Allerdings ist im anglo-amerikanischen Bereich das Umsatzkostenverfahren das übliche Verfahren zur Aufstellung der GuV. Deshalb sind es in Deutschland vor allem die Tochtergesellschaften internationaler Konzerne, die das Umsatzkostenverfahren anwenden[18]. Darüber hinaus wenden aber auch jene in Deutschland ansässigen Unternehmen das Umsatzkostenverfahren an, deren Geschäfts- und/oder Aktionärsstruktur international geprägt ist. Vor dem Hintergrund der Globalisierung ist davon auszugehen, dass zukünftig weitaus mehr in Deutschland ansässige Unternehmen das Umsatzkostenverfahren anwenden werden. Dies, obwohl – wie im Folgenden noch zu zeigen ist – dem Leser eines Jahresabschlusses mit einer nach dem Umsatzkostenverfahren erstellten GuV zunächst einmal weniger Informationen geboten werden.

Beim **Gesamtkostenverfahren** wird die in der Abrechnungsperiode (Geschäftsjahr) insgesamt erstellte Leistung erfasst, von der die in dieser Abrech-

---

18 In der Anlage ist deshalb das Umsatzkostenverfahren auch in englischer/amerikanischer Sprache wiedergegeben.

nungsperiode entstandenen Aufwendungen abgezogen werden. Damit werden die im Unternehmen in dem Geschäftsjahr erstellten Erzeugnisse bereits dann als Ertrag erfasst, wenn sie sich noch auf dem Lager befinden, d. h. noch nicht verkauft sind. Damit ergibt sich natürlich ein Bewertungsrisiko.

Das Gesamtkostenverfahren ist leicht anwendbar, da sich die gesondert auszuweisenden Posten unmittelbar aus den Aufwendungen und Erträgen der Firmenbuchhaltung ergeben. Die GuV nach dem Gesamtkostenverfahren beginnt zunächst mit den *Umsatzerlösen*. Der Umsatzbegriff des § 275 Abs. 2 und 3 HGB ist enger als der des Umsatzsteuerrechts (§ 1 Abs. 1 UStG). Als Umsatzerlöse werden nur Erlöse aus dem Verkauf und der Vermietung und Verpachtung von für die gewöhnliche Geschäftstätigkeit (Betriebszweck) des Unternehmens typische Erzeugnisse und Waren sowie Dienstleistungen ausgewiesen. Erträge aus betriebsfremden Nebenleistungen (z. B. Erlöse aus Werkskantinen, Werkswohnungen) zählen dagegen zu den sonstigen betrieblichen Erträgen. Nach § 277 Abs. 1 HGB sind die Umsatzerlöse als Nettobeträge auszuweisen, d. h. von den Bruttoumsatzerlösen sind die Erlösschmälerungen (Boni, Skonti, Rabatte) und die Umsatzsteuer abzuziehen.

Mengen- und Wertänderungen der unfertigen und fertigen Erzeugnisse sowie der hierauf üblichen Abschreibungen sind in der GuV-Position *Erhöhung oder Verminderung des Bestandes an fertigen und unfertigen Erzeugnissen* zu erfassen (§ 277 Abs. 2 HGB). Sind aber Abschreibungen bei den unfertigen und fertigen Erzeugnissen vorgenommen worden, die über das übliche Maß hinausgehen (z. B. ein im Kundenauftrag gefertigtes Spezialerzeugnis wird aufgrund der Zahlungsunfähigkeit des Kunden weitgehend abgeschrieben), so sind diese in der GuV gesondert auszuweisen. Die entsprechende Position lautet: *Abschreibungen auf Vermögensgegenstände des Umlaufvermögens, soweit diese die in der Kapitalgesellschaft üblichen Abschreibungen überschreiten*. Hieraus ergibt sich, dass in diesem Fall die in der Bilanz abzulesenden Veränderungen der unfertigen und fertigen Erzeugnisse nicht mit der GuV-Position »Erhöhung oder Verminderung des Bestandes an unfertigen und fertigen Erzeugnissen« übereinstimmen müssen.

Aus den Positionen »Umsatzerlöse«, »Erhöhung oder Verminderung des Bestandes an fertigen und unfertigen Erzeugnissen« sowie aktivierte »Eigenleistungen« ergibt sich die im Geschäftsjahr erzielte *Gesamtleistung*. Der Ausweis der Zwischensumme »Gesamtleistung« ist zwar nach dem HGB nicht gefordert, gleichwohl weisen viele Unternehmen diese Position freiwillig aus. Der Gesamtleistung folgt die Position *sonstige betriebliche Erträge*. (Manche Unternehmen weisen in der GuV auch eine Gesamtleistung aus, die die Position sonstige betriebliche Erträge enthält.) Von diesen betrieblichen Gesamterträgen werden die sog. betrieblichen Aufwendungen *Materialaufwand, Personal-*

aufwand, Abschreibungen und *sonstige betriebliche Aufwendungen* abgezogen. Es folgen in der GuV die Finanzerträge und Finanzaufwendungen. Das HGB schreibt vor, dass nach den Finanzaufwendungen ein Zwischenergebnis aller bis zu diesem Punkt aufgeführten Erträge und Aufwendungen gebildet werden muss (§ 275 Abs. 2 HGB). Diese Zwischensumme ist als *Ergebnis der gewöhnlichen Geschäftstätigkeit* zu bezeichnen.

Für die der Position »Ergebnis der gewöhnlichen Geschäftstätigkeit« folgenden Positionen *außerordentliche Erträge* und *außerordentliche Aufwendungen* ist ebenfalls eine Zwischensumme zu bilden, deren Bezeichnung *außerordentliches Ergebnis* lautet. Das »außerordentliche Ergebnis« und das »Ergebnis der gewöhnlichen Geschäftstätigkeit« bilden zusammen das *Unternehmensergebnis vor Steuern*, welches in der GuV aber nicht ausgewiesen wird. Von diesem »Unternehmensergebnis vor Steuern« werden die *Steuern vom Einkommen und Ertrag* und die *sonstigen Steuern* abgezogen *(Unternehmensergebnis nach Steuern)*. Als Endergebnis der GuV erhält man den *Jahresüberschuss* bzw. *Jahresfehlbetrag*.

Die für die Kapitalgesellschaften geltende Vorschrift, dass in der GuV die Zwischensummen »Ergebnis der gewöhnlichen Geschäftstätigkeit« und »außerordentliches Ergebnis« gebildet werden müssen, bringt etwas Übersichtlichkeit in die GuV. Das Unternehmensergebnis wird somit grob nach einem »ordentlichen« und einem »außerordentlichen Ergebnis« unterteilt. In das »außerordentliche Ergebnis« gehen allerdings nur so extreme Sachverhalte wie Aufgabe ganzer Unternehmensbereiche/Geschäftszweige, Betriebsstilllegungen aufgrund behördlicher Anordnung, Kapitalherabsetzung, große Schuldennachlässe oder die Kosten aus großen Unternehmensumorganisationen ein, so dass i. d. R. diese Position in den Gewinn- und Verlustrechnungen der Unternehmen leer bleibt.

Beim **Umsatzkostenverfahren** werden den Umsatzerlösen des Geschäftsjahres, die identisch mit denen des Gesamtkostenverfahrens sind, die auf diesen Umsatz entfallenden Kosten gegenübergestellt. Aktivierungsfähige Kosten, die für die Produktion noch nicht verkaufter Erzeugnisse oder für Eigenleistungen entstanden sind, treten in der GuV nach dem Umsatzkostenverfahren nicht in Erscheinung.

Das Umsatzkostenverfahren beginnt zunächst mit den Umsatzerlösen des Geschäftsjahres[19]. Von diesen werden die *Herstellungskosten der zur Erziehung des Umsatzes erbrachten Leistungen* abgezogen und ein Zwischenergebnis gebildet, das als *Bruttoergebnis vom Umsatz* ausgewiesen werden muss. In den »Herstellungskosten der zur Erziehung des Umsatzes erbrachten Leistungen« sind

---

19 Die Definition der Umsatzerlöse entspricht der des Gesamtkostenverfahrens.

die Material- und Personalaufwendungen des Geschäftsjahres enthalten; allerdings nicht vollständig, da in dieser Position nur die Material- und Personalaufwendungen enthalten sind, die durch den tatsächlich erzielten Umsatz angefallen sind, und nicht die Aufwendungen für Eigenleistungen und noch nicht verkaufte Erzeugnisse. Die in einem Geschäftsjahr von einem Unternehmen erstellte Gesamtleistung wird damit nicht mehr sichtbar.

Vom »Bruttoergebnis vom Umsatz« werden dann *Vertriebskosten* und *allgemeine Verwaltungskosten* abgezogen. Auch in diesen beiden Kostenblöcken sind wiederum Materialaufwendungen und Personalaufwendungen enthalten. Zwar sollen die gesamten Personal- und Materialkosten bei Anwendung des Umsatzkostenverfahrens von den Kapitalgesellschaften im Anhang genannt werden (§ 285, Nr. 8 HGB), doch werden die Abschreibungen (ohne Finanzabschreibungen) nicht dargestellt. Darüber hinaus brauchen kleine Kapitalgesellschaften auch den Materialaufwand im Anhang nicht ausweisen (§ 288 HGB), da sie die Position »Umsatzerlöse«, »Herstellungskosten der zur Erzielung der Umsatzerlöse erbrachten Leistungen« und »sonstige betriebliche Erträge« zu einem Rohergebnis zusammenfassen dürfen (§ 276 HGB). Die Positionen »Herstellungskosten«, »Vertriebskosten« und »allgemeine Verwaltungskosten« sind überdies weder aussagefähig noch vergleichbar, da die Kostenabgrenzung von Unternehmen zu Unternehmen verschieden sein kann.

Die Posten »sonstige betriebliche Erträge« und »sonstige betriebliche Aufwendungen« sind beim Umsatzkostenverfahren zwar gleichlautend wie beim Gesamtkostenverfahren, dennoch können bei identischen Daten für ein Geschäftsjahr beim Umsatzkostenverfahren andere Beträge ausgewiesen werden als beim Gesamtkostenverfahren. So können z. B. beim Umsatzkostenverfahren in der Position sonstige Aufwendungen auch Abwertungen von Vorratsbeständen enthalten sein. Insgesamt wird bei identischen Aufwendungen und Erträgen die Anwendung des Umsatzkostenverfahrens dazu führen, dass geringere *sonstige betriebliche Aufwendungen* ausgewiesen werden als nach dem Gesamtkostenverfahren. Viele Aufwendungen, die beim Gesamtkostenverfahren in der »Rest«-Position *sonstige betriebliche Aufwendungen* verbucht werden (z. B. Telekommunikationskosten) landen beim Umsatzkostenverfahren in den Positionen *allgemeine Verwaltungskosten* und/oder *Vertriebskosten*. Zur Verdeutlichung wird der unterschiedliche Ausweis identischer Aufwendungen und Erträge je nach GuV-Verfahren in den Abb. 12 und 13 dargestellt. Ab der Position *Erträge aus Beteiligungen* sind bei beiden GuV-Verfahren alle Positionen nicht nur namentlich, sondern auch inhaltlich identisch.

Bei der GuV nach dem Gesamtkostenverfahren wie nach dem Umsatzkostenverfahren werden wichtige Einzelpositionen, die den Aufwand oder den Ertrag erhöhen, nicht einzeln ausgewiesen, sondern in der Sammelposition »sons-

Bestandteile des Jahresabschlusses

Abb. 12
Die GuV-Rechnung nach dem Gesamtkostenverfahren

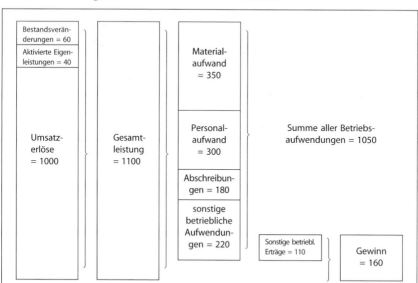

(Quelle: In Anlehnung an Prangenberg: Konzernabschluss International, Stuttgart 2000, S. 38)

tige betriebliche Erträge« oder »sonstige betriebliche Aufwendungen« zusammengefasst. So sind in den »sonstigen betrieblichen Erträgen« enthalten:
- Erträge aus der Auflösung von Rückstellungen,
- Erträge aus dem Abgang von Anlagevermögen,
- Erträge aus der Korrektur von Wertberichtigungen auf Forderungen,
- Erträge aus der Auflösung von Sonderposten mit Rücklageanteil (soweit von dem Beibehaltungswahlrecht Gebrauch gemacht wird).

In der Position »sonstige betriebliche Aufwendungen« sind enthalten:
- Aufwendungen aus dem Abgang von Anlagevermögen,
- Verluste aus dem Abgang von Umlaufvermögen,
- Aufwendungen für Einstellung von Sonderposten mit Rücklageanteil (soweit von dem Beibehaltungswahlrecht Gebrauch gemacht wird).

Die sog. »betrieblichen« Aufwendungen und Erträge beinhalten also Erträge und Aufwendungen, die außerhalb der eigentlichen Aufgabe eines Unternehmens liegen. Z. B. hat ein Textilunternehmen die Zielsetzung, Textilien zu produzieren und nicht Grundstücke und Maschinen zu verkaufen. Darüber hinaus können die »betrieblichen« Aufwendungen und Erträge auch periodenfremder

Abb. 13
Die GuV-Rechnung nach dem Umsatzkostenverfahren

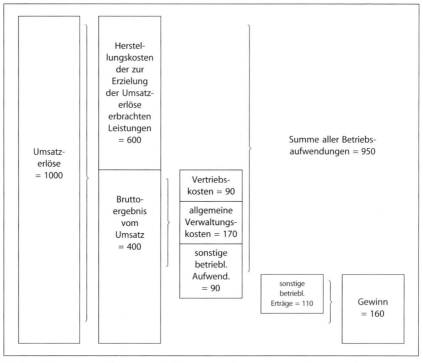

(Quelle: In Anlehnung an Prangenberg: Konzernabschluss International, Stuttgart 2000, S. 41)

Natur sein. So stammen Erträge aus der Auflösung von Sonderposten mit Rücklageanteil, die es nur noch übergangsweise geben wird, aus einem früheren Geschäftsjahr.

Doch es ist nicht nur so, dass bei beiden GuV-Verfahren unter den Positionen »sonstige betriebliche Erträge« und »sonstige betriebliche Aufwendungen« manche untypischen und periodenfremden Erträge und Aufwendungen verbucht werden können. Hinzu kommt, dass kleine und mittelgroße Kapitalgesellschaften bei der Anwendung des *Gesamtkostenverfahrens* die Positionen
- Umsatzerlöse,
- Erhöhung oder Verminderung des Bestandes an fertigen und unfertigen Erzeugnissen,

- andere aktivierte Eigenleistungen,
- sonstige betriebliche Erträge und
- Materialaufwand

zu einer Position *Rohergebnis* zusammenfassen dürfen. Bei Anwendung des *Umsatzkostenverfahrens* dürfen die Positionen
- Umsatzerlöse,
- Herstellungskosten der zur Erzielung der Umsatzerlöse erbrachten Leistungen und
- sonstige betriebliche Erträge

zur Position *Rohergebnis* zusammengefasst werden (§ 276 HGB).

Eigentlich müsste man annehmen können, dass, unabhängig vom angewandten GuV-Verfahren, die Position »Rohergebnis« beim Umsatzkosten- wie beim Gesamtkostenverfahren identisch ist, wenn gleiche Ausgangsdaten aus dem Rechnungswesen vorliegen. Schließlich käme in solch einem Fall unabhängig von angewandten GuV-Verfahren ja auch das gleiche Endergebnis (Jahresüberschuss/Jahresfehlbetrag) heraus. Da aber wesentliche Teile der Personalkosten, der Abschreibungen und der sonstigen betrieblichen Aufwendungen zu den umsatzbezogenen Herstellungskosten zählen, fällt das Rohergebnis nach dem Umsatzkostenverfahren regelmäßig sehr viel niedriger aus als nach dem Gesamtkostenverfahren. Dies wird aus Abb. 14 deutlich. Ein Vergleich der »Rohergebnisse« von Unternehmen, die unterschiedliche GuV-Verfahren anwenden, ist damit sinnlos.

Sollte in der Praxis eine GuV dahingehend verkürzt werden, dass sie mit der Position »Rohergebnis« beginnt, muss sich der Wirtschaftsausschuss nicht mit der Kenntnisnahme dieses Sammelpostens begnügen (§ 267 Abs. 6 HGB). Auch Wirtschaftsausschussmitglieder aus kleinen und mittleren Kapitalgesellschaften haben Anspruch darauf, über alle Einzelpositionen, die in einer Sammelposition enthalten sind, informiert zu werden. Schließlich wird sogar jedem Aktionär nach § 131 Abs. 1 AktG das Recht eingeräumt, die bei einem verkürzten Jahresabschluss entfallenden Angaben zu verlangen. Entsprechend können und sollten auch die Wirtschaftsausschussmitglieder und die ArbeitnehmervertreterInnen im Aufsichtsrat eine volle Aufgliederung des Jahresabschlusses stets fordern und sich diese zusätzlich erläutern lassen.

Nachzutragen bleibt, dass Aktiengesellschaften nach dem Aktiengesetz die GuV erweitern müssen. Nach § 158 Abs. 1 AktG sind nach der Position Jahresüberschuss bzw. Jahresfehlbetrag ergänzende Pflichtangaben zu machen, und zwar:

1. Gewinnvortrag/Verlustvortrag aus dem Vorjahr
2. Entnahmen aus der Kapitalrücklage
3. Entnahmen aus Gewinnrücklagen

68 Der Jahresabschluss

    a) aus der gesetzlichen Rücklage
    b) aus der Rücklage für eigene Aktien
    c) aus satzungsmäßigen Rücklagen
    d) aus anderen Gewinnrücklagen
4. Einstellung in Gewinnrücklagen
    a) in die gesetzliche Rücklage
    b) in die Rücklage für eigene Aktien
    c) in satzungsmäßige Rücklagen
    d) in andere Gewinnrücklagen
5. Bilanzgewinn/Bilanzverlust

Diese Angaben können nach § 158 Abs. 2 AktG statt in der Bilanz auch im Anhang gemacht werden.

Abb. 14
Unterschiedliche Definition des Rohergebnisses beim Gesamtkosten- und Umsatzkostenverfahren

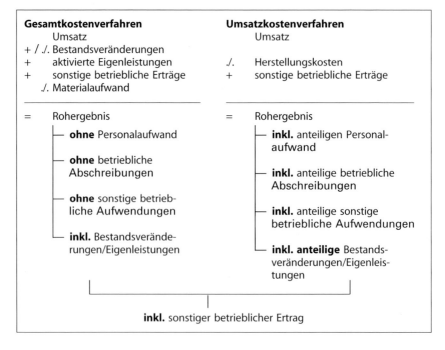

Bestandteile des Jahresabschlusses 69

2.3 Der Anhang

Der Anhang ist nach dem § 264 Abs. 1 HGB zwingender Bestandteil des Jahresabschlusses von Kapitalgesellschaften. Er hat die Funktion, entweder ergänzend oder aber entlastend zur Bilanz und GuV-Rechnung zu wirken Dabei besteht für bestimmte Informationen im Anhang eine Angabepflicht für alle Kapitalgesellschaften sowie Gesellschaften, die unter das Publizitätsgesetz fallen, die sich allerdings größenabhängig unterscheiden (Abschn. 2.3.1). Darüber hinaus gibt es rechtsformspezifische Angabepflichten (Abschn. 2.3.2).

Kapitalmarktorientierte Kapitalgesellschaften, die keinen Konzernabschluss aufstellen müssen, sind verpflichtet, eine Kapitalflussrechnung (Abschn. 2.3.3) und einen Eigenkapitalspiegel (Abschn. 2.3.4) aufzustellen. Große Kapitalgesellschaften und Konzerne sind außerdem zu einer sog. Segmentberichterstattung (Abschn. 2.3.5) verpflichtet.

Eine Reihenfolge ist für die im Anhang zu vermittelnden Informationen nicht vorgeschrieben. Der Anhang unterliegt somit nur den allgemeinen Aufstellungsgrundsätzen der §§ 243, 244 HGB für den Jahresabschluss. Diese verlangen, dass die Grundsätze ordnungsgemäßer Buchhaltung sowie die Grundsätze der Klarheit und Übersichtlichkeit einzuhalten sind und dass der Anhang in deutscher Sprache aufzustellen ist.

2.3.1 Angabepflichten im Anhang für Kapitalgesellschaften und Gesellschaften, die unter das Publizitätsgesetz fallen

Die Angaben im Anhang werden im Folgenden tabellarisch aufgelistet. Dabei wird zwischen allgemeinen Angaben zur Bilanzierung, Bewertung und Währungsumrechnung (Abb. 15), zwischen Informationen zur Bilanz (Abb. 17) und GuV-Rechnung (Abb. 19) sowie zwischen sonstigen Angaben (Abb. 20) unterschieden.

Bei der Angabe der Bewertungsmethoden ist darzustellen, in welchem Sinne die Bewertungswahlrechte genutzt werden. Hierdurch soll deutlich werden, ob durch die Anwendung von Bewertungswahlrechten die Vermögenswerte tendenziell höher oder niedriger ausgewiesen wurden. Eine Änderung einer Bewertungsmethode liegt dann vor, wenn in Ausübung eines Wahlrechts von einer zulässigen Bewertungsmethode (z. B. Bewertung der fertigen und unfertigen Erzeugnisse zu Einzelkosten) zu einer anderen zulässigen Bewertungsmethode gewechselt wird (z. B. Bewertung der fertigen und unfertigen Erzeugnisse zu Einzelkosten plus anteiliger Gemeinkosten).

Abb. 15
Allgemeine Angaben zur Bilanzierung, Bewertung und Währungsumrechnung

Sachverhalt	Rechtsgrundlage	Kleine Kapitalgesellschaft	Mittelgroße und große Kapitalgesellschaft	Vom PublG erfasste Gesellschaften	Ausweis fakultativ in …
(1) Angaben der angewandten Bilanzierungs- und Bewertungsmethoden	§ 284 Abs. 2 Nr. 1 HGB	x	x	x	–
(2) Begründung für das Abweichen von Bilanzierungs- und Bewertungsmethoden; gesonderte Darstellung der Auswirkungen auf die Vermögens-, Finanz- und Ertragslage	§ 284 Abs. 2 Nr. 3 HGB	x	x	x	–
(3) Angabe, falls Fremdkapitalzinsen in die Herstellungskosten einbezogen wurden	§ 284 Abs. 2 Nr. 5 HGB	x	x	x	–
(4) Angabe und Begründung bei Unterbrechung der Darstellungsstetigkeit	§ 265 Abs. 1 Satz 2 HGB	x	x	x	–
(5) Angabe und Begründung, falls verschiedene Gliederungsvorschriften zu beachten sind	§ 265 Abs. 4 Satz 2 HGB	x	x	x	–
(6) Angabe der Grundlage der Währungsumrechnung in Euro	§ 284 Abs. 2 Nr. 2 HGB	x	x	x	–

(Quelle: Coenenberg/Haller/Schultze, a.a.O, S. 876)

Abb. 16
Pflichtangaben zur Bilanz

Sachverhalt	Rechts-grundlage	Kleine Kapital-gesell-schaft	Mittel-große und große Kapi-talgesell-schaft	Vom PublG erfasste Gesell-schaften	Ausweis fakultativ in …
(1) Angaben, wenn ein Ver-mögensgegenstand unter mehrere Posten fällt	§ 265 Abs. 3 Satz 1 HGB	x	x	x	Bilanz
(2) Erläuterung von in der Bilanz zusammengefasste Posten	§ 265 Abs. 7 Nr. 2 HGB	x	x	x	–
(3) Angabe und Erläute-rung, wenn in der Bilanz Vorjahresbeträge mit den aktuellen Beträgen nicht vergleichbar sind	§ 265 Abs. 2 Satz 2, 3 HGB	x	x	x	–
(4) Angabe der Anschaf-fungskosten und des bei-zulegenden Zeitwerts der verrechneten Vermögens-gegenstände und des Er-füllungsbetrags der ver-rechneten Schulden	§ 285 Abs. Nr. 25 HGB	x	x	x	–
(5) Erläuterung von Beträ-gen größeren Umfangs un-ter den »sonstigen Vermö-gensgegenständen«, wenn diese erst nach dem Abschlussstichtag recht-lich entstehen	§ 268 Abs. 4 Satz 2 HGB	–	x	x	–
(6) Darstellung der Ent-wicklung der einzelnen Posten des Anlagevermö-gens (Anlagespiegel)	§ 268 Abs. 2 Satz 1 HGB	–	x	x	Bilanz
(7) Angabe bestimmter Posten, wenn von der Er-leichterung des § 327 HGB Gebrauch gemacht wird	§ 327 HGB	–	Nur für mit-telgroße Kapital-gesell-schaften	–	Bilanz

Der Jahresabschluss

Sachverhalt	Rechts-grundlage	Kleine Kapital-gesell-schaft	Mittel-große und große Kapi-talgesell-schaft	Vom PublG erfasste Gesell-schaften	Ausweis fakultativ in …
(8) Angabe der Abschreibungen des Geschäftsjahres auf das Anlagevermögen in entsprechender Gliederung (Anlagespiegel)	§ 268 Abs. 2 Satz 3 HGB	x	x	x	Bilanz
(9) Angabe eines in die RAP aufgenommenen Unterschiedsbetrags (Damnum, Disagio)	§ 268 Abs. 6 HGB	–	x	x	Bilanz
(10) Erläuterung der latenten Steuern und Angabe des Steuersatzes	§ 285 Nr. 29 HGB	–	Nur für große Kapitalgesellschaften	x	–
(11) Ausweis des Differenzbetrags zum Börsen- oder Marktpreis bei Bewertung der Vorräte mittels Durchschnittsbewertung oder Lifo, Fifo	§ 284 Abs. 2 Nr. 4 HGB	–	x	x	–
(12) Begründung der Nutzungsdauer von mehr als fünf Jahren beim Geschäfts- oder Firmenwert	§ 285 Nr. 13 HGB	x	x	x	–
(13) Begründung der Unterlassung einer Abschreibung bei Finanzinstrumenten sowie Angabe des Buchwerts und des niedrigeren beizulegenden Werts	§ 285 Nr. 18 HGB	x	x	x	–
(14) Angabe zu Anteilen an Investmentanteilen	§ 285 Nr. 26 HGB	x	x	x	–
(15) Angaben zu nicht zum Zeitwert bilanzierten derivaten Finanzinstrumenten	§ 285 Nr. 19 HGB	–	x	x	–

Bestandteile des Jahresabschlusses

Sachverhalt	Rechtsgrundlage	Kleine Kapitalgesellschaft	Mittelgroße und große Kapitalgesellschaft	Vom PublG erfasste Gesellschaften	Ausweis fakultativ in …
(16) Angaben zu den angewandten Bewertungsmethoden bei derivaten Finanzinstrumenten	§ 285 Nr. 20 HGB	x	x	x	–
(17) Erläuterung von Verbindlichkeiten, wenn diese erst nach dem Abschlussstichtag rechtlich entstehen	§ 268 Abs. 5 Satz 3 HGB	–	x	x	–
(18) Gesonderte Angabe eines Gewinn- oder Verlustvortrags bei Bilanzerstellung nach teilweiser Gewinnverwendung	§ 268 Abs. 1 Satz 2 HGB	x	x	x	Bilanz
(19) Annahmen und Berechnungsverfahren bei der Berechnung der Pensionsrückstellungen	§ 285 Nr. 24 HGB	x	x	x	–
(20) Aufschlüsselung der in dem Sammelposten »sonstige Rückstellungen« zusammengefassten Rückstellungen	§ 285 Nr. 12 HGB	–	x	x	–
(21) Angabe des Gesamtbetrags der bilanzierten Verbindlichkeiten mit einer Restlaufzeit von mehr als fünf Jahren	§ 285 Nr. 1a HGB	x	x	x	–
(22) Angabe des Gesamtbetrags der durch Pfandrechte o.Ä. gesicherten Verbindlichkeiten unter Angabe von Art und Form der Sicherheit	§ 285 Nr. 1b HGB	x	x	x	–

74 Der Jahresabschluss

Sachverhalt	Rechtsgrundlage	Kleine Kapitalgesellschaft	Mittelgroße und große Kapitalgesellschaft	Vom PublG erfasste Gesellschaften	Ausweis fakultativ in …
(23) Aufgliederung der einzelnen Posten der Verbindlichkeiten	§ 285 Nr. 2 HGB	–	x	x	–
(24) Angabe der Fehlbeträge nicht passivierter Pensionsrückstellungen	Art. 28 Abs. 2 EGHGB	x	x	x	Bilanz
(25) Angabe des gezeichneten Kapitals	Art. 42 Abs. 3 Satz 3 EGHGB	x	x	x	Bilanz

(Quelle: Coenenberg/Haller/Schultze, a.a.O, S. 876 ff.)

In den Abb. 17a und 17b sind mögliche Darstellungsformen vom Anlagespiegel einer Kapitalgesellschaft gem. Nr. 8 in Abb. 16 dargestellt.

Der in Abb. 17a dargestellte Anlagespiegel weist in Spalte 1 die ursprünglichen (historischen) Anschaffungs- und Herstellungskosten der insgesamt im Unternehmen vorhandenen Anlagegegenstände aus. In der Zusammenschau von Spalte 9 (kumulierte Abschreibungen) und Spalte 10 (Restbuchwert) können Rückschlüsse auf Umfang, Alter und Verschleiß und damit über die Bildung von stillen Reserven in diesem Bereich gezogen werden. Hierzu müssen allerdings auch noch die Erläuterungen über Bewertungsmethoden sowie die Angaben über die Reparaturaufwendungen (in der GuV-Position »sonstige betriebliche Aufwendungen« enthalten) herangezogen werden.

Besonderes Augenmerk ist auf Spalte 6 (Zuschreibungen) zu legen, weil diese unmittelbar den Gewinn erhöhen, obwohl ein mengenmäßiger Zugang an Anlagevermögen nicht zu verzeichnen ist. Zuschreibungen können u. a. vorgenommen werden, um (überhöhte) Abschreibungen der Vergangenheit wieder rückgängig zu machen. Aus dieser Rückgängigmachung lassen sich im laufenden Geschäftsjahr Verluste reduzieren. Die Erträge aus Zuschreibungen sind in der GuV in der Sammelposition »sonstige betriebliche Erträge« enthalten. Sofortigen Aufschluss über die Höhe der Zuschreibungen erhält man also direkt aus dem Anlagespiegel.

Abb. 17a
Beispiel für eine gebräuchliche Darstellungsform des Anlagespiegels (Nettomethode)

(1) Anlage-vermögen	(2) Anschaffungs-, Herstellungskosten der Vorjahre	(3) Zugänge	(4) Abgänge	(5) Umbuchungen	(6) Zuschreibungen	Abschreibungen			(10) Buchwert Bilanzstichtag
						(7) in Vorjahren	(8) im Abschlussjahr	(9) Insgesamt	
Maschinen	200 000,–	10 000,–	2 000,–	–	5 000,–	85 000,–	22 000,–	107 000,–	106 000,–

Ausgehend von den ursprünglichen Anschaffungs- und Herstellkosten lässt sich der Buchwert wie folgt ermitteln:

    Anschaffungs- und Herstellkosten vom 31. 12. des Vorjahres   200 000,– €
+ **Zugänge** im Abschlussjahr (Investitionen)   10 000,– €
– **Abgänge** im Abschlussjahr   2 000,– €
+ / – **Umbuchungen** im Abschlussjahr (z. B. bei Anlagen im Bau)   –
+ **Zuschreibungen** (werterhöhende Korrekturen) im Abschlussjahr   5 000,– €
– Kumulierte **Abschreibungen**   107 000,– €

= **Buchwert zum 31. 12. in der Bilanz des Abschlussjahres**   **106 000,– €**

Abb. 17b
Beispiel für eine gebräuchliche Darstellungsform des Anlagespiegels (Bruttomethode)

	Anschaffungs- oder Herstellungskosten Bruttowerte				Abschreibungen oder Wertberichtigungen				Bilanzwerte (Nettowerte)	
	1.1.2010	Zugänge1	Abgänge2	31.12.2010	1.1.2010	Zugänge3	Abgänge4	31.12.2010	31.12.2010	31.12.2010
Immaterielle Vermögens-gegenstände										
Gewerbliche Schutzrechte		250		250		50		50		200
Sachanlagen										
Grundstücke und Bauten	10000	5000		15000	2000	500		2500	8000	12500
Technische Anlagen und Maschinen	30000	10000	5000	35000	15000	3000	4000	14000	15000	21000
Summe Sachanlagen	40000	15000	5000	50000	17000	3500	4000	16500	23000	33500
Finanzanlagen										
Anteile an verbundenen Unternehmen	20000	8000	4000	24000	5000	1000	2000	4000	15000	20000
Summe Anlagevermögen	60000	23250	9000	74250	22000	4550	6000	20550	38000	53700

1 Investitionen
2 Desinvestitionen
3 Abschreibungen des Geschäftsjahres
4 historische Abschreibungen der im Geschäftsjahr abgegangenen Anlagegüter

Abb. 18
Verbindlichkeitenspiegel

Verbindlichkeiten	Insge-samt €	davon			
		Restlaufzeit			ge-sicherte Beträge €	Art der Sicher-heit
		unter 1 Jahr €	1–5 Jahre €	über 5 Jahre €		
Anleihen						
Verbindlichkeiten gegenüber Kreditinstituten						
Verbindlichkeiten gegenüber verbundenen Unternehmen						
Verbindlichkeiten gegenüber Unternehmen, mit denen ein Beteiligungsverhältnis besteht						
Sonstige Verbindlichkeiten						
Verbindlichkeiten insgesamt						

Für die Beurteilung der Zahlungsfähigkeit des Unternehmens sind die im Anhang zu machenden Angaben des Gesamtbetrags der Verbindlichkeiten sowie die Angaben über die Restlaufzeiten hilfreich. Der nachstehende Verbindlichkeitenspiegel (Abb. 18) ist zwar nicht vorgeschrieben, aber von jedem Leser eines Jahresabschlusses einer Kapitalgesellschaft leicht aus den Daten der Bilanz und dem Anhang auszufüllen. Die im Rahmen einer Bilanzanalyse zu ermittelnden Liquiditätskennzahlen lassen sich so viel leichter ermitteln.

Bilanzanalytiker können den Informationen über die Bilanzierungs- und Bewertungsmethoden im Anhang entnehmen, ob das Unternehmen mehr zu einer vorsichtigen Bilanzierung und Bewertung neigt mit der Folge eines geringeren Gewinnausweises oder umgekehrt Bilanzierungs- und Bewertungsspielräume auf der Aktiv- und Passivseite nutzt, um den Gewinn tendenziell höher auszuweisen.

Abb. 19
Erläuterungen zur GuV-Rechnung

Sachverhalt	Rechtsgrundlage	Kleine Kapitalgesellschaft	Mittelroße und große Kapitalgesellschaft	Vom PublG erfasste Gesellschaften	Ausweis fakultativ in …
(1) Erläuterung von Posten in der GuV, aus Klarheitsgründen zusammengefasst ausgewiesene Posten	§ 265 Abs. 7 Nr. 2 HGB	x	x	x	–
(2) Angaben der außerplanmäßigen Abschreibungen gem. § 253 Abs. 3 Satz 3, 4 im Anlagevermögen	§ 277 Abs. 3 Satz 1 HGB	x	x	x	GuV
(3) Erläuterungen der außerordentlichen Aufwendungen und Erträge hinsichtlich Betrag und Art, soweit sie nicht für die Beurteilung der Ertragslage von untergeordneter Bedeutung sind	§ 277 Abs. 4 Satz 2 HGB	–	x	x	–
(4) Erläuterungen der aperiodischen Erträge und Aufwendungen hinsichtlich Betrag und Art, soweit sie nicht für die Beurteilung und Ertragslage von untergeordneter Bedeutung sind	§ 277 Abs. 4 Satz 3 HGB	–	x	x	–
(5) Angabe, in welchem Umfang die Ertragssteuern auf das ordentliche und außerordentliche Ergebnis entfallen	§ 285 Nr. 6 HGB	–	x	–	–
(6) Angaben bei Anwendung des Umsatzkostenverfahrens					
• Materialaufwand des Geschäftsjahres gegliedert nach § 275 Abs. 2 Nr. 5 HGB	§ 285 Nr. 8a HGB	–	x	x	–
• Personalaufwand des Geschäftsjahres, gegliedert nach § 275 Abs. 2 Nr. 6 HGB	§ 285 Nr. 8b HGB	x	x	x	–

Bestandteile des Jahresabschlusses

Sachverhalt	Rechtsgrundlage	Kleine Kapitalgesellschaft	Mittelroße und große Kapitalgesellschaft	Vom PublG erfasste Gesellschaften	Ausweis fakultativ in …
(7) Aufgliederung der Umsatzerlöse nach Tätigkeitsbereichen sowie geografisch bestimmten Märkten, soweit sich unter Berücksichtigung der Organisation des Verkaufs von für die gewöhnliche Geschäftstätigkeit der Kapitalgesellschaft typischen Erzeugnissen und der für die gewöhnliche Geschäftstätigkeit der Kapitalgesellschaft typischen Dienstleistungen die Tätigkeitsbereiche und geografisch bestimmten Märkte untereinander erheblich unterscheiden	§ 285 Nr. 4 HGB unter Beachtung der Schutzklausel gem. § 286 Abs. 2 HGB	–	Angabepflicht für große Kapitalgesellschaft	x	–
(8) Angabe des vom Abschlussprüfer für das Geschäftsjahr berechneten Gesamthonorars, aufgeschlüsselt für Abschlussprüfungs-, andere Bestätigungs- und Steuerberatungsleistungen und sonstige Leistungen, soweit keine Berichterstattung auf übergeordneter Konzernebene erfolgt	§ 285 Nr. 17 HGB	–	x Unterlassen für mittelgroße Kapitalgesellschaften unter bestimmten Voraussetzungen möglich	x	–
(9) Angabe des Gesamtbetrags der Beträge gem. § 268 Abs. 8 HGB, gegliedert in Beträge aus Aktivierung selbst geschaffener immaterieller Vermögensgegenstände des Anlagevermögens, aus latenten Steuern und aus der Aktivierung von Vermögensgegenständen zum beizulegenden Zeitwert	§ 285 Nr. 28 HGB	x	x	x	–

(Quelle: Coenenberg/Haller/Schultze, a.a.O, S. 878f.)

Abb. 20
Sonstige Angaben

Sachverhalt	Rechts-grundlage	Kleine Kapital-gesellschaft	Mittelgroße und große Kapitalge-sellschaft	Vom PublG erfasste Ge-sellschaften	Ausweis fakultativ in ...
I. Außerbilanzielle Geschäfte, Haftungsverhältnisse und sonstige finanzielle Verpflichtungen					
(1) Gesonderte Angaben der in § 251 HGB bezeichneten Haftungsverhältnisse jeweils unter Angabe gewährter Pfandrechte oder sonstiger Sicherheiten	§ 268 Abs. 7 HGB	x	x	x	gesondert unter der Bilanz
(2) Angabe der Gründe der Einschätzung des Risikos der Inanspruchnahme für nach § 268 Abs. 7 Halbsatz 1 HGB im Anhang ausgewiesenen Verbindlichkeiten und Haftungsverhältnisse	§ 285 Nr. 27 HGB	x	x	x	–
(3) Angabe von Art und Zweck, sowie Risiken und Vorteile von nicht in der Bilanz enthaltenen Geschäften, soweit dies für die Beurteilung der Finanzlage notwendig ist	§ 285 Nr. 3 HGB	–	x für mittelgroße Kapitalgesellschaft beschränkt auf Art und Zweck der Geschäfte	x	–
(4) Angaben des Gesamtbetrags der sonstigen finanziellen Verpflichtungen, die nicht in der Bilanz enthalten und auch nicht nach § 251 HGB oder § 285 Nr. 3 HGB (s. o.) anzugeben sind, sofern diese Angaben für die Beurteilung der Finanzlage von Bedeutung sind	§ 285 Nr. 3a HGB	–	x	x	–

Bestandteile des Jahresabschlusses

Sachverhalt	Rechts-grundlage	Kleine Kapital-gesellschaft	Mittelgroße und große Kapitalge-sellschaft	Vom PublG erfasste Ge-sellschaften	Ausweis fakultativ in ...
II. Zusätzliche Angaben zur Erreichung der Generalnorm					
Zusätzliche Angaben, wenn der Jahresabschluss trotz Beachtung der GoB ein den tatsächlichen Verhältnissen entsprechendes Bild der Vermögens-, Finanz- und Ertragslage nicht vermittelt	§ 264 Abs. 2 Satz 2 HGB	x	x	–	–
III. Beziehungen zu verbundenen Unternehmen					
(1) Gesonderte Angabe der in § 251 HGB (s. o.) bezeichneten Haftungsverhältnisse gegenüber verbundenen Unternehmen	§ 268 Abs. 7 HGB	x	x	x	gesondert unter der Bilanz
(2) Angabe des Gesamtbetrags der sonstigen finanziellen Verpflichtungen, die nicht in der Bilanz enthalten und nicht nach § 251 HGB oder § 285 Nr. 3 HGB anzugeben sind, sondern diese Angabe für die Beurteilung der Finanzlage von Bedeutung ist.	§ 285 Nr. 3a HGB	–	x	x	–
(3) Name und Sitz derjenigen Mutterunternehmen, die den Konzernabschluss mit dem jeweils größten bzw. kleinsten Konsolidierungskreis aufstellen.	§ 285 Nr. 14 HGB	x	x	–	–
IV. Angabe der – nach Gruppen getrennten – durchschnittlichen Zahl der während des Geschäftsjahres beschäftigten Arbeitnehmer	§ 285 Nr. 7 HGB	–	x	x	–

Sachverhalt	Rechtsgrundlage	Kleine Kapitalgesellschaft	Mittelgroße und große Kapitalgesellschaft	Vom PublG erfasste Gesellschaften	Ausweis fakultativ in …
V. Angabe zum Anteilsbesitz					
(1) Angabe von Name, Besitz, Beteiligungsquote, Eigenkapital und letztem Jahresergebnis von Unternehmen, an denen die Kapitalgesellschaft oder eine für deren Rechnung handelnden Personen mindestens den fünften Teil der Anteile besitzt; von börsenorientierten Kapitalgesellschaften sind zusätzlich alle Beteiligungen an große Kapitalgesellschaften anzugeben, die fünf vom Hundert der Stimmrechte überschreiten	§ 285 Nr. 11 HGB unter Beachtung der Schutzklausel gem. § 286 Abs. 3 HGB	x	x	x	–
VI. Angabe über wesentliche, nicht zu marktüblichen Bedingungen zustande gekommene Geschäfte mit nahe stehenden Unternehmen und Personen, einschließlich Angaben zur Art der Beziehung zum Wert der Geschäfte sowie weitere zur Beurteilung der Finanzlage notwendigen Angaben	§ 285 Nr. 21 HGB	–	x für mittelgroße Kapitalgesellschaft nur in der Rechtsform einer Aktiengesellschaft verpflichtend	x	–
VII. Angabe des Gesamtbetrags der Forschungs- und Entwicklungskosten des Geschäftsjahres sowie des davon auf die selbst geschaffenen immateriellen Vermögensgegenstände des Anlagevermögens entfallenden Betrags im Falle der Aktivierung nach § 248 Abs. 2 HGB	§ 285 Nr. 22 HGB	–	x	x	–

Bestandteile des Jahresabschlusses

Sachverhalt	Rechts-grundlage	Kleine Kapital-gesellschaft	Mittelgroße und große Kapitalge-sellschaft	Vom PublG erfasste Ge-sellschaften	Ausweis fakultativ in ...
VIII. Erläuterung bei Anwendung des § 254 HGB					
• mit welchem Betrag jeweils Vermögensgegenstände, Schulden, schwebende Geschäfte und mit hoher Wahrscheinlichkeit erwartete Transaktionen zur Absicherung welcher Risiken in welche Arten von Bewertungseinheiten einbezogen sind, sowie die Höhe der mit Bewertungseinheiten abgesicherten Risiken	§ 285 Nr. 23a HGB	x	x	x	Lagebericht
• für die jeweils abgesicherten Risiken, warum, in welchem Umfang und für welchen Zeitraum sich die gegenläufigen Wertänderungen oder Zahlungsströme künftig voraussichtlich ausgleichen, einschließlich der Methoden der Ermittlung	§ 285 Nr. 23b HGB	x	x	x	Lagebericht
• der mit hoher Wahrscheinlichkeit erwarteten Transaktionen, die in Bewertungseinheiten einbezogen werden	§ 286 Nr. 23c HGB	x	x	x	Lagebericht

(Quelle: Coenenberg/Haller/Schultze, a.a.O, S. 879 ff.)

2.3.2 Rechtsformspezifische Angabepflichten im Anhang

In den folgenden tabellarischen Übersichten werden die Pflichtangaben für die Rechtsform der Aktiengesellschaft einschließlich KGaA (Abb. 21), der GmbH (Abb. 22), Genossenschaften (Abb. 23) und Personenhandelsgesellschaften (Abb. 24) im Anhang dargestellt.

Abb. 21
Angabepflichten für Aktiengesellschaften und KGaA

Aufzunehmender Sachverhalt	Rechtsgrundlage	Ausweis fakultativ in
(1) Angabe des nach § 58 Abs.2a AktG in den Posten »andere Rücklagen« eingestellten Eigenkapitalanteils von Wertaufholung	§ 58 Abs. 2a Satz 2 AktG	Bilanz
(2) Gesonderte Angabe des während des Geschäftsjahres in die »Kapitalrücklage« eingestellten oder aus ihr entnommenen Betrags	§ 152 Abs. 2 AktG	Bilanz
(3) Gesonderte Angabe zu den einzelnen Posten der Gewinnrücklagen • bezüglich der von der Hauptversammlung aus dem Bilanzgewinn des Vorjahres eingestellten Beträge • bezüglich der aus dem Jahresüberschuss des Geschäftsjahres eingestellten bzw. entnommenen Beträge	§ 152 Abs. 3 AktG	Bilanz
(4) Darstellung der Entwicklung vom »Jahresüberschuss/ Jahresfehlbetrag« zum »Bilanzgewinn/Bilanzverlust«	§ 158 Abs. 1 AktG	GuV
(5) Zusätzliche Vorschriften zum Anhang: • Angaben über Bestand und Zugang an Aktien, die ein Aktionär der Aktiengesellschaft oder eines ihr anhängenden oder in Mehrheitsbesitz stehenden Unternehmens oder ein solches Unternehmen selbst übernommen hat; auch über die Verwertung solcher Aktien unter Angaben des Erlöses und seiner Verwendung ist zu berichten	§ 160 Abs. 1 Nr. 1 AktG	–
• Angaben über Bestand an eigenen Aktien, die von der Kapitalgesellschaft selbst, von einem ihr abhängigen oder in Mehrheitsbesitz stehenden Unternehmen oder für die Rechnung der Aktiengesellschaft oder eines solchen Unternehmens von einem anderen erworben werden. Anzugeben sind: Zahl und Nennbetrag, Anteil am Grundkapital, Zeitpunkt und Gründe des Erwerbs. Dieselben Angaben sind zu machen bei Erwerb oder Veräußerung solcher Aktien im Geschäftsjahr, weiter über den Erwerbs- bzw. Veräußerungspreis und die Verwendung des Erlöses	§ 160 Abs. 1 Nr. 2 AktG	–

(Quelle: Coenenberg/Haller/Schultze, a.a.O, S. 881)

Bestandteile des Jahresabschlusses 85

Angaben zu den Gesamtbezügen der Mitglieder der Geschäftsführung und des Aufsichtsrats können allerdings bei Gesellschaften, die nicht an der Börse notiert sind, unterbleiben, wenn sich hieraus die Bezüge eines Mitglieds dieser Organe feststellen lassen (§ 286 Abs. 4 HGB). Da in den meisten Kapitalgesellschaften nicht mehr als drei Personen der Unternehmensleitung angehören, sind i. d. R. die Voraussetzungen erfüllt, damit Unternehmensleitungen mit dem Hinweis auf »Datenschutz« eine Veröffentlichung ihrer Gesamtbezüge im Anhang unterlassen können. Selbst bei börsennotierten Aktiengesellschaften können die Einzelangaben zu den Vorstandsbezügen entfallen, wenn die Hauptversammlung dies mit mindestens drei Vierteln des bei der Hauptversammlung vertretenen Grundkapitals beschlossen hat (§ 286 Abs. 5 HGB).

Abb. 22
Angabepflichten für GmbH

Aufzunehmender Sachverhalt	Rechtsgrundlage	Ausweis fakultativ in
(1) Angabe des Betrags der Rücklagen, die aufgrund von Wertaufholung und steuerlichen Rücklagen in Gewinnrücklagen eingestellt werden	§ 29 Abs. 4 Satz 2 GmbHG	Bilanz
(2) Angabe der Ausleihungen, Forderungen und Verbindlichkeiten gegenüber Gesellschaftern	§ 42 Abs. 3 GmbHG	Bilanz

(Quelle: Coenenberg/Haller/Schultze, a.a.O, S. 881)

Abb. 23
Angabepflichten für eingetragene Genossenschaften

Aufzunehmender Sachverhalt	Rechtsgrundlage	Ausweis fakultativ in
(1) Angaben über die Zahl der im Laufe des Geschäftsjahres eingetretenen oder ausgeschriebenen, sowie die Zahl der am Schluss des Geschäftsjahres der Genossenschaft angehörenden Genossen; Angabe des Gesamtbetrags, um den sich Geschäftsguthaben und Haftsummen der Genossen vermehrt oder vermindert haben, sowie die zum Ende des Geschäftsjahres bestehende Haftsumme	§ 338 Abs. 1 HGB	–

Aufzunehmender Sachverhalt	Rechtsgrundlage	Ausweis fakultativ in
(2) Angabe von Namen und Anschrift des für die Genossenschaft zuständigen Prüfungsverbands	§ 338 Abs. 2 Nr. 1 HGB	–
(3) Angabe aller Mitglieder des Vorstands und Aufsichtsrats, auch wenn sie im Geschäftsjahr ausgeschieden sind, mit Familien- und mindestens einem ausgeschriebenen Vornamen; ein etwaiger Vorsitzender des Aufsichtsrats ist als solcher zu bezeichnen	§ 338 Abs. 2 Nr. 2 HGB	–
(4) Anstelle der Angaben nach § 285 Nr. 9 HGB Angabe der Forderungen der Genossenschaft gegen Mitglieder des Vorstands oder Aufsichtsrats, die Beiträge für jedes Organ können in einer Stimme ausgewiesen werden	§ 338 Abs. 3 HGB	–

(Quelle: Coenenberg/Haller/Schultze, a.a.O, S. 882)

Abb. 24
Angabepflichten für Personenhandelsgesellschaften

Aufzunehmender Sachverhalt	Rechtsgrundlage	Ausweis fakultativ in
(1) Angabe von Name, Sitz und gezeichnetem Kapital der Gesellschaften, die persönlich haftende Gesellschafter einer Personengesellschaft i. S. v. § 264a Abs. 1 HGB sind	§ 285 Nr. 15 AktG	
(2) Angaben der Ausleihungen, Forderungen und Verbindlichkeiten gegenüber der Gesellschaften	§ 264c Abs. 1 AktG	Bilanz
(3) Angabe der Hafteinlage bei einer GmbH & Co. soweit noch nicht geleistet, gem. § 172 Abs. 1 HGB	§ 264c Abs. 2 Satz 9 AktG	

(Quelle: Coenenberg/Haller/Schultze, a.a.O, S. 882)

2.3.3 Kapitalflussrechnung

Alle kapitalmarktorientierten Kapitalgesellschaften, die nicht zur Aufstellung eines Konzernabschlusses verpflichtet sind, sowie Konzernobergesellschaften sind verpflichtet, eine Kapitalflussrechnung zu erstellen (§ 264 Abs. 1 Satz 2 HGB). Diese wird üblicherweise im Anhang veröffentlicht.

Für die finanzwirtschaftliche Beurteilung eines Unternehmens sind die von dem Unternehmen erwirtschafteten und die ihm von außen zugeflossenen Finanzierungsmittel und ihre Verwendung von Bedeutung. Die Kapitalflussrechnung soll Informationen über die Zahlungsströme sowie die Zahlungsmittelbestände eines Unternehmens vermitteln und darüber Auskunft geben, wie das Unternehmen finanzielle Mittel erwirtschaftet hat und welche zahlungswirksamen Investitions- und Finanzierungsmaßnahmen vorgenommen wurden.

Die Ausgestaltung der Kapitalflussrechnung hat sich an den Vorschlägen des Deutschen Rechnungslegungsstandards Nr. 2 (DRS 2) zu orientieren. Dabei wird unterschieden zwischen der

- Kapitalflussrechnung für den laufenden Geschäftsbetrieb, die sowohl als direkte als auch als indirekte Methode angewandt werden kann (Abb. 24a und 24b),
- Kapitalflussrechnung für die Investitionstätigkeit (Abb. 25) und
- Kapitalflussrechnung für die Finanzierungstätigkeit (Abb. 26).

Bei Anwendung der direkten Methode zur Ableitung des Cashflows aus der laufenden Geschäftstätigkeit soll die Kapitalflussrechnung gemäß dem folgenden Schema I gegliedert werden:

Abb. 24a
Gliederungsschema I (»Direkte Methode«) gemäß DRS 2

1.		Einzahlungen von Kunden für den Verkauf von Erzeugnissen, Waren und Dienstleistungen
2.	–	Auszahlungen an Lieferanten und Beschäftigte
3.	+	Sonstige Einzahlungen, die nicht der Investitions- oder Finanzierungstätigkeit zuzuordnen sind
4.	–	Sonstige Auszahlungen, die nicht der Investitions- oder Finanzierungstätigkeit zuzuordnen sind
5.	+/–	Ein- und Auszahlungen aus außerordentlichen Posten
6.	=	Cashflow aus laufender Geschäftstätigkeit

Bei Anwendung der indirekten Methode zur Ableitung des Cashflows aus der laufenden Geschäftstätigkeit soll die Kapitalflussrechnung gemäß dem folgenden Schema II gegliedert werden:

Abb. 24b
Gliederungsschema II (»Indirekte Methode«) gemäß DRS 2

1.		Jahresergebnis (einschließlich Ergebnisanteilen von Minderheitsgesellschaftern) vor außerordentlichen Posten
2.	+/–	Abschreibungen/Zuschreibungen auf Gegenstände des Anlagevermögens
3.	+/–	Zunahme/Abnahme der Rückstellungen
4.	+/–	Sonstige zahlungsunwirksame Aufwendungen/Erträge (bspw. Abschreibung auf ein aktiviertes Disagio)
5.	–/+	Gewinn/Verlust aus dem Abgang von Gegenständen des Anlagevermögens
6.	–/+	Zunahme/Abnahme der Vorräte, der Forderungen aus Lieferungen und Leistungen sowie anderer Aktiva, die nicht der Investitions- oder Finanzierungstätigkeit zuzuordnen sind
7.	+/–	Zunahme/Abnahme der Verbindlichkeiten aus Lieferungen und Leistungen sowie anderer Passiva, die nicht der Investitions- oder Finanzierungstätigkeit zuzuordnen sind
8.	+/–	Ein- und Auszahlungen aus außerordentlichen Posten
9.	=	Cashflow aus der laufenden Geschäftstätigkeit

Bei der Ermittlung des Cashflows aus der Investitionstätigkeit soll die Kapitalflussrechnung mindestens wie folgt gegliedert werden:

Abb. 25
Gliederungsschema Cashflow aus Investitionstätigkeit gemäß DRS 2

1.		Einzahlungen aus Abgängen von Gegenständen des Sachanlagevermögens
2.	+	Einzahlungen aus Abgängen von Gegenständen des immateriellen Anlagevermögens
3.	–	Auszahlungen für Investitionen in das Sachanlagevermögen
4.	–	Auszahlungen für Investitionen in das immaterielle Anlagevermögen
5.	+	Einzahlungen aus Abgängen von Gegenständen des Finanzanlagevermögens
6.	–	Auszahlungen für Investitionen in das Finanzanlagevermögen
7.	+/–	Einzahlungen und Auszahlungen aus dem Erwerb und dem Verkauf von konsolidierten Unternehmen und sonstigen Geschäftseinheiten
8.	=	Cashflow aus der Investitionstätigkeit

Bei der Ermittlung des Cashflows aus der Finanzierungstätigkeit soll die Finanzierungstätigkeit mindestens wie folgt gegliedert werden:

Abb. 26
Gliederungsschema Cashflow aus Finanzierungstätigkeit gemäß DRS 2

1.		Einzahlungen aus Eigenkapitalzuführungen
2.	−	Auszahlungen an Unternehmenseigner und Minderheitsgesellschafter (Dividenden, Erwerb eigener Anteile, Eigenkapitalrückzahlungen, andere Ausschüttungen)
3.	+	Einzahlungen aus dem Geben von Anleihen und der Aufnahme von (Finanz-)Krediten
4.	−	Auszahlungen aus der Tilgung von Anleihen und (Finanz-)Krediten
5.	=	Cashflow aus der Finanzierungstätigkeit

Nachfolgend das Beispiel einer Kapitalflussrechnung der SNP AG.

Abb. 27
Kapitalflussrechnung (Beispiel)

	2005 TEUR	2004 TEUR
Jahresergebnis nach Steuern	856.518,29	240.270,60
Berichtigung für		
Abschreibungen	181.303,67	226.559,89
Veränderung Rückstellungen für Pensionen	36.463,00	37.203,00
Übrige zahlungsunwirksame Aufwendungen	403.683,32	289.147,50
Veränderungen Forderungen aus Lieferungen und Leistungen		
Forderungen Verbundbereich, sonstige kurzfristige Vermögenswerte, sonstige langfristige Vermögenswerte	−166.193,35	−742.459,29
Veränderungen der Verbindlichkeiten aus Lieferungen und Leistungen, Verbindlichkeiten Verbundbereich, Steuerschulden		
Sonstige kurzfristige Verbindlichkeiten	807.561,50	141.057,98
Aus laufender Geschäftstätigkeit erwirtschaftete Zahlungsmittel	**2.119.336,43**	**191.779,68**
Cash-flow aus betrieblicher Tätigkeit (1)	**2.119.336,43**	**191.779,68**

Der Jahresabschluss

Auszahlungen für Investitionen in das Sachanlagevermögen	−128.893,47	−87.650,17
Auszahlungen für Investitionen in das immaterielle Anlagevermögen	−240.702,50	−890,00
Auszahlungen für Investitionen in das Finanzanlagevermögen	−106,12	−60,75
Einzahlungen aus Abgängen von Gegenständen des Sachanlagevermögens	4.269,92	23.845,77
Cash-flow aus der Investitionstätigkeit (2)	**−365.432,17**	**−64.755,15**
Dividenausschüttung	−112.500,00	0,00
Auszahlung aus der Tilgung von Verbindlichkeiten aus Finanzierungsleasing	−10.145,71	−10.312,40
Cash-flow aus der Finanzierungstätigkeit (3)	**−122.645,71**	**−10.312,40**
Zahlungswirksame Veränderung des Finanzmittelbestandes (1) + (2) + (3)	**1.631.258,55**	**116.712,13**
Finanzmittelbestand am Anfang des Geschäftsjahres	1.353.128,64	1.236.416,51
Finanzmittelbestand am Ende des Geschäftsjahres	**2.984.387,19**	**1.353.128,64**
Zusammensetzung des Finanzmittelbestandes:	2005	2004
	TEUR	TEUR
Liquide Mittel	2.984.387,19	1.419.718,88
Jederzeit fällige Bankverbindlichkeiten	0,00	−66.590,24
Finanzmittelbestand am Ende des Geschäftsjahres	**2.984.387,19**	**1.353.128,64**

(Quelle: Geschäftsbericht SNP AG 2005, S. 35)

2.3.4 Eigenkapitalspiegel

Die Eigenkapitalveränderungsrechnung (auch Eigenkapitalspiegel) zeigt die gesamten Veränderungen des Eigenkapitals innerhalb einer Berichtsperiode – sowohl die erfolgswirksamen, welche sich über die Gewinn- und Verlustrechnung ergeben, als auch die erfolgsneutralen. Sie trägt dadurch zu einer verbesserten Darstellung der Ertragskraft eines Unternehmens bei. Die Veränderung des Eigenkapitals beinhaltet das Ergebnis der Berichtsperiode, die direkt mit dem Eigenkapital verrechnete Posten der Erfolgsrechnung sowie die Gesamtsumme der einzelnen Posten, den Gesamteffekt von Änderungen der Bilanzierungs- und Bewertungsmethoden, die Kapitaltransaktionen mit Anteilseignern und Ausschüttungen an Anteilseigner, die Entwicklung der Gewinnrücklagen und Überleitung der einzelnen Eigenkapitalposten. Zu jeder Position muss auch die entsprechende Angabe des Vorjahres aufgeführt werden.

Nachfolgend das Beispiel eines Eigenkapitalspiegels der SNP AG aus dem Jahre 2005.

Bestandteile des Jahresabschlusses 91

Abb. 28
Eigenkapitalspiegel (Beispiel)

	Gezeichnetes Kapital EUR	Kapitalrücklage EUR	Gewinn-rücklagen EUR	Sonstige erfolgsneutrale Eigenkapital-veränderungen EUR	Aktionären zu zahlendes Kapital EUR	Anteile anderer Gesellschafter EUR	Gemeinsames Eigenkapital EUR
Stand 31.12.2003 (nach Anpassungen)	1.125.008,00	2.256.818,40	583.83768	-10.657,19	4.255.068,90	-12.143,81	4.242.954,99
Marktbewertung Finanzinstrumente				1.391,90	1.381,90		1.391,90
Gewinnausschüttungen					0,00		0,00
Änderungen Währungsumrechnung				30,05	30,05		30,05
Jahresüberschuss			187.737,40		187.737,40	52.533,20	240.270,00
Stand 31.12.2004 (nach anpassungen)	1.128.008,00	2.236.818,40	1.071.675,08	-8.235,24	4.444.295,25	40.388,29	4.484.547,54
Marktbewertung Finanzinstrumente				5.672,57	6.672,57		6.672,57
Gewinnausschüttungen			-112.500,00		-112.500,00		-112.500,00
Änderungen Währungsumrechnung				-69,00	-69,00		-69,00
Jahresüberschuss			576.469,80		576.469,80	280.048,49	856.518,29
Stand 31.12.2005	1.128.008,00	2.236.818,40	1.535.644,89	-2.631,67	4.914.531,62	330.437,78	5.235.289,40

(Quelle: Geschäftsbericht SAP AG 2005, S. 35)

2.3.5 Segmentberichterstattung

Allgemeine Zielsetzung der Segmentberichterstattung ist das zur Verfügung stellen von entscheidungsrelevanten Informationen über Teilbereiche (Segmente) des berichtenden Unternehmens. In diversifizierten Unternehmen spiegeln die Daten aus der Bilanz, GuV-Rechnung, Kapitalflussrechnung und Eigenkapitalveränderungsrechnung nur aggregierte Informationen über das gesamte Unternehmen wider. Damit können vor allem gegenläufige Entwicklungen in den einzelnen Segmenten ver- bzw. überdeckt werden.

Die Bereitstellung von disaggregierten Informationen soll dem Jahresabschlussadressaten vor allem helfen, die Ertragskraft des Unternehmens besser zu verstehen, die unterschiedlichen Risiken und Chancen besser einzuschätzen und damit das Unternehmen hinsichtlich der Fähigkeit zur Generierung künftiger Erträge und Cashflows fundierter beurteilen zu können. Die in der Segmentberichterstattung enthaltenen Informationen lassen sich mittels Bilanzanalyse auswerten.

Nach § 285 Satz 1 Nr. 4 HGB muss der Anhang Angaben über die Aufgliederung der Umsatzerlöse nach Tätigkeitsbereichen sowie nach geographisch bestimmten Märkten enthalten. Die Angabepflicht betrifft nur große Kapitalgesellschaften; kleine und mittelgroße Kapitalgesellschaften sind davon befreit (§ 288 Abs. 1 HGB). Die Aufgliederung der Umsatzerlöse nach Tätigkeitsbereichen sowie nach geographisch bestimmten Märkten kann unterbleiben, wenn nach vernünftiger kaufmännischer Beurteilung hierdurch erhebliche Nachteile im Hinblick auf die Wettbewerbsposition oder für das öffentliche Ansehen zu erwarten sind (§ 286 Abs. 2 HGB).

Nach IFRS 8 wird zwischen berichtsfähigen und berichtspflichtigen Segmenten unterschieden. Berichtsfähige Segmente sind auf berichtspflichtige Segmente zu verdichten, um zu vermeiden, dass der Nutzen der Segmentberichterstattung durch eine Vielzahl von Detailinformationen über viele kleine berichtsfähige Segmente verwässert wird. Bei der Verdichtung ist zu beachten, dass nur berichtsfähige Segmente mit wirtschaftlich ähnlicher Charakteristika (Art der Produkte bzw. Dienstleistungen, Art der Produktions- bzw. Dienstleistungsprozesse, Kundengruppen, Vertriebsmethoden) zusammengefasst werden. Durch die Verdichtung sollen nach IFRS 8.13 folgende quantitative Schwellenwerte erreicht bzw. überschritten werden:

- die Erträge des Segments einschließlich der Erträge an anderen Segmenten betragen mindestens 10% der gesamten externen und intersegmentären Erträge,
- das Segmentergebnis beträgt mindestens 10% des zusammengefassten Ergebnisses aller operativen Segmente mit positivem Ergebnis oder aller ope-

Bestandteile des Jahresabschlusses 93

rativen Segmente mit negativem Ergebnis, wobei der jeweils absolut größere Betrag zugrunde zu legen ist, oder
- das Segmentvermögen beträgt mindestens 10% des zusammengefassten Segmentvermögens aller operativen Segmente.

Falls ein Segment unterhalb der quantitativen Schwellenwerte liegt, bestehen folgende Berichtsmöglichkeiten:
- Aufführen des Segments als berichtspflichtiges Segment trotz Nichterreichen der Größenkriterien, falls das Management die Informationen für entscheidungsrelevant aus der Sicht der Jahresabschlussadressaten hält (IFRS 8.13),
- Zusammenfassen von Segmenten zu einem berichtspflichtigen Segment, falls zumindest die Mehrheit der Aggregationskriterien des IFRS 8.12 erfüllt sind (IFRS 8.14),
- Zusammenfassung von Segmenten unter dem Ausweis »alle übrigen Segmente« (IFRS 8.16).

Nach IFRS 8 hat die Segmentberichterstattung für jedes Segment folgende Informationen zur GuV-Rechnug und Bilanz zu enthalten:

Abb. 29
Segmentdaten gem. IFRS 8

Informationen zur GuV-Rechnung
• Umsatzerlöse mit Dritten
• Innenumsätze
• Segmentergebnis
• Abschreibungen
• Wertminderungsaufwand
• Wertaufholung
• Wesentliche nicht zahlungswirksame Aufwendungen und Erträge
• Außergewöhnliche Posten (i. S. d. IAS 1.86)
• Ergebnis aus Beteiligungen an assoziierten Unternehmen
• Segmentergebnis aus et equity bewerteten Beteiligungen
• Zinserträge
• Zinsaufwendungen
• Ertragssteueraufwendungen/-erträge
Informationen zur Bilanz
• Segmentvermögen
• Segmentschulden
• Buchwerte der et equity bewerteten Beteiligungen

94   Der Jahresabschluss

> Informationen zur Kapitalflussrechnung
> - Cashflow auslaufender Geschäftstätigkeit
> - Investitionen in das langfristige Vermögen

Nachfolgend das Beispiel der Segmentberichterstattung der SNP AG.

Abb. 30
Segmentberichterstattung (Beispiel)
Haupttätigkeit der Gesellschaft ist das Beratungsgeschäft. Eine Segmentierung nach Geschäftsbereichen gemäß IAS 14 ist nicht vorzunehmen. Das Format für die Segmentberichterstattung ist daher die Gliederung nach geographischen Gesichtspunkten, die sich wie folgt darstellt:

	Deutschland TEUR	Österreich TEUR	Schweiz TEUR	Konsolidierung TEUR	Gesamt TEUR
Umsatzerlöse					
2005	5.229	6.480	576	−439	11.846
2004	4.508	4.504	607	−542	9.077
Umsatzerlöse aus internen Transaktionen					
2005	321	11	107	−439	−439
2004	412	17	113	−542	−542
Betriebsergebnis					
2005	484	808	32	4	1.328
2004	177	277	18	−	472
Abschreibungen					
2005	−128	−46	−7	−	−181
2004	−134	−82	−11	−	−227
Investitionen					
2005	327	41	2	−	370
2004	34	55	0	−	89
Buchwerte Vermögen					
2005	5.507	2.470	196	−185	7.988
2004	5.073	1.461	221	−285	6.470
Segmentschulden					
2005	913	1.811	97	−68	2.753
2004	607	1.399	147	−168	1.985
Anzahl Mitarbeiter zum					
31.12. 2005	35	25	1		60
31.12. 2004	28	31	1		60

(Quelle: Geschäftsbericht SNP AG 2005, S. 50)

Der Gesetzgeber konkretisiert jedoch nicht, in welchen Fällen derartige Angaben geboten sind. In der Literatur werden folgende Fälle genannt[20]:
- Angaben zu erheblichen, einmaligen Verzerrungen des Erfolgs- und Vermögensausweises z. B. durch Teilliquidationen,
- Angaben zu erheblichen Verzerrungen des Erfolgsausweises durch Scheingewinne bei ausländischen Betriebsgesellschaften,
- Angaben zu ungewöhnlichen, rein bilanzpolitisch motivierten Maßnahmen, die lediglich der Verbesserung des Erscheinungsbildes des Unternehmens dienen (sog. Windowdressing),
- Angaben zur Korrektur eines ungünstigen Erscheinungsbildes aufgrund bilanzierungsrechtlicher Normen (z. B. Verlustausweis bei langfristigen Fertigungsaufträgen, die in späteren Jahren zu Gewinnen führen).

Der *Ergebnisverwendungsvorschlag* und der *Ergebnisverwendungsbeschluss* werden im Zusammenhang mit den Offenlegungsvorschriften des HGB (§ 325) angesprochen. Kapitalgesellschaften nehmen deshalb i. d. R. den Ergebnisverwendungsvorschlag und -beschluss in den Anhang mit auf, um deren Veröffentlichung sicherzustellen.

Angesichts der Vielzahl von Informationen, die im Anhang enthalten sein müssen, wird deutlich, dass man die wirtschaftliche Lage eines Unternehmens bzw. eines Konzerns nur erfassen kann, wenn man sich intensiv mit dem Anhang auseinandersetzt. Man kann sogar sagen, dass man die Rechenwerke Bilanz und GuV gar nicht verstehen kann, wenn man nicht über den entsprechenden Anhang verfügt. Zu bemängeln ist allerdings, dass im Anhang die die ArbeitnehmerInnen des Unternehmens besonders interessierenden Sozialdaten kaum enthalten sind. Lediglich für mittelgroße und große Kapitalgesellschaften ist vorgeschrieben, dass sie die durchschnittliche Zahl der während des Geschäftsjahres beschäftigten Arbeitnehmer getrennt nach Gruppen angeben. Die Betriebsrats- und Wirtschaftsausschussmitglieder kennen allerdings i. d. R. die Sozialdaten des Unternehmens – falls nicht, können sie sich diese Informationen beschaffen –, so dass auch diese Daten als Zusatzinformation zur Beurteilung des Jahresabschlusses herangezogen werden können.

---

20 Vgl. Coenenberg/Haller/Schultze, a. a. O., S. 78.

III. Besonderheiten im Konzernabschluss

1. Der Konzernbegriff

Ein Konzern besteht aus rechtlich selbständigen Unternehmen, von denen ein Unternehmen (die Muttergesellschaft) einen beherrschenden Einfluss auf die anderen Konzernunternehmen (die Tochtergesellschaften) ausübt (§ 290 HGB). Durch das BilMoG wird das bisherige Konzept einer einheitlichen Leitung zugunsten des Kontrollkonzeptes aufgegeben. Damit fallen der Konzernbegriff nach dem Betriebsverfassungsgesetz, der einen Unterordnungskonzern i. S. v. § 18 Abs. 1 AktG voraussetzt, und der für den Konzernabschluss maßgebliche Konzernbegriff auseinander.

Tochterunternehmen können allerdings gleichzeitig auch als Mutterunternehmen fungieren; d. h., sie haben eigene Tochterunternehmen und bilden mit ihren Töchtern einen Teilkonzern.

Die Beibehaltung der rechtlichen Selbständigkeit führt dazu, dass der Konzern selbst keine rechtliche, sondern lediglich eine wirtschaftliche Einheit darstellt. Das hat u. a. zur Folge, dass der Konzern nicht über eigene Organe (z. B. Hauptversammlung, Aufsichtsrat, Vorstand/Geschäftsführung) verfügt, keine Anteilseigner hat, keine Gewinnverwendung vornimmt und nicht als selbständiges Steuerobjekt der Besteuerung unterliegt. Auch verfügt der Konzern nicht über eine eigene Konzernbuchführung als Grundlage für den Konzernabschluss. Vielmehr wird der Konzernabschluss aus den Einzelabschlüssen der Konzernunternehmen abgeleitet, allerdings mit der Möglichkeit einer von den Einzelabschlüssen abweichenden bilanzpolitischen Zielsetzung.

2. Bedeutung von Konzernabschlüssen

Die Globalisierung befördert Konzentrationstendenzen in der Wirtschaft mit der Folge zunehmender nationaler, vor allem aber auch internationaler Unternehmenszusammenschlüsse bei gleichzeitiger dezentraler Organisation. Wegen der vielfältigen wirtschaftlichen und finanziellen Verflechtungen und Abhängigkeiten der Konzernunternehmen untereinander nimmt die Aussagekraft der Einzelabschlüsse deutlich ab. Der Konzernabschluss hat eine reine Informationsfunktion zur Beseitigung der Informationsdefizite der Einzelabschlüsse von Konzerngesellschaften. Er hat die Aufgabe, ein den tatsächlichen Verhältnissen entsprechendes Bild der Vermögens-, Finanz- und Ertragslage des Konzerns als wirtschaftliche Einheit zu vermitteln (§ 297 Abs. 3 Satz 1 HGB).

Von besonderer Bedeutung ist der Konzernabschluss für die ArbeitnehmervertreterInnen im Aufsichtsrat aber auch unter rechtlichen Aspekten. Mit dem 1998 in Kraft getretenen KonTraG hat der Aufsichtsrat eines Mutterunternehmens den Konzernabschluss (zusammen mit dem Konzernprüfungsbericht) nicht mehr nur zur Kenntnis zu nehmen, sondern wie vorher schon den Einzelabschluss des Mutterunternehmens einer eigenständigen Prüfung zu unterziehen und über das Ergebnis der Prüfung Bericht zu erstatten (§ 171 Abs. 1 AktG).

3. Rechtliche Grundlagen

3.1 Aufstellungspflicht und Umfang des Konzernabschlusses

Die Pflicht zur Konzernrechnungslegung ist nach § 290 HGB auf Kapitalgesellschaften (AG, GmbH, KGaA) beschränkt. Darüber hinaus regelt das Publizitätsgesetz in den §§ 11–13 PublG rechtsformunabhängig die Pflicht zur Konzernrechnungslegung für Konzernobergesellschaften (Mutterunternehmen), soweit sie bestimmte Größenkriterien erfüllen (vgl. Übersicht 31).

Gemäß § 290 Abs. 1 HGB besteht eine Pflicht zur Erstellung eines Konzernabschlusses, wenn Unternehmen (Tochterunternehmen) von einer Konzernobergesellschaft (Mutterunternehmen) im Inland beherrscht werden. Ein beherrschender Einfluss der Muttergesellschaft liegt vor, wenn

- ihr bei einem anderen Unternehmen die Mehrheit der Stimmrechte zusteht;
- ihr bei anderen Unternehmen das Recht zusteht, die Mehrheit der Mitglieder des die Finanz- und Geschäftspolitik bestimmenden Geschäftsführungs- oder Aufsichtsorgans zu bestellen oder abzuberufen und es gleichzeitig Gesellschafter ist;
- ihr das Recht zusteht, die Finanz- und Geschäftspolitik aufgrund eines Beherrschungsvertrags oder aufgrund einer Bestimmung in der Satzung des anderen Unternehmens zu bestimmen.

Zukünftig sind auch sog. Zweckgesellschaften zu konsolidieren (§ 290 Abs. 2 Nr. 4 HGB-E). Zweckgesellschaften sind Unternehmen, die zur Erreichung eines eng begrenzten und genau definierten Ziels der Muttergesellschaft dienen, z. B. Leasingobjektgesellschaften oder Asset-Backed-Securities-Gesellschaften.

Von der grundsätzlichen Pflicht zur Aufstellung eines Konzernabschlusses gibt es zwei Befreiungstatbestände. Gemäß § 291 Abs. 1 HGB ist ein Mutterunternehmen, das zugleich Tochterunternehmen eines Mutterunternehmens mit Sitz in einem Mitgliedsstaat der EG ist (mehrstufiger europäischer Konzern), von der Pflicht zur Aufstellung eines Teilkonzernabschlusses befreit, wenn das zu befreiende Mutterunternehmen und seine Tochterunternehmen in den Konzernabschluss des übergeordneten Mutterunternehmens einbezogen werden. Gemäß § 293 Abs. 1 HGB ist ein Mutterunternehmen von der Pflicht eines Konzernabschlusses befreit, wenn an zwei aufeinander folgenden Bilanzstichtagen mindestens zwei der drei Größenmerkmale – Bilanzsumme, Umsatzerlöse und Zahl der Arbeitnehmer – unterschritten wird (s. Übersicht 31). Für Kreditinstitute und Versicherungen gelten Sonderbestimmungen (§ 293 Abs. 2 und 3 HGB). Gemäß EU-Verordnung vom 27. 5. 2005 sind börsennotierte Unternehmen verpflichtet, ihren Konzernabschluss nach IAS/IFRS (und nicht nach HGB oder US-GAAP) zu erstellen (§ 315a Abs. 1 und 2 HGB). Nicht börsennotierte Unternehmen können anstelle des handelsrechtlichen Konzernabschlusses einen IFRS-Konzernabschluss aufstellen und veröffentlichen (befreiendes Wahlrecht gem. § 315 Abs. 3 HGB).

In den Konzernabschluss sind neben dem Mutterunternehmen grundsätzlich alle Tochterunternehmen einzubeziehen (§ 294 Abs. 1 HGB). Das heißt, es müssen auch die ausländischen Tochtergesellschaften einbezogen werden. Man kann also beim Konzernabschluss von einem »Weltabschluss« sprechen. Allerdings brauchen Tochterunternehmen nicht in den Konzernabschluss einbezogen werden, wenn dies für die Verpflichtung, ein den tatsächlichen Verhältnissen entsprechendes Bild der Vermögens-, Finanz- und Ertragslage des Konzerns zu vermitteln, von untergeordneter Bedeutung ist (§ 296 Abs. 2 HGB).

Der Konzernabschluss unterscheidet sich im Aufbau zunächst einmal nicht vom Einzelabschluss eines Unternehmens. Er besteht aus einer Konzernbilanz, einer Konzern-GuV und einem Konzernanhang. Der Konzernanhang muss jedoch zusätzlich Angaben zum Kreis der konsolidierten (in den Konzernabschluss einbezogenen) Unternehmen und den angewandten Konsolidierungsmethoden enthalten. Die im Konzernanhang zu machenden Angaben entsprechen im Wesentlichen denen, die im Anhang eines Einzelunternehmens zu machen sind, nur dass sich diese Angaben auf den gesamten Konzern beziehen. Von daher ist es verständlich, dass es der Gesetzgeber zulässt, dass der Konzernanhang und der Anhang des Jahresabschlusses des Mutterunternehmens zusammengefasst werden dürfen (§ 298 Abs. 3 HGB). Aus dem zu-

Abb. 31
Rechnungslegungs-, Prüfungs- und Veröffentlichungspflicht von Konzernen in Abhängigkeit von der Rechtsform und der Größe

	Kapitalgesellschaften (AG, KGaA, GmbH)	Personengesellschaften (Einzelkaufmann, OHG, KG)	Sonstige[1]
Größengrenzen[2]: Umsatz (Mio.-R)	kons./unkons. über 38,50/42,00	über 130,00	über 130,00
Bilanzsumme (Mio.-R)	über 19,25/21,00	über 65,00	über 65,00
Beschäftigte	über 250	über 5000	über 5000
Bilanz: Erstellung / Veröffentlichung	ja / EBAZ	ja / EBAZ	ja / EBAZ
GuV-Rechnung: Erstellung / Veröffentlichung	ja / EBAZ	ja / nein	ja / nein
Anhang: Erstellung / Veröffentlichung	ja / EBAZ	nein / nein	nein / nein
Lagebericht: Erstellung / Veröffentlichung	ja / EBAZ	ja / ja	nein / nein
Kapitalflussrechnung: Erstellung / Veröffentlichung	ja[3] / EBAZ[3]	nein / nein	nein / nein
Segmentberichterstattung Erstellung / Veröffentlichung	ja[3] / EBAZ[3]	nein / nein	nein / nein
Pflichtprüfung	ja	ja	ja
Aufstellungspflicht	5 Mon.	5 Mon.	5 Mon.
Veröffentlichungsfrist	12 Mon.	12 Mon.	12 Mon.

1 = Abgesehen von Sonderregelungen für Kreditinstitute und Versicherungen, für die auch andere Größenkriterien gelten, und für Genossenschaften, für deren Jahresabschluss die meisten Regeln wie für Kapitalgesellschaften gelten, für deren Konzernabschluss aber nur das Publizitätsgesetz gilt.
2 = Pflicht zur Erstellung eines Konzernabschlusses nur, wenn zwei der drei Größengrenzen überschritten werden.
3 = nur bei börsennotierten Mutterunternehmen.
EBAZ = Elektronischer Bundesanzeiger

Besonderheiten im Konzernabschluss

Abb. 32
Konzern-Rechnungslegung der Kapitalgesellschaften

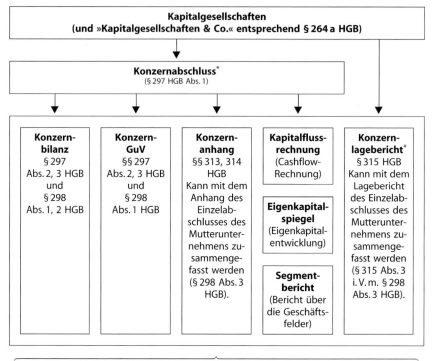

* »Kleine Konzerne« brauchen keinen Konzernabschluss und keinen Konzernlagebericht aufzustellen (§ 293 HGB). Mutterunternehmen, die zugleich Tochterunternehmen eines Mutterunternehmens mit Sitz in der EU/des EWR sind, brauchen unter bestimmten Voraussetzungen keinen Konzernabschluss und Konzernlagebericht aufzustellen (§ 291 HGB).

sammengefassten Anhang muss allerdings hervorgehen, welche Angaben sich auf den Konzern und welche Angaben sich nur auf das Mutterunternehmen beziehen.

Der Konzernabschluss besteht aber neben der Konzernbilanz, der Konzern-GuV und dem Konzernanhang auch noch aus einer Kapitalflussrechnung und einem Eigenkapitalspiegel (§ 297 Abs.1 HGB). Der Konzernabschluss kann um eine sog. Segmentberichterstattung erweitert werden (§ 297 Abs. 1 HGB), die über die im Konzernanhang (§ 314 Abs. 1 Nr. 3 HGB) geforderte Aufglie-

Rechtliche Grundlagen 101

derung der Umsatzerlöse hinausgeht. Findet eine Segmentberichterstattung statt, so kann die Aufgliederung der Umsatzerlöse im Anhang unterbleiben (§ 314 Abs. 2 HGB). Da bereits im Einzelabschluss auf die Kapitalflussrechnung (s. Abschn. 2.3.3), den Eigenkapitalspiegel (s. Abschn. 2.3.4) und die Segmentberichterstattung (s. Abschn. 2.3.5) ausführlich eingegangen worden ist, wird auf diese Abschnitte verwiesen. Die Pflichtangaben im Konzernanhang sind dargestellt (s. Abschn. III/4).

Wie beim Einzelabschluss ist auch der Konzernabschluss um einen Konzernlagebericht zu erweitern (§ 315 HGB). Die Inhalte des Konzernlageberichts sind in Kapitel IV.1 dargestellt.

3.2 Konzernabschlüsse nach internationalen Rechnungslegungsstandards

Die EU-Kommission erließ 2002 eine Verordnung Nr. 1606/2002[20], nach der Mutterunternehmen mit Sitz innerhalb der EU ihren Konzernabschluss nach IAS bzw. nach den Nachfolgestandards IFRS (International Financial Reporting Standards) aufzustellen haben. Weil keine Rechnungslegungskompetenzen an ein privatrechtliches Gremium (IASB) abgetreten werden sollen, stehen die IAS/IFRS unter dem Vorbehalt der Anerkennung durch die EU-Kommission. Die sog. IAS-Verordnung der EU wurde bei gleichzeitiger Aufhebung des § 292 a HGB mit dem § 315 a HGB in deutsches Recht umgesetzt. Danach haben kapitalmarktorientierte Muttergesellschaften einen Konzernabschluss nach IAS/IFRS aufzustellen. Darüber hinaus können alle Unternehmen, die zur Aufstellung eines Konzernabschlusses verpflichtet sind, diesen freiwillig nach den internationalen Rechnungslegungsstandards (IAS/IFRS) aufstellen (§ 315 a Abs. 3 HGB). Da aber zunehmend die kreditgebenden Banken darauf bestehen, einen Konzernabschluss nach internationalen Rechnungslegungsstandards zu erhalten[21], sehen sich mehr und mehr Unternehmen gezwungen, einen Konzernabschluss nach IAS/IFRS aufzustellen.

Was nun die Bezeichnung der internationalen Rechnungslegungsstandards anbelangt, so gibt es hier ein gewisse Begriffsverwirrung. Viele sprechen nur von IAS, andere von IFRS und wieder andere (wie in diesem Buch) von IAS/IFRS. Hintergrund dieser Begriffsvielfalt ist, dass das IASC die von ihr entwickelten Standards IAS nannte. Die restrukturierte Nachfolgeorganisation IASB nennt ab 2001 seine neuen Standards IFRS. Obwohl das IASB die Entwicklung neuer Standards (IFRS) vorsieht, sollen die bisherigen IAS bis zur Ablösung

---
20 Abl. EG Nr. L 243.
21 Dies erfolgt vor dem Hintergrund neu festgesetzter Kreditvergaberichtlinien (Stichwort »Basel III«).

durch neue IFRS weitergelten. »Die IAS stellen (daher) auf absehbare Zeit den Kern der Internationalisierung der Rechnungslegung dar«[22]. Im IAS-Rahmenkonzept werden als Adressaten eines nach IAS aufgestellten Jahresabschlusses neben den Investoren, den Kreditgebern, den Lieferanten, den anderen Gläubigern, den Kunden, der Öffentlichkeit, der Regierung ausdrücklich die Arbeitnehmer und ihre Vertretungen genannt[23].

4. Konsolidierung

Im Konzernabschluss ist die Vermögens-, Finanz- und Ertragslage der einbezogenen Unternehmen so darzustellen, als ob diese Unternehmen insgesamt *ein* einziges Unternehmen wären (§ 297 Abs. 3 HGB). Nach dieser sog. Einheitstheorie wird die Gesamtheit der Konzernunternehmen als eine eigenständige Einheit angesehen, in der die einzelnen Unternehmen die wirtschaftliche Stellung unselbständiger Betriebsstätten einnehmen[24]

Mit dem Konzernabschluss wird aber nur eine wirtschaftliche Einheit dargestellt. Die einzelnen in den Konzernabschluss einbezogenen Unternehmen sind rechtlich selbständig – und nicht der Konzern. Das heißt, die Steuerpflicht ergibt sich aus dem jeweiligen Jahresabschluss der einzelnen Konzernunternehmen. Und auch nur der Einzelabschluss des einzelnen Konzernunternehmens dient als Bemessungsgrundlage für die Ausschüttungen an die Gesellschafter/Aktionäre.

4.1 Konsolidierungsrechnungen

Bei der Aufstellung des Konzernabschlusses wird der Jahresabschluss des Mutterunternehmens mit den Jahresabschlüssen der Tochterunternehmen zusammengefasst. Während im Einzelabschluss der Muttergesellschaft die Anteile der Tochtergesellschaften in der Bilanz aufgeführt werden, werden stattdessen beim Konzernabschluss die Vermögensgegenstände, Schulden, Sonderposten, Bilanzierungshilfen und Rechnungsabgrenzungsposten der Tochtergesellschaften mit denen der Muttergesellschaft zusammengefasst (konsolidiert), soweit sie nach dem Recht des Mutterunternehmens bilanzierungsfähig sind (§ 300 Abs. 1 HGB). Das heißt, im Konzernabschluss müssen Neubewertungen vorgenommen werden, wenn Tochtergesellschaften, die nicht in der Rechtsform

---

22 Federmann/IASCF (Hrsg.): IAS/IFRS-stud., S. 14.
23 Vgl. International Accounting Standards Board (Hrsg.): International Accounting Standards, Rahmenkonzept, Rn. 9.
24 Vgl. Coenenberg/Haller/Schultze, a. a. O., S. 596.

der AG, KGaA oder GmbH geführt werden, bspw. Abschreibungen auf Gegenstände des Sachanlagevermögens wegen einer vorübergehenden Wertminderung vorgenommen haben, da diese Abschreibungen für die Muttergesellschaft in der Rechtsform einer Kapitalgesellschaft nicht zulässig sind (§ 279 Abs. 1 HGB).

Überdies dürfen die Bilanzierungswahlrechte, auf die an späterer Stelle noch eingegangen wird, unabhängig von den in den einzelnen Jahresabschlüssen getroffenen Entscheidungen für den Konzernabschluss neu ausgeübt werden (§ 300 Abs. 2 HGB). Das heißt, es gibt beim Konzernabschluss eine zwingende und eine im Ermessen der Konzernleitung liegende Umbewertung.

Trotz dieser zwangsweisen und »freiwilligen« Neubewertungen unterscheidet sich damit der Konzernabschluss in der Darstellung nicht vom Einzelabschluss. Aufgrund der Konsolidierung kommt es gegenüber dem Einzelabschluss nur zu einigen wenigen neuen Bilanz- und GuV-Positionen, die an späterer Stelle dargestellt werden sollen. Auf eine detaillierte Darstellung des Konsolidierungsverfahrens soll allerdings nicht nur wegen der Kompliziertheit verzichtet werden, sondern auch, weil derartige Detailkenntnisse für eine einfache Bilanzanalyse gar nicht erforderlich sind[25].

Bei der Zusammenfassung der nach einheitlichen Grundsätzen aufbereiteten Einzelabschlüsse müssen neben den Neubewertungen weitere Veränderungen gegenüber den Einzelabschlüssen vorgenommen werden, damit ein Konzernabschluss entsteht, der der Einheitstheorie entspricht. So werden im Rahmen der Schuldenkonsolidierung zwischen den einbezogenen Unternehmen bestehende Forderungen und Verbindlichkeiten gegeneinander aufgerechnet (§ 303 Abs. 1 HGB), da ein einheitliches Unternehmen gegen sich selbst keine Forderungen und Verbindlichkeiten haben kann.

Bei der sog. (Eigen-)Kapitalkonsolidierung wird der im Einzelabschluss des Mutterunternehmens ausgewiesene Werte der Anteile an einem Tochterunternehmen mit dem auf diese Anteile entfallenden Betrag des Eigenkapitals des Tochterunternehmens verrechnet (§ 301 Abs. 1 HGB). Die Aufrechnung des Beteiligungswerts des Mutterunternehmens mit dem Eigenkapital des Tochterunternehmens ist notwendig, da es sich bei dem Beteiligungskonto des Mutterunternehmens und dem Eigenkapitalkonto des Tochterunternehmens um Spiegelbildkonten handelt. Beide Konten repräsentieren das gleiche Recht an dem betreffenden Unternehmen und seinen Geschäftsergebnissen. Das folgende Beispiel soll dies verdeutlichen.

---

25 Für Interessierte wird auf Laßmann/Rupp, S. 107 ff. verwiesen.

Das Unternehmen A würde zum 31.12.2010 folgende Bilanz ausweisen:

Abb. 33a
Bilanz des Unternehmens A zum 31.12.2010

Aktiva		Passiva	
Sachanlagen	200	Gezeichnetes Kapital	700
Vorräte	700	Rücklagen	300
Forderungen	100	Fremdkapital	1000
Liquide Mittel	1000		
Bilanzsumme	2000	Bilanzsumme	2000

Am 31.12.2010 gründet das Unternehmen A noch eine Tochtergesellschaft, die im Folgenden Unternehmen B heißt. Dieses Unternehmen B wird mit einem Eigenkapital von 1000 ausgestattet. In entsprechender Höhe wird ein Betrag vom Unternehmen A auf das Geschäftskonto des Unternehmens B überwiesen. Die Einzel-Bilanzen haben damit zum 31.12.2010 folgendes Aussehen:

Abb. 33b
Bilanz des Unternehmens A zum 31.12.2010

Aktiva		Passiva	
Sachanlagen	200	Gezeichnetes Kapital	700
Anteile an verb. Unternehmen	1000	Rücklagen	300
Vorräte	700	Fremdkapital	1000
Forderungen	100		
Bilanzsumme	2000	Bilanzsumme	2000

Abb. 33c
Bilanz des Unternehmens B zum 31.12.2010

Aktiva		Passiva	
Liquide Mittel	1000	Gezeichnetes Kapital	1000
Bilanzsumme	1000	Bilanzsumme	1000

Würden nun für einen Konzernabschluss die Aktiva- und Passivaseiten der beiden Einzelabschlüsse zusammengezogen werden, so käme es zu einer Aufblähung der Bilanz. Das Eigenkapital würde sich verdoppeln, ohne dass die eingesetzten Eigenmittel sich wirklich erhöht hätten.

Abb. 33d
Summenbilanz von A und B zum 31.12.2010

Aktiva		Passiva	
Sachanlagen (A)	200	Gezeichnetes Kapital	
Anteile an verbundenen		• von A	700
Unternehmen (A)	1000	• von B	1000
Vorräte (A)	700	Rücklagen (A)	300
Forderungen (A)	100	Fremdkapital (A)	1000
Liquide Mittel (B)	1000		
Bilanzsumme	3000	Bilanzsumme	3000

Im Rahmen der Kapitalkonsolidierung ist daher der Beteiligungswert des Mutterunternehmens gegen das gezeichnete Kapital des Tochterunternehmens aufzurechnen.

Abb. 33e
Konsolidierungsbilanz/Konzernbilanz zum 31.12.2010

Aktiva		Passiva	
Sachanlagen	200	Gezeichnetes Kapital	700
~~Anteile an verbundenen~~			~~1000~~
~~Unternehmen~~	~~1000~~	Rücklagen	300
Vorräte	700	Fremdkapital	1000
Forderungen	100		
Liquide Mittel	1000		
Bilanzsumme	2000	Bilanzsumme	2000

Besonderheiten im Konzernabschluss

In der Realität dürfte es allerdings der absolute Ausnahmefall sein, dass der Buchwert der Beteiligung in der Bilanz der Muttergesellschaft gleich hoch ist wie das damit zu verrechnende Eigenkapital der Tochtergesellschaft. Ist der Buchwert der Beteiligung höher als der entsprechende Wert des Eigenkapitals, so ist der Unterschiedsbetrag auf der Aktivseite der Konzernbilanz auszuweisen. Der Unterschiedsbetrag wird dann in der Position *Geschäfts- oder Firmenwert* ausgewiesen (§ 301 Abs. 3 HGB). Ist hingegen das zu verrechnende Eigenkapital der Tochtergesellschaft größer als der Beteiligungsbuchwert bei der Muttergesellschaft (weil z. B. in der Vergangenheit Abschreibungen auf diese Beteiligung vorgenommen wurden), dann ist der Unterschiedsbetrag auf der Passivseite der Konzernbilanz als *Unterschiedsbetrag aus Kapitalkonsolidierung* auszuweisen (§ 301 Abs. 3 HGB).

Bei mehreren Tochtergesellschaften kann es vorkommen, dass in der Konzernbilanz sowohl auf der Aktiva- wie auch auf der Passivseite Ausgleichsposten zu bilden wären. Grundsätzlich sieht zwar das HGB einen gesonderten Ausweis aktivischer und passivischer Ausgleichsposten vor, jedoch dürfen diese nach § 301 Abs. 3 HGB untereinander saldiert werden.

Die Konzern-GuV ist überdies nach § 305 Abs. 1 HGB um die Erträge, Aufwendungen und Umsätze zu bereinigen, die innerhalb des Konzerns angefallen sind. Das heißt, es ist eine

- *Ertrags- und Aufwandskonsolidierung* (Aufrechnung von konzerninternen Lieferungen und Leistungen, die in dem einen Konzernunternehmen zu Ertrag und in dem anderen Konzernunternehmen zu einem entsprechenden Aufwand geführt hat) und
- *Zwischenergebnis-Eliminierung* (Herausrechnung von Gewinnen und Verlusten, die aus Konzernsicht noch nicht realisiert sind)

vorzunehmen.

Die einzelnen Schritte, bei der Erstellung eines Konzernabschlusses gegangen werden, kann man aus Abb. 34 entnehmen.

4.2 Konsolidierungskreis und Konsolidierungsformen

Tochterunternehmen gehen zunächst in den Konzernabschluss mit allen Aktiv- und Passiv-Positionen sowie mit allen Erträgen und Aufwendungen ein (Vollkonsolidierung). Im Rahmen der Konsolidierung finden dann die schon beschriebenen Korrekturen statt, um aus den Konzernunternehmen bilanztechnisch ein einheitliches Unternehmen zu konstruieren.

Da in der Konzernbilanz auch jene Tochterunternehmen mit einbezogen sind, die dem Mutterunternehmen gar nicht zu 100 % gehören, muss nach § 307 Abs. 1 HGB in Höhe des den konzernfremden Gesellschaftern zuzurechnenden

Abb. 34
Von den Einzelabschlüssen zum Konzernabschluss

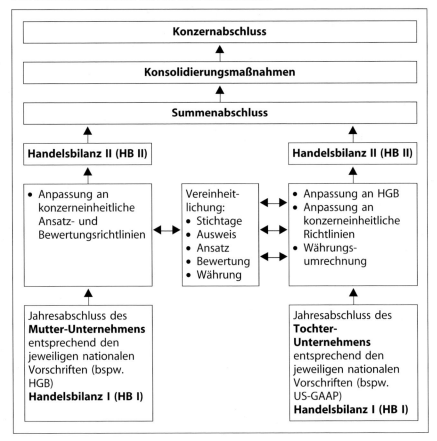

(Quelle: Prangenberg, Internationale Rechnungslegung – Material zum IG Metall-Seminar für Arbeitnehmervertreter in Aufsichtsräten, Mai 2000)

Eigenkapitals ein gesonderter Posten ausgewiesen werden (Vollkonsolidierung mit Minderheitenausweis). In der Regel heißt diese im Eigenkapitalblock enthaltene Position *Anteile anderer Gesellschafter* oder »*Minderheitsanteile*«. Im Rahmen einer Bilanzanalyse wären die Anteile der sog. Minderheitsgesellschafter auch dem Eigenkapital zuzuordnen gewesen. Entsprechend ist in der Konzern-GuV nach der Position »Jahresüberschuss/Jahresfehlbetrag« der auf

Fremdanteile entfallende Gewinn-/Verlustanteil gesondert auszuweisen (§ 307 Abs. 2 HGB). Diese Position wird meistens *anderen Gesellschaftern zustehender Gewinn* bzw. *auf andere Gesellschafter anfallender Verlust* genannt. Die Formulierung kann aber auch lauten: *»Vom Konzernergebnis fallen auf Minderheitsgesellschafter«*. Im Rahmen der Bilanzanalyse ist es allerdings völlig unerheblich, ob ein Teil des Eigenkapitals von Konzernfremden gehalten wird. Auch hinsichtlich der Analyse der Ertragskraft des Konzerns spielt es keine Rolle, ob ein Teil des Jahresüberschusses Konzernfremden zusteht.

Von der sog. Vollkonsolidierung mit Minderheitenausweis darf allerdings dann abgewichen werden, wenn ein in den Konzernabschluss einbezogenes Unternehmen zusammen mit einem oder mehreren nicht in den Konzernabschluss einbezogenen Unternehmen die Leitung eines *Gemeinschaftsunternehmens* ausübt (§ 310 Abs. 1 HGB). Das heißt, die Positionen der Bilanz und der GuV eines Gemeinschaftsunternehmens müssen nicht in voller Höhe (Vollkonsolidierung), sondern dürfen auch entsprechend dem Kapitalanteil der Muttergesellschaft in den Konzernabschluss aufgenommen werden (Quotenkonsolidierung).

Bei Anwendungen der Quotenkonsolidierung ist natürlich das Volumen des Konzernabschlusses geringer als bei einer Vollkonsolidierung. Ausgleichsposten für die Anteile fremder Gesellschafter entfallen. Im Übrigen gelten die Vorschriften der Vollkonsolidierung entsprechend.

Wird von einem in den Konzernabschluss einbezogenen Unternehmen ein maßgeblicher Einfluss auf die Geschäfts- und Finanzpolitik eines nicht konsolidierten Unternehmens ausgeübt, ist diese Beteiligung in der Konzernbilanz unter einer besonderen Position mit entsprechender Bezeichnung auszuweisen. Der Gesetzgeber spricht im § 311 Abs. 1 HGB in diesem Zusammenhang von *assoziierten Unternehmen*. Ein »maßgeblicher« Einfluss auf die Geschäfts- und Finanzpolitik eines Unternehmens wird bereits unterstellt, wenn ein Unternehmen bei einem anderen Unternehmen mehr als 20 % der Stimmrechte der Gesellschafter innehat (§ 311 Abs. 1 HGB). Wenn also ein in den Konzernabschluss einbezogenes Unternehmen an einem Unternehmen, das nicht in den Konzernabschluss einbezogen wurde, mehr als 20 % der Gesellschafteranteile hält, ist diese Beteiligung in der Konzernbilanz im Block Finanzanlagen als *Beteiligung am assoziierten Unternehmen* auszuweisen. Bei assoziierten Unternehmen findet eine konsolidierungsähnliche Bewertung, die man Equity-Methode nennt, statt (§ 312 HGB). Bei dieser Methode werden *nicht*, wie bei der Vollkonsolidierung, die Aktiva und nicht aufgerechneten Passiva des assoziierten Unternehmens in die Konzernbilanz übernommen. Stattdessen wird der Wertansatz der Beteiligung aus dem Einzelabschluss des vollkonsolidierten Unternehmens zur Übernahme in die Konzernbilanz modifiziert. Das heißt, es werden die Anteile an einem assoziierten Unternehmen zunächst mit den Anschaffungskosten bilanziert und in der Folge entsprechend dem Anteil des Anteilseigners am sich ändernden Reinvermögen/Eigenkapital des Beteiligungsunternehmens berichtigt.[26]

5. Aufbau der Konzern-Gewinn- und Verlustrechnung und der Konzernbilanz nach IAS/IFRS

Wie bereits erwähnt, kann nach den IAS/IFRS die GuV sowohl nach dem Gesamtkostenverfahren wie auch nach dem Umsatzkostenverfahren abgeschlossen werden. Der formale Aufbau einer GuV nach IAS/IFRS unterscheidet sich nicht von dem, wie er nach dem HGB vorgeben ist, d. h., die Reihenfolge und die Benennung der einzelnen GuV-Positionen ist identisch. Bei einem Konzernabschluss nach IAS/IFRS wird in der GuV lediglich die Position *sonstige Steuern* fehlen, weil diese ertragsunabhängigen Steuern nach den IAS/IFRS als Gebühren betrachtet werden und deshalb in der GuV-Position *»sonstige betriebliche Aufwendungen«* verbucht werden.

Eine Konzernbilanz, die nach den IAS/IFRS aufgestellt wird, hat hingegen schon einen etwas anderen Aufbau (siehe Abb. 21). So wird die Aktivseite aufgegliedert nach *langfristigem Vermögen* und *kurzfristigem Vermögen*. Diese Aufteilung ist nur bedingt gleichzusetzen mit dem im HGB genannten *Anlage- und Umlaufvermögen*. Nach IAS/IFRS werden *aktive latente Steuern* i. d. R. dem langfristigen Vermögen zugeordnet. Anderseits werden z. B. Maschinen, die zur Veräußerung vorgesehen sind, nicht dem langfristigen oder dem kurzfristigem Vermögen zugeordnet, sondern nach IFRS 5 gesondert ausgewiesen (*»zur Veräußerung gehaltene langfristige Vermögenswerte«*). Auch kann die Aktivseite statt mit dem langfristigen Vermögen mit dem kurzfristigem Vermögen beginnen.

Die Passivseite einer Konzernbilanz nach IAS/IFRS wird unterteilt nach *Eigenkapital, langfristige Schulden* und *kurzfristige Schulden*. Während sich die Unterpositionen des Eigenkapitals nicht von denen nach dem HGB unterscheiden, ist die Zuordnung von Verbindlichkeiten, Rückstellungen und passivischen latenten Steuern nach Fristigkeiten für die Bilanzleserin bzw. den Bilanzleser schon informativ. So erfährt man nun, welche Pensionsrückstellungen voraussichtlich bereits kurzfristig in Anspruch genommen werden.

---

26 Vgl. Coenenberg/Haller/Schultze, a. a. O., S. 701.

Abb. 35
Aufbau einer Konzernbilanz nach IAS/IFRS

Aktiva	Passiva
I. Langfristiges Vermögen • Sachanlagen • Immateriale Vermögenswerte • Finanzielle Vermögenswerte • Sonstige Forderungen • Aktive latente Steuern **II. Kurzfristige Vermögen** • Vorräte • Forderungen aus Lieferungen und Leistungen und sonstige Forderungen • Erstattungsansprüche • Ertragssteuern • Finanzielle Vermögenswerte • Zahlungsmittel **III. Zur Veräußerung gehaltene langfristige Vermögenswerte** (Die Reihenfolge kann auch umgekehrt sein!)	**I. Eigenkapital** • Gezeichnetes Kapital • Kapitalrücklage • Eigene Anteile • Gewinn- und andere Rücklagen • Konzernbilanzgewinn • Minderheitsanteile **II. Langfristige Schulden** • Finanzielle Schulden • Passive latente Steuern • Rückstellungen für Pensionen • Sonstige Rückstellungen • Sonstige Verbindlichkeiten **III. Kurzfristige Schulden** • Verbindlichkeiten aus Lieferungen und Leistungen und sonstige Verbindlichkeiten • Verbindlichkeiten aus Ertragssteuern • Finanzielle Schulden • Rückstellungen für Pensionen • Sonstige Rückstellungen (Die Reihenfolge kann auch umgekehrt sein)
Bilanzsumme	**Bilanzsumme**

Abb. 36
Konzernbilanz (Beispiel)

SNP Schneider-Neureither & Partner AG, Heidelberg
Konzernbilanz
zum 31. Dezember 2010

Aktiva	Anhang	31.12.2010 €	31.12.2009 €
Kurzfristige Vermögenswerte			
Zahlungsmittel und Zahlungsmitteläquivalente	10.	5.121.412,70	6.096.419,13
Forderungen aus Lieferungen und Leistungen	11.	6.007.507,87	4.427.978,79
Forderungen Verbundbereich	12.	0,00	2.000,00
Steuererstattungsansprüche	18.	209.070,80	277.485,78
Sonstige kurzfristige Vermögenswerte	13.	262.802,33	164.825,11
		11.600.793,70	10.968.708,81
Langfristige Vermögenswerte			
Geschäfts- und Firmenwert	14.	1.993.000,00	1.993.000,00
Immaterielle Vermögenswerte	14.	56.587,00	135.819,00
Sachanlagen	15.	1.895.649,88	1.536.967,34
Sonstige langfristige Vermögenswerte	13.	7.163,39	6.012,33
Steuererstattungsansprüche	17.	17.709,31	20.276,97
Latente Steuern	33.	151.441,00	157.531,00
		4.121.550,58	3.849.606,64
		15.722.344,28	14.818.315,45

Passiva	Anhang	31.12.2010 €	31.12.2009 €
Kurzfristige Schulden			
Verbindlichkeiten aus Lieferungen und Leistungen	11.	703.862,25	605.151,95
Verbindlichkeiten Verbundbereich		0,00	87.029,91
Rückstellungen	16.	122.066,40	99.000,00
Steuerschulden	17.	240.856,24	936.922,24
Sonstige kurzfristige Verbindlichkeiten	18.	2.365.409,75	2.053.675,49
		3.432.194,64	3.781.779,59
Langfristige Schulden			
Rückstellungen für Pensionen	19.	420.814,99	400.163,00
Latente Steuern	33.	462.141,00	584.002,00
		882.955,99	984.165,00
Eigenkapital			
Gezeichnetes Kapital	20./21.	1.132.750,00	1.132.750,00
Kapitalrücklage	23.	2.294.897,70	2.260.383,40
Gewinnrücklagen	23.	7.918.812,40	6.655.762,39
Sonstige Rücklagen		30.837,59	5.100,66
Aktionären zustehendes Kapital		11.377.297,69	10.053.996,45
Anteile nicht kontrollierender Gesellschafter		29.895,96	-1.625,59
		11.407.193,65	10.052.370,86
		15.722.344,28	14.818.315,45

Der nachfolgende Anhang ist ein integraler Bestandteil des Konzernabschlusses.

(Quelle: SNP-Geschäftsbericht 2010; S. 70)

Abb. 37
Konzern GuV-Rechnung (Beispiel)

SNP Schneider-Neureither & Partner AG, Heidelberg
Konzern-Gewinn- und Verlustrechnung
für die Zeit vom 1. Januar bis 31. Dezember 2010

	Anhang	2010 €	2009 €
Umsatzerlöse	27.	22.077.130,91	20.165.674,11
Sonstige betriebliche Erträge	29.	118.853,36	156.079,83
Materialaufwand	28.	-1.022.613,66	-858.365,74
Personalaufwand	30.	-11.322.208,82	-10.314.190,98
Sonstige betriebliche Aufwendungen	31.	-4.547.208,80	-3.867.647,97
Sonstige Steuern		-20.307,52	-18.204,00
EBITDA		**5.283.645,47**	**5.263.345,25**
Abschreibungen und Wertminderungen auf immaterielle Vermögenswerte und Sachanlagen		-661.573,55	-536.918,00
EBIT		**4.622.071,92**	**4.726.427,25**
Sonstige finanzielle Erträge	27.	31.594,12	53.786,75
Sonstige finanzielle Aufwendungen		-18.042,00	-30.030,16
Finanzerfolg	32.	13.552,12	23.756,59
EBT		**4.635.624,04**	**4.750.183,84**
Steuern vom Einkommen und Ertrag	33.	-1.416.467,18	-1.408.268,80
Konzernjahresüberschuss		3.219.156,86	3.341.915,04
Davon: Ergebnisanteil nicht kontrollierender Gesellschafter		31.521,55	-75.426,54
Ergebnisanteil der Aktionäre der SNP Schneider-Neureither & Partner AG		3.187.635,31	3.417.341,58
Ergebnis je Aktie	8.	€	€
- Unverwässert		2,81	3,03
- Verwässert		2,81	3,03

(Quelle: SNP-Geschäftsbericht 2010; S. 71)

6. Konzernanhang

Der Konzernanhang ist Bestandteil des Konzernabschlusses, er unterliegt der Prüfungspflicht (§ 316 Abs. 2 HGB) und ist offenzulegen (§ 325 Abs. 3 HGB). Diese Vorschriften gelten auch sinngemäß für Unternehmen, die unter das Publizitätsgesetz fallen (§§ 14, 15 PublG).

In den nachfolgenden Übersichten werden – wie schon beim Einzelabschluss – die wesentlichen Pflichtangaben im Konzernanhang dargestellt. In der Praxis werden Konzernanhang und Anhang des Einzelabschlusses der Konzernmutter gemeinsam dargestellt. Allerdings ist immer darauf zu verweisen, auf welchen Abschluss sich die jeweiligen Angaben beziehen.

Abb. 38
Pflichtangaben im Konzernanhang

Aufzunehmender Sachverhalt	Rechts- grundlage	Bemerkung
I. Angabepflicht bei Inanspruchnahme der Befreiungswirkung		
(1) Angabe des TU, dass von der Anwendung der §§ 264ff. HGB befreit ist	§ 264 Abs. 3 Nr. 4 HGB	
(2) Angabepflichten des zu befreienden Unternehmens bei Inanspruchnahme der befreienden Wirkung von EU/EWR-Konzernabschlüssen • Name und Sitz des Mutterunternehmens • Hinweis auf die Befreiungsmöglichkeit • Erläuterung der im befreienden Konzernabschluss vom deutschen Recht abweichenden, angewandten Bilanzierungs-, Bewertungs-, und Konsolidierungsmethoden	§ 291 Abs. 2 Nr. 3a, b, c HGB	
II. Angabepflicht zum Konsolidierungskreis		
(1) Angabepflichten bezüglich aller in den Konzernabschluss einbezogenen Unternehmen • Name und Sitz • Anteil am Kapital, der dem MU und einbezogenen TU gehört oder für deren Rechnungen gehalten wird • Zur Einbeziehung verpflichtender Sachverhalt, sofern dieser nicht aufgrund einer der Kapitalbeteiligung entsprechenden Stimmrechtsmehrheit erfolgt	§ 313 Abs. 2 Nr. 1 HGB	Diese Angabepflicht gilt auch für solche TU, die nach den § 296 AktG nicht einbezogen wurden (§ 313 Abs.2 Nr. 1 Satz 2 HGB)
(2) Begründung, wenn ein TU nach § 296 Abs. 1 und 2 HGB nicht einbezogen wurde	§ 296 Abs. 3 HGB	Zu begründen ist, inwieweit die Kriterien der Abs. 1 und 2 von § 296 HGB erfüllt sind
(3) Angaben, die einen sinnvollen Vergleich mit vorhergehenden Konzernabschlüssen ermöglichen, wenn sich der Konsolidierungskreis wesentlich geändert hat:	§ 294 Abs. 2 HGB	
(4) Angabepflichten zu assoziierenden • Name und Sitz • Anteil am Kapital des assoziierten Unternehmens, der dem MU und den einbezogenen TU gehört oder für deren Rechnung gehalten wird	§ 313 Abs. 2 Nr. 2 HGB	

Aufzunehmender Sachverhalt	Rechts-grundlage	Bemerkung
(5) Angabepflichten zu quotenkonsolidierten Unternehmen • Name und Sitz • Tatbestand, der die Quotenkonsolidierung ermöglicht Anteil des Kapitals dieses Unternehmens, der dem MU und einbezogenen TU gehört oder für deren Rechnung getragen wird	§ 313 Abs. 2 Nr. 3 HGB	
(6) Angabepflichten zu Unternehmen, an denen das MU, ein TU oder für deren Rechnung ein Dritter mindestens 20 % der Anteile hält • Name und Sitz • Anteil am Kapital • Höhe des Eigenkapitals • Letztes Abschlussergebnis • Beteiligungen an großen Kapitalgesellschaften unter den Voraussetzungen des § 313 Abs. 2 Nr. 4 Satz 2 HGB	§ 313 Abs. 2 Nr. 4 HGB	Keine Angabepflicht bei untergeordneter Bedeutung des Beteiligungsunternehmens. Verpflichtung erstreckt sich auf die Unternehmen nach § 313 Abs. 2 Nr. 1–3 HGB Keine Angabepflicht des Eigenkapitals und des Ergebnisses, wenn Beteiligungsunternehmen nicht offenlegungspflichtig ist und MU, TU oder Dritter unter 50 % der Anteile halten
III. Erläuterungs- und Angabepflichten zu Bilanzierung, Bewertung und Gliederung		
(1) Angabe eines aktivierten Disagios	§ 298 Abs. 1 i. V. m. § 268 Abs. 6 HGB	Kann auch in Konzernbilanz erfolgen
(2) Angabe des Buchwerts und des niedrigeren beizulegenden Zahlwerts der zu den Finanzanlagen gehörenden Finanzinstrumente, sowie Begründung für Unterbleiben einer Abschreibung gem. § 253 Abs. 3 Satz 4 HGB	§ 314 Abs. 1 Nr. 10 HGB	
(3) Angabe über Art, Umfang, beizulegenden Zeitwert, angewandte Bewertungsmethode, Buchwert mit zugehörigem Bilanzposten und Gründe für die Nicht-Bestimmbarkeit des beizulegenden Zeitwerts für jede Kategorie nicht zum beizulegenden Zeitwert bilanzierter derivativer Finanzinstrumente	§ 314 Abs. 1 Nr. 11 HGB	

Aufzunehmender Sachverhalt	Rechtsgrundlage	Bemerkung
(4) Angabe über grundlegende Annahmen der zur Bestimmung des beizulegenden Zeitwerts angewandten Bewertungsmethoden und über den Umfang und Art jeder Kategorie derivativer Finanzinstrumente einschließlich der damit verbundenen Risiken für gem. § 340e Abs. 3 HGB zum beizulegenden Zeitwert bewertete Finanzinstrumente	§ 314 Abs. 1 Nr. 12 HGB	
IV. Angabe zur GuV		
(1) Angabe der außerplanmäßigen Abschreibungen gem. § 253 Abs. 3 Satz 3, 4 HGB im Anlagevermögen	§ 298 Abs. 1 i.V.m. § 277 Abs. 3 Satz 1 HGB	Kann auch als gesonderter Ausweis in GuV erfolgen
(2) Erläuterung »außerordentlicher Erträge« und »außerordentlicher Aufwendungen« nach Betrag und Art	§ 298 Abs. 1 i.V.m. § 277 Abs. 4 Satz 2 HGB	Nicht erforderlich, wenn für die Beurteilung der Ertragslage von untergeordneter Bedeutung
(3) Erläuterung von periodenfremden Aufwendungen und Erträgen nach Art und Betrag	§ 298 Abs. 1 i.V.m. § 277 Abs. 4 Satz 3 HGB	Nicht erforderlich, wenn für die Beurteilung der Ertragslage von untergeordneter Bedeutung
(4) Angabe zur Aufgliederung der Umsatzerlöse	§ 314 Abs. 1 Nr. 3 HGB	
(5) Angabe des vom Abschlussprüfer für das Geschäftsjahr berechneten Gesamthonorars für Abschlussprüfungs-, für andere Bestätigungs- und für Steuerberatungsleistungen und sonstige Leistungen	§ 314 Abs. 1 Nr. 9 HGB	
V. Erläuterungs- und Angabepflichten zur Konsolidierung		
(1) Stetigkeit • Angabe und Begründung, wenn von Konsolidierungsmethoden, die auf den vorhergehenden Konzernabschluss angewandt wurden, abgewichen wird • Angabe des Einflusses der Abweichung auf die Vermögens-, Finanz- und Ertragslage	§ 297 Abs. 3 Satz 4 HGB § 297 Abs. 3 Satz 5 HGB	

Aufzunehmender Sachverhalt	Rechtsgrundlage	Bemerkung
(2) Abschlussstichtag Bei Einbezug eines Unternehmens auf Basis eines vom Konzernabschlussstichtag abweichenden Abschlussstichtags Angabe der dazwischenliegenden Vorgänge, soweit sie für die Vermögens-, Finanz- u. Ertragslage des Unternehmens von besonderer Bedeutung sind	§ 299 Abs. 3 HGB	Alternative Berücksichtigung in Konzernbilanz und Konzern-GuV
(3) Währungsumrechnung Angabe der Grundlagen der Währungsumrechnung, soweit Abschlussposten aus einer Fremdwährung in Euro umgerechnet werden müssen	§ 313 Abs. 1 Satz 2 Nr. 2 HGB	
(4) Kapitalkonsolidierung • Erwerbsmethode: Erläuterung eines ausgewiesenen Goodwill und Badwill sowie deren wesentliche Veränderungen gegenüber dem Vorjahr	§ 301 Abs. 3 Satz 2 HGB	
• Quotenkonsolidierung: Angabepflicht der §§ 297–301 HGB, §§ 308, 309 HGB sind entsprechend zu beachten	§ 310 Abs. 2 HGB	
• Equity-Konsolidierung: Angabe, wenn das assoziierte Unternehmen nicht an die konzerneinheitliche Bewertung angepasst wird	§ 312 Abs. 5 Satz 2 HGB	
Jeweils Angabe und Begründung, wenn aufgrund untergeordneter Bedeutung des assoziierten Unternehmens weder ein gesonderter Bilanzausweis noch eine Equity-Bewertung stattfindet	§ 313 Abs. 2 Nr. 2 Satz 2 HGB	
(5) Zwischenerfolgseliminierung Angabe, wenn die Zwischenerfolgseliminierung wegen des Kriteriums der untergeordneten Bedeutung unterlassen wurde; Erläuterung des hieraus resultierenden Einflusses auf die VFE-Lage des Konzerns, soweit er wesentlich ist	§ 312 Abs. 5 Satz 3 i. V. m. § 304 Abs. 2 Satz 2 HGB	
VIII. Sonstige Angaben		
(1) Angabe des Gesamtbetrags in der Konzernbilanz ausgewiesener Verbindlichkeiten mit einer Restlaufzeit von mehr als fünf Jahren, soweit durch ein einbezogenes Unternehmen in bestimmter Form besichert	§ 314 Abs. 1 Nr. 1 HGB	

Aufzunehmender Sachverhalt	Rechts-grundlage	Bemerkung
(2) Angabe von Art und Zweck sowie Risiken und Vorteile von nicht in der Konzernbilanz enthaltenen Geschäften des MU und der in den Konzernabschluss einbezogenen Tochterunternehmen, soweit dies für die Beurteilung der Finanzlage des Konzerns notwendig ist	§ 314 Abs. 1 Nr. 2 HGB	
(3) Angabe des Gesamtbetrags der sonstigen finanziellen Verpflichtungen, die nicht in der Konzernbilanz enthalten und auch nicht nach § 251 HGB oder § 314 Nr. 2 HGB (s. o.) anzugeben sind, sofern diese Angaben für die Beurteilung der Finanzlage des Konzerns von Bedeutung sind	§ 314 Abs. 1 Nr. 2a HGB	Verpflichtungen gegenüber TU, die nicht in den Konzernabschluss einbezogen werden, sind gesondert anzugeben
(4) Gesonderte Angabe der Haftungsverhältnisse gem. § 251 HGB unter Angabe gewährter Pfandrechte und sonstiger Sicherheiten gesonderte Angaben, soweit diese Haftung gegenüber verbundenen Unternehmen besteht	§ 298 Abs. 1 i. V. m. § 268 Abs. 7 HGB	Alternativ gesonderter Ausweis in der Konzernbilanz
(5) Angabe der Gründe der Einschätzung des Risikos der Inspruchnahme für nach § 251 HGB unter der Bilanz oder nach § 268 Abs. 7 Halbsatz 1 HGB im Anhang ausgewiesenen Verbindlichkeiten und Haftungsverhältnisse	§ 314 Abs. 1 Nr. 19 HGB	
(6) Angabe zu Personalbestand und Personalaufwendungen	§ 314 Abs. 1 Nr. 4 HGB	
(7) Angaben zur Vergütung für die Mitglieder des Geschäftsführungsorgans eines Aufsichtsrats oder einer ähnlichen Einrichtung	§ 314 Abs. 1 Nr. 6a, b HGB	
(8) Angaben zu Vorschüssen und Krediten an Mitglieder des Geschäftsführungsorgans eines Aufsichtsrats oder einer ähnlichen Einrichtung	§ 314 Abs. 1 Nr. 6c HGB	
(9) Angaben zum Bestand an Anteilen an dem MU	§ 314 Abs. 1 Nr. 7 HGB	
(10) Angabe über die Erklärung zum Corporate Governance Kodex nach § 161 AktG und über deren Zugänglichkeit für alle in den Konzernabschluss einbezogenen börsenorientierten Unternehmen	§ 314 Abs. 1 Nr. 8 HGB	

118 Besonderheiten im Konzernabschluss

Aufzunehmender Sachverhalt	Rechtsgrundlage	Bemerkung
(11) Angabe über wesentliche, nicht zu marktüblichen Bedingungen zustande gekommenen Geschäfte mit nahe stehenden Unternehmen und Personen, einschließlich Angaben zur Art der Beziehung, zum Wert der Geschäfte sowie weiterer zur Beurteilung zum Wert der Geschäfte sowie weiterer zur Beurteilung der Finanzlage notwendiger Angaben	§ 314 Abs. 1 Nr. 13 HGB	
(12) Angabe des Gesamtbetrags der Forschungs- und Entwicklungskosten des Geschäftsjahres sowie des davon auf die selbst geschaffenen immateriellen Vermögensgegenstände des Anlagevermögens entfallenden Betrags im Falle der Aktivierung nach § 248 Abs. 2 HGB	§ 314 Abs. 1 Nr. 14 HGB	
(13) Angabe über die Arten der ggf. nach § 254 gebildeten Bewertungseinheiten, die dadurch abgesicherten Risiken und die Gründe für den Ausschuss des Eintretens der abgesicherten Risiken	§ 314 Abs. 1 Nr. 15 HGB	
(14) Erklärung bei Anwendung des § 254 HGB im Konzernabschluss • mit welchem Betrag jeweils Vermögensgegenstände, Schulden, schwebende Geschäfte und mit hoher Wahrscheinlichkeit erwartete Transaktionen zur Absicherung welcher Risiken in welche Arten von Bewertungseinheiten einbezogen sind sowie die Höhe der mit Bewertungseinheiten abgesicherten Risiken, • für die jeweils abgesicherten Risiken, warum, in welchem Umfang und für welchen Zeitraum sich die gegenläufigen Wertänderungen oder Zahlungsströme künftig voraussichtlich ausgleichen, einschließlich der Methode der Ermittlung, • der mit hoher Wahrscheinlichkeit erwarteten Transaktionen, die in Bewertungseinheiten einbezogen werden	§ 314 Abs. 1 Nr. 15 HGB	

Aufzunehmender Sachverhalt	Rechtsgrundlage	Bemerkung
IX. Ausnahmeregelungen		
(1) Die gem. § 313 Abs. 2 HGB verlangten Angaben müssen nicht gemacht werden, soweit daraus einem der bezeichneten Unternehmen Nachteile entstehen können, die Anwendung dieser Ausnahmeregelung ist im Anhang anzugeben, aber nicht anwendbar, wenn ein MU oder eines seiner TU kapitalmarktorientiert i.S.d. § 264d HGB ist	§ 313 Abs. 3 HGB	
(2) Eine Aufgliederung der Umsatzerlöse ist nicht nötig für Mutterunternehmen, deren Konzernabschlüsse eine Segmentberichterstattung gem. § 297 Abs. 1 HGB enthält	§ 314 Abs. 2 Satz 1 HGB	
(3) Die Angaben gem. § 314 Abs. 1 Nr. 6a Satz 5–9 HGB können unter Beachtung der Schutzklausel des § 286 Abs. 5 HGB unterbleiben.		
Ist das MU eine börsenorientierte Aktiengesellschaft, dann ist eine Auslagerung der Angaben gem. § 314 Abs. 1 Nr. 6a Satz 5–9 HGB in den Lagebericht möglich	§ 314 Abs. 2 Satz 2; § 315 Abs. 2 Nr. 4 HGB	

(Quelle: Coenenberg/Haller/Schultze, a.a.O, S. 882 ff.)

Abb. 39
Auszüge aus Konzernanhang (Beispiel)

3. Konsolidierungskreis

Der Konsolidierungskreis umfasst neben der SNP Schneider-Neureither & Partner AG, Dossenheimer Landstraße 100, 69121 Heidelberg, Deutschland, als Obergesellschaft die folgenden Tochtergesellschaften, bei denen der SNP Schneider-Neureither & Partner AG unmittelbar die Mehrheit der Stimmrechte zusteht.

Tochtergesellschaft	Anteilsbesitz in %
SNP (Schweiz) AG, Dübendorf/Schweiz	100,00
SNP AUSTRIA GmbH, Linz/Österreich	85,00
SNP Thebis GmbH, Thale/Deutschland	100,00

Im Geschäftsjahr 2010 wurde die SNP Technologiegesellschaft mbH, Wien/Österreich entkonsolidiert infolge ihrer Liquidation. Die Löschung wurde am 3. Juli 2010 beim zuständigen Handelsgericht eingetragen.

4. Konsolidierungsgrundsätze

Der Konzernabschluss basiert auf den nach konzerneinheitlichen Rechnungslegungsmethoden erstellten Jahresabschlüssen der SNP Schneider-Neureither & Partner AG und der einbezogenen Tochterunternehmen. Tochtergesellschaften werden ab dem Erwerbszeitpunkt, d. h. ab dem Zeitpunkt, an dem der Konzern die Beherrschung erlangt, voll konsolidiert. Die Einbeziehung in den Konzernabschluss endet, sobald die Beherrschung durch das Mutterunternehmen nicht mehr besteht.

Die Kapitalkonsolidierung erfolgt nach der Erwerbsmethode. Zum Zeitpunkt des Erwerbs erfolgt eine Verrechnung der übertragenen Gegenleistung einschließlich der nicht beherrschenden Anteile an dem erworbenen Unternehmen mit dem Saldo aus erworbenen identifizierbaren Vermögenswerten und übernommenen Schulden. Ein verbleibender positiver Unterschiedsbetrag wird als Geschäfts- oder Firmenwert angesetzt. Ein nach nochmaliger Überprüfung verbleibender negativer Unterschiedsbetrag wird als Gewinn erfasst.

Das Geschäftsjahr der SNP Schneider-Neureither & Partner AG und ihrer Tochtergesellschaften endet jeweils am 31. Dezember.

Alle konzerninternen Salden, Transaktionen, Erträge, Aufwendungen, Gewinne und Verluste aus konzerninternen Transaktionen, die im Buchwert von Vermögenswerten enthalten sind, werden in voller Höhe eliminiert.

Anteile nicht kontrollierender Gesellschafter sind die Teile des Periodenergebnisses und des Reinvermögens, die auf Anteile entfallen, die weder unmittelbar noch mittelbar der SNP AG zugeordnet werden. Anteile nicht kontrollierender Gesellschafter werden in der Konzernbilanz innerhalb des Eigenkapitals getrennt vom Eigenkapital der Eigentümer der SNP AG ausgewiesen. Änderungen der Beteiligungsquote des Mutterunternehmens an einem Tochterunternehmen, die nicht zu einem Verlust der Beherrschung führen, werden als Eigenkapitaltransaktionen bilanziert.

[...]

Konzernanhang 121

14. Immaterielle Vermögenswerte

Die Entwicklung der einzelnen Posten der immateriellen Vermögenswerte ist im Anlagespiegel für das Geschäftsjahr 2010 und das Vorjahr dargestellt (siehe Anlage 1 und 2 zu den Notes). Eigentums- und Verfügungsbeschränkungen liegen nicht vor.

15. Sachanlagen

Die Entwicklung der einzelnen Posten der Sachanlagen für das Geschäftsjahr 2010 und das Vorjahr ist im Anlagenspiegel dargestellt als Anlage 1 und 2 zu den Notes beigefügt. Eigentums- und Verfügungsbeschränkungen liegen nicht vor.

16. Rückstellungen

	Stand 01.01.2010 T€	Verbrauch T€	Zuführung T€	Stand 31.12.2010 T€
Gewährleistungsrisiken	50	0	0	50
Archivierungskosten	26	0	0	26
Prozesskosten	23	8	31	46
Gesamt	99	8	31	122

17. Steuererstattungsansprüche und Steuerschulden

Die Steuererstattungsansprüche und Steuerschulden betreffen Forderungen und Verbindlichkeiten aus laufenden Ertragsteuern.

18. Sonstige kurzfristige Verbindlichkeiten

Die sonstigen kurzfristigen Verbindlichkeiten enthalten im Wesentlichen abgegrenzte Schulden aus Personalverpflichtungen für Urlaub, Bonus und sonstigen Personalverpflichtungen in Höhe von T€ 1.398 (i. Vj. T€ 1.488), Verpflichtungen aus Lohnsteuer und sonstigen Steuern T€ 636 (i. Vj. T€ 221), Jahresabschlusskosten T€ 50 (i. Vj. T€ 55), Berufsgenossenschaft T€ 32 (i. Vj. T€ 33), sowie Verbindlichkeiten aus Sozialversicherung T€ 38 (i. Vj. T€ 86) und sonstige Verpflichtungen, insbesondere ausstehende Rechnungen von insgesamt 126 (i. Vj. T€ 170) T€.

[...]

20. Gezeichnetes Kapital

Das Grundkapital der Gesellschaft beträgt zum 31.12.2010 € 1.132.750 (i. Vj. € 1.132.750,00) und besteht aus 1.132.750 (i. Vj. 1.132.750) auf den Inhaber lautenden Stammaktien in Form nennwertloser Stückaktien der SNP Schneider-Neureither & Partner AG mit einem rechnerischen Nennbetrag von jeweils € 1,00.

21. Genehmigtes Kapital

In der Hauptversammlung vom 12. Mai 2009 wurde der Vorstand ermächtigt, mit Zustimmung des Aufsichtsrates das Grundkapital der Gesellschaft bis zum 30. April 2014 um bis zu € 562.500,00 gegen Sach- oder Bareinlagen durch die Ausgabe neuer, auf den Inhaber lautender Stückaktien mit einem anteiligen Betrag am Grundkapital von je € 1,00 zu erhöhen (genehmigtes Kapital).

[...]

Besonderheiten im Konzernabschluss

25. Finanzinstrumente

Zielsetzungen und Methoden des Finanzrisikomanagements

Der Konzern finanziert sich im Wesentlichen aus dem operativen Cash-Flow. Darüber hinaus bestehen finanzielle Verbindlichkeiten, die zur Finanzierung der operativen Geschäftstätigkeit beitragen, in Form von Verbindlichkeiten aus Lieferungen und Leistungen sowie Verpflichtungen gegenüber Mitarbeitern. Dem stehen verschiedene finanzielle Vermögenswerte wie zum Beispiel Forderungen aus Lieferungen und Leistungen sowie Zahlungsmittel und Zahlungsmitteläquivalente, die unmittelbar aus der Geschäftstätigkeit resultieren, gegenüber.

Das Management überwacht und steuert fortlaufend die Finanzierung und die Kapitalstruktur im Konzern. Hierzu dienen u. a. auch die Kenngrößen „Verschuldungsgrad" und „Eigenkapitalquote". Zur Aufrechterhaltung oder Anpassung der Kapitalstruktur kann der Konzern Anpassungen der Dividendenzahlungen an die Anteilseigner vornehmen. Zum 31. Dezember 2010 und 31. Dezember 2009 wurden keine Änderungen der Ziele, Richtlinien oder Verfahren zur Überwachung der Finanzierung und zur Steuerung der Kapitalstruktur vorgenommen.

Entsprechend den konzerninternen Richtlinien wurde in den Geschäftsjahren 2010 und 2009 und wird auch künftig kein Handel mit Derivaten betrieben.

Die sich aus Finanzinstrumenten ergebenden möglichen Risiken umfassen zinsbedingte Cashflow-Risiken sowie Liquiditäts-, Währungs- und Kreditrisiken. Der Konzern überwacht laufend diese Risiken und setzt Einzelrisiken ins Verhältnis zum gesamten Risikoexposure, um Risikokonzentrationen festzustellen. Die Unternehmensleitung beschließt bei Bedarf Strategien und Verfahren zur Steuerung einzelner Risikoarten, die im Folgenden dargestellt werden.

Kreditrisiko

Der Konzern schließt Geschäfte mit kreditwürdigen Dritten ab. Alle Kunden, die mit dem Konzern Geschäfte auf Kreditbasis abschließen möchten, werden einer Bonitätsprüfung unterzogen. Zudem werden die Forderungsbestände laufend überwacht, sodass der Konzern keinem wesentlichen Ausfallrisiko ausgesetzt ist. Es wird keine Kreditierung ohne vorherige Prüfung und Genehmigung nach der aktuellen, durch den Vorstand festgelegten Befugnisregelung vorgenommen. Im Konzern bestehen keine wesentlichen Kreditrisikokonzentrationen.

Bei Forderungen und sonstigen finanziellen Vermögenswerten des Konzerns entspricht das maximale Kreditrisiko bei Ausfall des Kontrahenten dem Buchwert dieser Instrumente.

[…]

Liquiditätsrisiko

Der Konzern überwacht das Risiko eines etwaigen Liquiditätsengpasses im Rahmen der laufenden Cash-Flow-Planung und -Überwachung. Zum 31. Dezember 2010 weisen die Cashflows aus den finanziellen Verbindlichkeiten des Konzerns nachfolgend dargestellte Fälligkeiten auf:

Geschäftsjahr zum 31. Dezember 2010	Bis 1 Jahr T€	1 bis 2 Jahre T€	3 bis 5 Jahre T€	über 5 Jahre T€	Summe T€
Finanzverbindlichkeiten	0	0	0	0	0
Verbindlichkeiten aus Lieferungen und Leistungen	704	0	0	0	704
Sonstige Verbindlichkeiten (vertragliche Verpflichtungen)	2.365	0	0	0	2.365
Gesamt	3.069	0	0	0	3.069

Geschäftsjahr zum 31. Dezember 2009	Bis 1 Jahr T€	1 bis 2 Jahre T€	3 bis 5 Jahre T€	über 5 Jahre T€	Summe T€
Finanzverbindlichkeiten	0	0	0	0	0
Verbindlichkeiten aus Lieferungen und Leistungen	605	0	0	0	605
Sonstige Verbindlichkeiten (vertragliche Verpflichtungen)	2.054	0	0	0	2.054
Gesamt	2.659	0	0	0	2.659

Jederzeit rückzahlbare finanzielle Verbindlichkeiten sind dem frühesten Zeitraster zugeordnet.

Erläuterungen zur Gewinn- und Verlustrechnung

27. Festpreisprojekte – POC Projekte

Umsatzerlöse, die sich auf zum 31. Dezember 2010 noch nicht abgeschlossene Festpreisprojekte beziehen, betragen T€ 1.385 (i. Vj. T€ 1.631) und entsprechen den angefallenen Kosten zuzüglich des anteilig realisierbaren Gewinns.

28. Materialaufwand

Es handelt sich nahezu ausschließlich um Kosten für den Einkauf externer Berater zur Durchführung von Projekten (Aufwendungen für bezogene Leistungen).

29. Sonstige betriebliche Erträge

Die sonstigen betrieblichen Erträge betreffen im Wesentlichen Erträge aus der Auflösung von Rückstellungen und Ausbuchung von Verbindlichkeiten von T€ 13 (i. Vj. T€ 34), Erträge aus Versicherungsentschädigungen von T€ 39 (i. Vj. T€ 28), Provisionserlösen T€ 30 (i. Vj. T€ 10) Kursdifferenzen von T€ 16 (i. Vj. T€ 16) sowie Kostenerstattungen T€ 19 (i. Vj. T€ 33).

30. Personalaufwand

Im Personalaufwand sind Aufwendungen für beitragsorientierte Altersversorgungssysteme in Höhe von T€ 1.677 (i. Vj. T€ 1.451) erfasst.

Die durchschnittliche Anzahl der Arbeitnehmer hat sich im Konzern wie folgt entwickelt:

	2010	2009
Vollzeit	159	141

[...]

124 Besonderheiten im Konzernabschluss

Steuerüberleitungsrechnung

Die Steuern vom Einkommen und vom Ertrag lassen sich aus dem Ergebnis vor Steuern wie folgt entwickeln:

	2010 T€	2009 T€
Ergebnis vor Steuern, nach sonstigen Steuern	4.636	4.750
Theoretischer Steuersatz*	30,0 %	30,0 %
Theoretischer Steueraufwand	1.391	1.425
Veränderungen des theoretischen Steueraufwands aufgrund		
- Steuersatzunterschieden Inland zu Ausland	-3	11
- periodenfremden Steuern	8	-127
- nicht abzugsfähigen Betriebsausgaben	23	65
- sonstige Effekten	-3	34
Tatsächliche Steuer vom Einkommen und Ertrag	1.416	1.408

* Berechnet auf Basis der inländischen Ertragssteuersätze

Aktive und passive latente Steuern aus temporären Differenzen zwischen den Buchwerten und den steuerlichen Wertansätzen von Vermögenswerten und Verbindlichkeiten sind in der unten stehenden Tabelle dargestellt:

	31.12.2010 T€	31.12.2009 T€
Passive latente Steuern		
Immaterielle Vermögenswerte	0	-33
Forderungen (POC)	-462	-551
Passive latente Steuern gesamt	**-462**	**-584**
Aktive latente Steuern		
Verlustvortrag	49	63
Pensionsverpflichtungen	102	94
Aktive latente Steuern, gesamt	**151**	**157**
Bilanzausweis nach Saldierung		
Passive latente Steuern	-462	-584
Aktive latente Steuern	151	157

Zum 31. Dezember 2010 bestehen im Ausland steuerliche Verlustvorträge in Höhe von T€ 0 (i. Vj. T€ 18), für die keine latenten Steueransprüche angesetzt wurden. Die Verlustvorträge im Ausland sind nach heutiger Rechtslage unbegrenzt vortragsfähig.

(Quelle: SNP-Geschäftsbericht 2010, S. 76ff.)

Abb. 40
Konzernkapitalflussrechnung (Beispiel)

SNP Schneider-Neureither & Partner AG, Heidelberg

Konzern-Kapitalflussrechnung
für die Zeit vom 1. Januar bis 31. Dezember 2010

	2010 €	2009 €
Konzernjahresüberschuss	3.219.156,86	3.341.915,04
Abschreibungen	661.573,55	536.918,00
Veränderung Rückstellungen für Pensionen	20.651,99	-19.094,00
Übrige zahlungsunwirksame Aufwendungen	-79.007,59	426.132,29
Veränderungen Forderungen aus Lieferungen und Leistungen, Forderungen Verbundbereich, sonstige kurzfristige Vermögenswerte, sonstige langfristige Vermögenswerte	-1.605.674,72	1.249.821,80
Veränderungen der Verbindlichkeiten aus Lieferungen und Leistungen, Verbindlichkeiten Verbundbereich, sonstige Rückstellungen, Steuerschulden, sonstige kurzfristige Verbindlichkeiten	-349.584,95	-769.884,99
Cash-flow aus betrieblicher Tätigkeit (1)	1.867.115,14	4.765.808,14
Auszahlungen für Investitionen in das Sachanlagevermögen	-908.738,32	-285.172,50
Auszahlungen für Investitionen in das immaterielle Anlagevermögen	-57.072,51	-7.584,73
Einzahlungen aus Abgängen von Gegenständen des Sachanlagevermögens	13.760,26	34.994,91
Einzahlungen aus Abgängen Finanzanlagevermögen	0,00	31.635,20
Cash-flow aus der Investitionstätigkeit (2)	-952.050,57	-226.127,12
Gewinnausschüttungen	-1.925.675,00	-1.293.012,85
Kapitalerhöhung aus Aktienoptionen	0,00	11.315,00
Einzahlungen aus dem Verkauf eigener Anteile	35.604,00	0,00
Auszahlung aus der Tilgung von Verbindlichkeiten aus dem Erwerb von Anteilen nicht kontrollierender Gesellschafter	0,00	-486.154,00
Cash-flow aus der Finanzierungstätigkeit (3)	-1.890.071,00	-1.767.851,85
Zahlungswirksame Veränderung des Finanzmittelbestandes (1) + (2) + (3)	-975.006,43	2.771.829,17
Finanzmittelbestand am Anfang des Geschäftsjahres	6.096.419,13	3.324.589,96
Finanzmittelbestand am Ende des Geschäftsjahres	5.121.412,70	6.096.419,13

Zusammensetzung des Finanzmittelbestandes:	2010 €	2009 €
Liquide Mittel	5.121.412,70	6.096.419,13
Finanzmittelbestand am Ende des Geschäftsjahres	5.121.412,70	6.096.419,13

Der nachfolgende Anhang ist ein integraler Bestandteil des Konzernabschlusses.
(Quelle: SNP-Geschäftsbericht 2010, S. 72)

Abb. 41
Konzern-Eigenkapitalspiegel (Beispiel)

SNP Schneider-Neureither & Partner AG, Heidelberg
Konzern-Eigenkapitalveränderungsrechnung
zum Geschäftsjahresende 31. Dezember 2010

	Gezeichnetes Kapital €	Kapital-rücklage €	Gewinn-rücklagen €	Sonstige Rücklagen Währungs-umrechnung €	Sonstige Rücklagen Marktbewertung Finanz-instrumente €	Aktionären der SNP AG zustehendes Kapital €	Anteile nicht kontrollierender Gesellschafter €	Gesamtes Eigenkapital €
Stand 31.12.2007	1.125.000,00	2.256.818,40	2.865.868,70	-3.385,06	4.608,21	6.248.910,25	232.214,16	6.481.124,41
Gewinnausschüttungen			-1.125.000,00			-1.125.000,00	-96.820,00	-1.221.820,00
Änderung Konsolidierungskreis							0,00	0,00
Gesamtergebnis			2.978.398,25	20.896,73	-21.837,27	2.977.457,71	40.573,50	3.018.031,21
Stand 31.12.2008	1.125.000,00	2.256.818,40	4.719.266,95	17.511,67	-17.229,06	8.101.367,96	175.967,66	8.277.335,62
Optionsausübung	7.750,00	3.565,00				11.315,00		11.315,00
Gewinnausschüttungen			-1.293.012,85			-1.293.012,85		-1.293.012,85
Erwerb von Anteilen nicht kontrollierender Gesellschafter			-187.833,29			-187.833,29	-102.166,71	-290.000,00
Gesamtergebnis			3.417.341,58	-12.411,01	17.229,06	3.422.159,63	-75.426,54	3.346.733,09
Stand 31.12.2009	1.132.750,00	2.260.383,40	6.655.762,39	5.100,66	0,00	10.053.996,45	-1.625,59	10.052.370,86
Verkauf eigener Anteile		34.514,30	1.089,70			35.604,00		35.604,00
Gewinnausschüttungen			-1.925.675,00			-1.925.675,00		-1.925.675,00
Gesamtergebnis			3.187.635,31	25.736,93	0,00	3.213.372,24	31.521,55	3.244.893,79
Stand 31.12.2010	1.132.750,00	2.294.897,70	7.918.812,40	30.837,59	0,00	11.377.297,69	29.895,96	11.407.193,65

Der nachfolgende Anhang ist ein integraler Bestandteil des Konzernabschlusses.
(Quelle: SNP-Geschäftsbericht 2010, S. 73)

Abb. 42
Konzern-Segmentberichterstattung (Beispiel)

9. Segmentberichterstattung

Die Segmentberichterstattung wurde nach IFRS 8 aufgestellt. Basierend auf der internen Berichts- und Organisationsstruktur des Konzerns werden einzelne Konzernabschlussdaten untergliedert nach Geschäftsbereichen dargestellt.

	Software-related Services T€	Software T€	Gesamt T€
Segmentergebnis 2010	515	4.009	4.524
Marge	3,2%	67,7%	20,5%
2009	2.192	2.397	4.589
Marge	13,7%	56,9%	22,8%
Darin enthaltene Segmentumsätze 2010	16.151	5.926	22.077
2009	15.952	4.214	20.166
Abschreibungen im Segmentergebnis enthalten 2010	613	48	661
2009	481	56	537
Segmentvermögen 2010	13.440	2.128	15.568
2009	13.056	1.325	14.381
Segmentinvestitionen 2010	923	39	962
2009	258	35	293

(Quelle: SNP-Geschäftsbericht 2010, S. 91)

IV. Der Lagebericht und der Prüfbericht

1. Der Lagebericht zum Einzel- und Konzernabschluss

Die Pflicht zur Aufstellung eines *Lageberichts* ergibt sich für »mittelgroße« und »große« Kapitalgesellschaften aus dem § 264 Abs. 1 HGB. (Dies gilt nach § 264 a HGB entsprechend auch für Kapitalgesellschaften & Co ohne persönlich haftenden Gesellschafter.) Im § 264 Abs. 1 HGB heißt es: »Die gesetzlichen Vertreter einer Kapitalgesellschaft haben den Jahresabschluss (…) um einen Anhang zu erweitern, der mit der Bilanz und der GuV eine Einheit bildet, sowie einen Lagebericht aufzustellen. Hat ein Unternehmen nach § 290 HGB die Pflicht, einen Konzernabschluss aufzustellen, dann ist auch der Konzernabschluss um einen Konzernlagebericht zu erweitern (§ 290 Abs. 1 HGB). Der Lagebericht bzw. der Konzernlagebericht ist also nicht Bestandteil des Jahresabschlusses bzw. Konzernabschlusses. Gleichwohl ist der Lagebericht für »mittelgroße« und »große« Kapitalgesellschaften bzw. der Konzernlagebericht für die zum Konzernabschluss verpflichteten Mutterunternehmen zwingender Bestandteil der externen Rechnungslegung.

Im Lagebericht sind nach § 289 Abs. 1 HGB »der Geschäftsverlauf einschließlich des Geschäftsergebnisses und die Lage der Kapitalgesellschaft so darzustellen, dass ein den tatsächlichen Verhältnissen entsprechendes Bild vermittelt wird. Er hat eine ausgewogene und umfassende, dem Umfang und der Komplexität der Geschäftstätigkeit entsprechende Analyse des Geschäftsverlaufs und der Lage der Gesellschaft zu enthalten.« Der § 315 Abs. 1 HGB enthält identische Anforderungen an den Konzernlagebericht, d. h., bei der Darstellung des Geschäftsverlaufs ist über alle für das Unternehmen bzw. für den Konzern wichtigen Entwicklungen im Geschäftsjahr zu berichten. Dies wären z. B.:

- die Absatzentwicklung,
- die Entwicklung der Auftragslage,
- die Entwicklung des Produktionsprogramm,
- die Neueinrichtung oder Schließung von Vertriebs- oder Produktionsstätten,
- der Abschluss oder die Kündigung wichtiger Verträge,

- die Entwicklung wesentlicher Kosten- und Erlösfaktoren, die Entwicklung der Unternehmensverbindungen.

Darüber hinaus wird in § 289 Abs. 2 HGB bzw. in § 315 Abs. 2 HGB gefordert, dass im Lagebericht bzw. Konzernlagebericht auch eingegangen werden soll auf

- Vorgänge von besonderer Bedeutung, die nach dem Schluss des Geschäftsjahres bzw. Konzerngeschäftsjahres eingetreten sind,
- Risikomanagementziele und -methoden einschließlich ihrer Methoden zur Absicherung aller wichtigen Arten von Transaktionen,
- die Preisänderungs-, Ausfall- und Liquiditätsrisiken sowie die Risiken aus Zahlungsstromschwankungen,
- den Bereich Forschung und Entwicklung.

Da die Punkte, die im Lagebericht und Konzernlagebericht behandelt werden sollen, nahezu identisch sind, können beide Berichte (wie auch der Anhang) zusammengefasst werden (§ 315 Abs. 3 HGB). In diesem Fall muss allerdings aus dem zusammengefassten Bericht hervorgehen, welche Angaben sich auf den Konzern und welche sich nur auf das Mutterunternehmen beziehen.

Aus der Darstellung des Geschäftsverlaufs und den zusätzlichen Informationen nach den §§ 289 Abs. 2 und 315 Abs. 2 HGB lässt sich eine Standortbestimmung hinsichtlich der Lage eines Unternehmens bzw. eines Konzerns vornehmen. Darüber hinaus haben Unternehmensleitungen im Lagebericht (§ 289 Abs. 1 HGB) bzw. im Konzernlagebericht (§ 315 Abs. 1 HGB) auch auf die Risiken der künftigen Entwicklung des Unternehmens bzw. des Konzern einzugehen. Die Darstellung der voraussichtlichen Entwicklung eines Unternehmens bzw. eines Konzerns basiert teilweise auf bereits bekannten Fakten wie z. B. der Absatzentwicklung und der aktuellen Auftragslage, sie beinhaltet daneben aber auch Prognosen über den Geschäftsverlauf durch die Unternehmensleitung. Die Beurteilung der zukünftigen Entwicklung eines Unternehmens oder Konzerns dürfte zwar von der jeweiligen Interessenlage der Unternehmensleitung abhängig sein, jedoch muss diese Einschätzung bei Aktiengesellschaften auf einem »Risiko-Management-System« basieren, zu dessen Errichtung die Vorstände nach § 91 Abs. 2 AktG verpflichtet sind. Bei börsennotierten Aktiengesellschaften hat der Abschlussprüfer im Rahmen seiner Prüfung überdies zu prüfen, ob der Vorstand dieser Verpflichtung in geeigneter Form nachgekommen ist und ob das eingerichtete Überwachungssystem seine Aufgaben erfüllen kann (§ 318 Abs. 4 HGB).

Dass die Unternehmensleitung im Lagebericht bzw. Konzernlagebericht auch auf die Risiken der künftigen Entwicklung eines Unternehmens bzw. Konzerns einzugehen haben, wurde mit dem KonTraG 1998 ins HGB aufgenommen. Das heißt, im Gegensatz zu den Zeiten vor Inkrafttreten des KonTraG ist

Abb. 43
Auszüge aus Konzernlagebericht (Beispiel)

Konzernlagebericht für das Geschäftsjahr 2010 der SNP Schneider-Neureither & Partner AG (im Folgenden SNP genannt)

Geschäftsverlauf und Rahmenbedingungen

Märkte und Potenziale

Weltwirtschaft erholt sich schneller als erwartet

Die Weltwirtschaft hat sich 2010 besser und schneller von der Rezession erholt, als von Konjunkturexperten erwartet worden war. Deutschland übernahm dabei die Rolle des Wachstumsmotors unter den Industrienationen. Der Umsatz der SNP entwickelte sich im Berichtsjahr erneut besser als das allgemeine wirtschaftliche Umfeld und der IT-Sektor. Für die Gesellschaft war 2010 aber auch ein Jahr des Übergangs, in dem mit Investitionen in Personal und Vertrieb die Weichen für noch stärkeres Wachstum in der Zukunft gestellt wurden. SNP hat so die Neuausrichtung vom Beratungs- zum Software-Haus erfolgreich eingeleitet.

Breiter Aufschwung

Nur ein Jahr nach der schwersten Rezession der Nachkriegszeit ist die Weltwirtschaft wieder auf den Wachstumskurs zurückgekehrt. Angeführt von den Ländern der aufstrebenden Nationen wie Brasilien, China und Indien, gefolgt von Nordamerika sprang der Konjunkturfunke spätestens Mitte des Jahres 2010 auf Europa über. Dabei entwickelte sich Deutschland zur regelrechten Konjunkturlokomotive. Während das Wirtschaftswachstum in den westlichen Industrienationen vom Internationalen Währungsfonds (IWF) im Durchschnitt auf 3,0 % und für die Euro-Zone auf 1,8 %[1] geschätzt wurde,

erzielte Deutschland einen Anstieg des realen Bruttoinlandsprodukts von 3,6 %[2]. Nach Auslaufen der staatlichen Konjunkturprogramme wird für 2011 für die Industrienationen allgemein mit sinkenden Wachstumsraten gerechnet. Dennoch wird auch für dieses Jahr erneut mit einer robusten Wirtschaftsentwicklung gerechnet. So erwartet der IWF für Deutschland einen BIP-Anstieg von rund 2,2 %[3], für die westlichen Industrienationen und die Euro-Zone Zuwachsraten von 2,5 bzw. 1,5 %.

Diese Schätzungen stehen jedoch unter dem Vorbehalt, dass es zu keinem erneuten Ausbruch einer Finanzmarktkrise kommt. Gefahren hierfür bestehen nicht nur aus dem privaten Bankensektor, sondern auch aufgrund der enormen Staatsverschuldung in den Industrieländern. Des Weiteren bestehen Risiken für die Konjunktur durch steigende Rohstoffpreise und damit einer Verteuerung der Produktion, unter anderem ausgelöst durch politische Krisen in Nordafrika seit Jahresanfang 2011, wodurch sich auch der Ölpreis zunächst weiter erhöhte.

Die dramatischen Ereignisse im März 2011 in Japan haben neben der humanitären Tragödie und den direkten Auswirkungen auf die japanische Wirtschaft auch langfristige Einflüsse auf die Weltökonomie, die zum aktuellen Zeitpunkt jedoch noch nicht abschätzbar sind. Die Möglichkeit konjunktureller Rückschläge ist somit nach wie vor präsent.

Software-Markt zieht erst 2011 wieder an Gesamtwirtschaft vorbei

Der Markt für Güter und Dienstleistungen im Informationstechnologiebereich hat sich 2010 in Deutschland weniger dynamisch als die Gesamtwirtschaft entwickelt. Der Branchenverband BitKOM errechnete für den Software-Bereich einen Umsatzanstieg von 2,4 %, während Umsätze mit IT-Services um 1,4 % zulegten.

[…]

Risiken aus der Abhängigkeit zur SAP

Der Erfolg der SNP-Produkte und -Beratungsleistungen ist in hohem Maße an die Akzeptanz und Marktdurchdringung der betriebswirtschaftlichen Standardsoftware der SAP AG gebunden. Es besteht das Risiko, dass die Lösungen der SAP durch Wettbewerbsprodukte verdrängt werden. Auf Basis der bestehenden SAP-Installationen hat die BCG im Jahre 2006 das jährliche Marktvolumen für SAP-Transformationen auf 30 Mrd. $ geschätzt.

Deshalb wird die Gefahr eines kurzfristigen Wegbrechens der Marktgrundlage als gering eingeschätzt. Aufgrund des hohen Zeit- und Kostenaufwands, der mit einer Neuinstallation betriebswirtschaftlicher Standardsoftware verbunden ist, geht die Unternehmensführung davon aus, bei Veränderungen im Markt ausreichend Zeit für eine Neuausrichtung des eigenen Angebots zur Verfügung zu haben.

Wachstumsrisiken

Die SNP AG ist weiterhin auf organisches und anorganisches Wachstum ausgerichtet. Akquisitionen von Unternehmen können zu einem erheblichen Anstieg des eigenen Unternehmenswertes der SNP AG führen. Es besteht jedoch das Risiko, dass ein akquiriertes Unternehmen nicht erfolgreich in den SNP-Konzern integriert werden kann.

Es könnte außerdem passieren, dass erworbene Unternehmen bzw. Geschäftsbereiche sich nach der Integration nicht gemäß den gesetzten Erwartungen entwickeln. Insofern könnten Abschreibungen auf solche Vermögenswerte das Ergebnis belasten. Ebenso besteht das Risiko, dass bestimmte Märkte oder Branchen anders als angenommen nur ein begrenztes Wachstumspotenzial besitzen.

Personalrisiken

Die SNP-Mitarbeiter und ihre Fähigkeiten sind für den Erfolg des Unternehmens von grundlegender Bedeutung. Der Verlust wichtiger Mitarbeiter in strategischen Positionen ist daher ein bedeutender Risikofaktor. Des Weiteren ist der Wettbewerb um qualifizierte IT-Fachkräfte ungebrochen und könnte zu Engpässen führen.

Um dieses Risiko zu mindern, ist die SNP bestrebt, eine motivierende Arbeitsumgebung zu bieten und den bestehenden Mitarbeitern zu ermöglichen, sich zu entwickeln und ihr volles Potenzial auszuschöpfen.

Dazu gehört das Angebot individueller Weiterbildung und attraktiver Bonusprogramme. Darüber hinaus versucht das Unternehmen stetig, geeignete Mitarbeiter zu identifizieren, sie einzustellen und zu binden. Insgesamt ist die Absicherung gegen Personalrisiken jedoch nur begrenzt möglich.

Versicherungsrisiken

Die SNP hat mögliche Schadensfälle und Haftungsrisiken mit entsprechenden Versicherungen abgesichert. Der Umfang des Versicherungsschutzes wird laufend geprüft und bei Bedarf angepasst.

Rechtliche Risiken

Rechtliche Risiken aus Klagen und Ansprüchen Dritter bestanden im Geschäftsjahr 2010 nicht.

Vertriebsrisiken

Im Geschäftsjahr 2007 wurde SNP Data Distillery, ein Softwareprodukt für die systematische, datenbankbasierte Generierung von Testdaten, in Zusammenarbeit mit der SAP AG in deren Software „SAP TDMS" (Test Data Migration Server) eingebettet. Das Produkt wird durch die SAP vertrieben. Für das im Oktober 2009 im Markt eingeführte Softwareprodukt SNP T-Bone wurde ein Partnerprogramm für den Vertrieb über Systemintegratoren, Wirtschaftsprüfer und Berater initiiert.

[…]

Der Lagebericht zum Einzel- und Konzernabschluss 131

Risiken aus der Abhängigkeit zur SAP

Der Erfolg der SNP-Produkte und -Beratungsleistungen ist in hohem Maße an die Akzeptanz und Marktdurchdringung der betriebswirtschaftlichen Standardsoftware der SAP AG gebunden. Es besteht das Risiko, dass die Lösungen der SAP durch Wettbewerbsprodukte verdrängt werden. Auf Basis der bestehenden SAP-Installationen hat die BCG im Jahre 2006 das jährliche Marktvolumen für SAP-Transformationen auf 30 Mrd. $ geschätzt.

Deshalb wird die Gefahr eines kurzfristigen Wegbrechens der Marktgrundlage als gering eingeschätzt. Aufgrund des hohen Zeit- und Kostenaufwands, der mit einer Neuinstallation betriebswirtschaftlicher Standardsoftware verbunden ist, geht die Unternehmensführung davon aus, bei Veränderungen im Markt ausreichend Zeit für eine Neuausrichtung des eigenen Angebots zur Verfügung zu haben.

Wachstumsrisiken

Die SNP AG ist weiterhin auf organisches und anorganisches Wachstum ausgerichtet. Akquisitionen von Unternehmen können zu einem erheblichen Anstieg des eigenen Unternehmenswertes der SNP AG führen. Es besteht jedoch das Risiko, dass ein akquiriertes Unternehmen nicht erfolgreich in den SNP-Konzern integriert werden kann.

Es könnte außerdem passieren, dass erworbene Unternehmen bzw. Geschäftsbereiche sich nach der Integration nicht gemäß den gesetzten Erwartungen entwickeln. Insofern könnten Abschreibungen auf solche Vermögenswerte das Ergebnis belasten. Ebenso besteht das Risiko, dass bestimmte Märkte oder Branchen anders als angenommen nur ein begrenztes Wachstumspotenzial besitzen.

Personalrisiken

Die SNP-Mitarbeiter und ihre Fähigkeiten sind für den Erfolg des Unternehmens von grundlegender Bedeutung. Der Verlust wichtiger Mitarbeiter in strategischen Positionen ist daher ein bedeutender Risikofaktor. Des Weiteren ist der Wettbewerb um qualifizierte IT-Fachkräfte ungebrochen und könnte zu Engpässen führen.

Um dieses Risiko zu mindern, ist die SNP bestrebt, eine motivierende Arbeitsumgebung zu bieten und den bestehenden Mitarbeitern zu ermöglichen, sich zu entwickeln und ihr volles Potenzial auszuschöpfen.

Dazu gehört das Angebot individueller Weiterbildung und attraktiver Bonusprogramme. Darüber hinaus versucht das Unternehmen stetig, geeignete Mitarbeiter zu identifizieren, sie einzustellen und zu binden. Insgesamt ist die Absicherung gegen Personalrisiken jedoch nur begrenzt möglich.

Versicherungsrisiken

Die SNP hat mögliche Schadensfälle und Haftungsrisiken mit entsprechenden Versicherungen abgesichert. Der Umfang des Versicherungsschutzes wird laufend geprüft und bei Bedarf angepasst.

Rechtliche Risiken

Rechtliche Risiken aus Klagen und Ansprüchen Dritter bestanden im Geschäftsjahr 2010 nicht.

Vertriebsrisiken

Im Geschäftsjahr 2007 wurde SNP Data Distillery, ein Softwareprodukt für die systematische, datenbankbasierte Generierung von Testdaten, in Zusammenarbeit mit der SAP AG in deren Software „SAP TDMS" (Test Data Migration Server) eingebettet. Das Produkt wird durch die SAP vertrieben. Für das im Oktober 2009 im Markt eingeführte Softwareprodukt SNP T-Bone wurde ein Partnerprogramm für den Vertrieb über Systemintegratoren, Wirtschaftsprüfer und Berater initiiert.

(Quelle: SNP-Geschäftsbericht 2010, S. 46ff.)

es heute nicht nur interessant, sondern unbedingt erforderlich, vor Beginn einer detaillierten Zahlenanalyse einen Blick in den Lagebericht bzw. Konzernlagebericht zu werfen. Unternehmensleitungen, die nicht schadenersatzpflichtig werden wollen, werden nicht umhin können, auf künftige Risiken im Lagebericht bzw. Konzernlagebericht einzugehen. Da der Lagebericht bzw. der Konzernlagebericht von den Abschlussprüfern zu prüfen ist, kann man davon ausgehen, dass bei Vorhandensein erkennbarer Risiken zum Zeitpunkt der Jahresabschlusserstellung diese in den Berichten zumindest angesprochen werden.

Damit ist der Lagebericht und der Konzernlagebericht gerade für die ArbeitnehmervertreterInnen im Unternehmen bzw. Konzern von höchstem Interesse. In diesem Zusammenhang sei darauf hingewiesen, dass sich die Erläuterungspflicht der Unternehmensleitung gegenüber dem Wirtschaftsausschuss/Betriebsrat nach § 108 Abs. 5 BetrVG nicht nur auf den Jahresabschluss und Konzernabschluss, sondern auch auf den Lagebericht und Konzernlagebericht bezieht[27].

2. Die Prüfung des Einzel- und Konzernabschlusses

Mittelgroße und *große* Kapitalgesellschaften müssen ihren Jahresabschluss und Lagebericht durch einen Abschlussprüfer prüfen lassen (§ 316 Abs. 1 HGB). Der Konzernabschluss wie auch der Konzernlagebericht unterliegen ebenfalls einer Prüfungspflicht (§ 316 Abs. 2 HGB). *Große* Kapitalgesellschaften können nur von Wirtschaftsprüfern oder Wirtschaftsprüfungsgesellschaften geprüft werden. Bei einer *mittelgroßen* GmbH oder *mittelgroßen* Kapitalgesellschaft & Co. ist auch ein vereidigter Buchprüfer oder eine Buchführungsgesellschaft zur Abschlussprüfung berechtigt (§ 319 Abs. 1 HGB). Für Personengesellschaften ist wiederum (wie bei kleinen Kapitalgesellschaften) keine Prüfung des Jahresabschlusses vorgeschrieben, es sei denn, sie sind Großunternehmen, die unter das Publizitätsgesetz fallen.

Der Abschlussprüfer hat in die Prüfung des Jahresabschlusses die Buchführung einzubeziehen und konkret zu prüfen, ob bei der Aufstellung des Jahresabschlusses bzw. des Konzernabschlusses die gesetzlichen Vorschriften und die sie ergänzenden Bestimmungen des Gesellschaftsvertrags oder der Satzung beachtet worden sind (§ 317 Abs. 1 HGB). Darüber hinaus ist in die Prüfung der Lagebericht bzw. der Konzernlagebericht mit einzubeziehen. So ist zu prüfen, ob der Lagebericht bzw. der Konzernlagebericht insgesamt eine zutreffende Vorstellung von der Lage des Unternehmens vermittelt (§ 317 Abs. 2 HGB). In seinem Prüfungsbericht hat der Abschlussprüfer über diese Prüfung zu berich-

---

27 Vgl. Fitting u. a., Betriebsverfassungsgesetz, Rn. 29 ff.

ten (§ 321 Abs. 2 Satz 1 HGB) und vor allem darzustellen, »ob bei Durchführung der Prüfung Unrichtigkeiten oder Verstöße gegen gesetzliche Vorschriften sowie Tatsachen festgestellt worden sind, die den Bestand des geprüften Unternehmens oder des Konzerns gefährden oder seine Entwicklung wesentlich beeinträchtigen können oder die schwerwiegenden Verstöße der gesetzlichen Vertreter oder von Arbeitnehmern gegen Gesetz, Gesellschaftsvertrag oder Satzung darstellen« (§ 321 Abs. 1 Satz 3 HGB).

Die Berichtspflicht des Abschlussprüfers geht aber seit dem KonTraG noch weit über diese – auf den ersten Blick schon sehr hohen – Anforderungen hinaus. So hat der Abschlussprüfer in seinem Bericht vorweg zur Beurteilung der Lage des Unternehmens oder Konzerns durch die Vorstände bzw. Geschäftsführungen Stellung zu nehmen. Hierbei ist auf die von der Unternehmensleitung vorgenommene Beurteilung des Fortbestands und der künftigen Entwicklung des Unternehmens – und bei Prüfung des Konzernabschlusses von Mutterunternehmen auch des Konzerns – einzugehen (§ 321 Abs. 1 Satz 2 HGB). Da im Prüfungsbericht darüber hinaus darauf einzugehen ist, ob der Abschluss ein den tatsächlichen Verhältnissen entsprechendes Bild der Vermögens-, Finanz- und Ertragslage der Kapitalgesellschaft vermittelt (§ 321 Abs. 2 Satz 2 HGB), dürften eigentlich wirtschaftliche Schieflagen oder sogar Zusammenbrüche von Kapitalgesellschaften kaum noch überraschend kommen. Dies umso mehr, da der Abschlussprüfer über Art und Umfang sowie über das Ergebnis der Prüfung mit der gebotenen Klarheit im Prüfbericht zu berichten hat (§ 321 Abs. 1 Satz 1 HGB).

Der Prüfungsbericht sollte nach der Empfehlung des Instituts der Wirtschaftsprüfer (IDW PS 450) folgenden Aufbau haben:
1. Prüfungsauftrag
2. Grundsätzliche Feststellungen
2.1 Lage des Unternehmens
2.1.1 Stellungnahme zur Beurteilung durch die gesetzlichen Vertreter
2.1.2 Entwicklungsbeeinträchtigende oder bestandsgefährdende Tatsachen
2.2 Unrichtigkeiten und Verstöße gegen gesetzliche Vorschriften und Regelungen des Gesellschaftsvertrags bzw. Satzung
2.2.1 Vorschriften zur Rechnungslegung
2.2.2 Sonstige gesetzliche und gesellschaftsvertragliche bzw. satzungsmäßige Regelungen
3. Gegenstand, Art und Umfang der Prüfung
4. Feststellung und Erläuterungen zur Rechnungslegung
4.1 Buchführung und weitere geprüfte Unterlagen
4.2 Jahresabschluss
4.2.1 Ordnungsmäßigkeit

134 Der Lagebericht und der Prüfbericht

4.2.2 Gesamtaussage
4.2.3 Aufgliederung und Erläuterung der Posten
4.3 Lagebericht
5. Feststellungen zum Risikofrüherkennungssystem (nur bei börsennotierten Kapitalgesellschaften)
6. Feststellungen zu Erweiterungen des Prüfungsauftrags
7. Wiedergabe des Bestätigungsvermerks
8. Anlagen zum Prüfungsbericht

In einem besonderen Abschnitt des WP-Berichts hat der Wirtschaftsprüfer schriftlich seine Unabhängigkeit zu erklären (§ 321 HGB-E).

Für den Wirtschaftsausschuss und für die Arbeitnehmervertreter im Aufsichtsrat sind vor allem folgende Punkte des Prüfungsberichts von Bedeutung:

Grundsätzliche Feststellungen
Hier finden sich zum einen Hinweise auf eine möglicherweise abweichende Einschätzung der Lage des Unternehmens durch die Wirtschaftsprüfer gegenüber dem Vorstand, sowie Hinweise auf Tatsachen, die die zukünftige Entwicklung des Unternehmens beeinträchtigen oder sogar gefährden können, die sich in dieser Form aus dem Jahresabschluss möglicherweise nicht erkennen lassen. Zum anderen sind hier festgestellte Verstöße der Unternehmensleitung gegen gesetzliche oder satzungsmäßige Regelungen festgehalten.

Feststellung und Erläuterungen zur Rechnungslegung
Hier interessiert vor allem die detaillierte Aufschlüsselung und Erläuterung der einzelnen Posten der Bilanz und der GuV-Rechnung, soweit dies nicht schon aus dem Anhang ersichtlich ist.

Feststellung zum Risikofrüherkennungssystem
Dieser Teil findet sich nur bei börsennotierten Kapitalgesellschaften. Hat der Wirtschaftsausschuss eines solchen Unternehmens noch keine Kenntnisse über das Risikomanagementsystem des Unternehmens, findet er hier einige Hinweise, die als Grundlage für weitere Nachfragen im Wirtschaftsausschuss genutzt werden können. Außerdem werden hier Mängel des Risikomanagementsystems aufgezeigt, auf deren Beseitigung auch die Interessenvertretung zur Vermeidung von Unternehmenskrisen drängen sollte.

Bestätigungsvermerk
Gibt es im Rahmen der Prüfung keinen Grund zu Beanstandungen, erteilt der Prüfer einen (uneingeschränkten) Bestätigungsvermerk, in dem erklärt wird, dass die Prüfung zu keinen Einwänden geführt hat und dass der Jahresabschluss

**Abb. 44
Bestätigungsvermerk (Beispiel)**

Bestätigungsvermerk des Abschlussprüfers

Wir haben den von der SNP Schneider-Neureither & Partner AG, Heidelberg, aufgestellten Konzernabschluss – bestehend aus Konzernbilanz, Konzern-Gewinn- und Verlustrechnung, Konzern-Gesamtergebnisrechnung, Konzern-Eigenkapitalveränderungsrechnung, Konzern-Kapitalflussrechnung und Anhang zum Konzernabschluss sowie den Konzernlagebericht für das Geschäftsjahr vom 1. Januar bis 31. Dezember 2010 geprüft. Die Aufstellung von Konzernabschluss und Konzernlagebericht nach den IFRS, wie sie in der EU anzuwenden sind, und den ergänzend nach § 315a Abs. 1 HGB anzuwendenden handelsrechtlichen Vorschriften liegt in der Verantwortung der gesetzlichen Vertreter der Gesellschaft. Unsere Aufgabe ist es, auf der Grundlage der von uns durchgeführten Prüfung eine Beurteilung über den Konzernabschluss und den Konzernlagebericht abzugeben.

Wir haben unsere Konzernabschlussprüfung nach § 317 HGB unter Beachtung der vom Institut der Wirtschaftsprüfer (IDW) festgestellten deutschen Grundsätze ordnungsmäßiger Abschlussprüfung vorgenommen. Danach ist die Prüfung so zu planen und durchzuführen, dass Unrichtigkeiten und Verstöße, die sich auf die Darstellung des durch den Konzernabschluss unter Beachtung der anzuwendenden Rechnungslegungsvorschriften und durch den Konzernlagebericht vermittelten Bildes der Vermögens-, Finanz- und Ertragslage wesentlich auswirken, mit hinreichender Sicherheit erkannt werden. Bei der Festlegung der Prüfungshandlungen werden die Kenntnisse über die Geschäftstätigkeit und über das wirtschaftliche und rechtliche Umfeld des Konzerns sowie die Erwartungen über mögliche Fehler berücksichtigt. Im Rahmen der Prüfung werden die Wirksamkeit des rechnungslegungsbezogenen internen Kontrollsystems sowie Nachweise für die Angaben im Konzernabschluss und Konzernlagebericht überwiegend auf der Basis von Stichproben beurteilt. Die Prüfung umfasst die Beurteilung der Jahresabschlüsse der in den Konzernabschluss einbezogenen Unternehmen, der Abgrenzung des Konsolidierungskreises, der angewandten Bilanzierungs- und Konsolidierungsgrundsätze und der wesentlichen Einschätzungen der gesetzlichen Vertreter sowie die Würdigung der Gesamtdarstellung des Konzernabschlusses und des Konzernlageberichts. Wir sind der Auffassung, dass unsere Prüfung eine hinreichend sichere Grundlage für unsere Beurteilung bildet.

Unsere Prüfung hat zu keinen Einwendungen geführt.

Nach unserer Beurteilung aufgrund der bei der Prüfung gewonnenen Erkenntnisse entspricht der Konzernabschluss den IFRS, wie sie in der EU anzuwenden sind, und den ergänzend nach § 315a Abs. 1 HGB anzuwendenden handelsrechtlichen Vorschriften und vermittelt unter Beachtung dieser Vorschriften ein den tatsächlichen Verhältnissen entsprechendes Bild der Vermögens-, Finanz- und Ertragslage des Konzerns. Der Konzernlagebericht steht in Einklang mit dem Konzernabschluss, vermittelt insgesamt ein zutreffendes Bild von der Lage des Konzerns und stellt die Chancen und Risiken der zukünftigen Entwicklung zutreffend dar.

Mannheim, 4. April 2011

**MOORE STEPHENS TREUHAND KURPFALZ GmbH
Wirtschaftsprüfungsgesellschaft
Steuerberatungsgesellschaft**

Dr. Matthias Ritzi   Stefan Hambsch
Wirtschaftsprüfer   Wirtschaftsprüfer

(Quelle: SNP-Geschäftsbericht 2010, S. 111)

unter Beachtung der Grundsätze ordnungsgemäßer Buchführung ein den tatsächlichen Verhältnissen entsprechendes Bild der Vermögens-, Ertrags- und Finanzlage des Unternehmens vermittelt. Sind Einwendungen zu erheben, z. B. weil gegen gesetzliche Bestimmungen verstoßen wurde, ist der Bestätigungsvermerk unter Angabe von Gründen einzuschränken oder zu versagen (§ 322 HGB, vgl. auch Abb. 45).

Der Bestätigungsvermerk muss zusätzlich eine Angabe enthalten, ob der Lagebericht eine zutreffende Vorstellung von der Lage der Gesellschaft vermittelt und ob Risiken der zukünftigen Entwicklung im Lagebericht zutreffend dargestellt sind. Außerdem ist im Bestätigungsvermerk auf Risiken, die den Fortbestand des Unternehmens gefährden, gesondert einzugehen.

Die Bedeutung eines uneingeschränkten oder eingeschränkten Bestätigungsvermerks sollte zwar nicht unterschätzt werden, da er eine weitgehende Gewähr bietet, dass die gesetzlichen und satzungsmäßigen Vorschriften eingehalten wurden. Allerdings sollte er trotz der Änderungen des KonTraG aus folgenden Gründen auch nicht überschätzt werden:
- Da die Bestätigung einer zutreffenden Darstellung der Vermögens-, Finanz- und Ertragslage unter der Einschränkung der Grundsätze ordnungsgemäßer Bilanzierung erfolgt. Damit ist auch zukünftig ein Jahresabschluss, der durch bilanzpolitisch motivierte Ausübungen der Bilanzierungs- und Bewertungswahlrechte des HGB erheblich gestaltet wurde, vom Wirtschaftsprüfer als etwas zu bewerten, dass einen zutreffenden Eindruck von der Lage des Unternehmens bietet, obwohl die tatsächliche Lage des Unternehmens auch vom geschulten Bilanzanalytiker nur mit Hilfe unternehmensinterner Informationen zu erkennen ist.
- Natürlich stellt ein Bestätigungsvermerk auch keine Garantie für den Bestand des Unternehmens dar. Ob die durch das BilMoG eingeführten Änderungen (zutreffende Darstellung zukünftiger Risiken, Hinweis auf bestandsgefährdende Risiken) besser als bisher zum Hinweis auf Gefährdungen des Unternehmens genutzt werden, kann erst die Zukunft zeigen.

Verweigert der Unternehmer die Aushändigung oder Einsichtnahme in den Wirtschaftsprüferbericht zur Vorbereitung der Wirtschaftsausschuss-Sitzung, auf der der Jahresabschluss erläutert werden soll, ist zur Klärung dieser Frage die Einigungsstelle nach § 109 BetrVG zuständig. Nach der Rechtsprechung des Bundesarbeitsgerichts (BAG – 8. 8. 1989 – Az.: 1 ABR 61/88 – AP Nr. 6 zu § 106 BetrVG) kann der Arbeitgeber verpflichtet sein, dem Wirtschaftsausschuss den Wirtschaftsprüferbericht vorzulegen. In mehreren uns bekannten Einigungsstellenverfahren wurde der Wirtschaftsprüfungsbericht jeweils als erforderliche Unterlage i. S. d. § 106 Abs. 2 Satz 1 BetrVG angesehen und durch Spruch entschieden, dass der WP-Bericht dem Wirtschaftsausschuss zeitweise

Die Prüfung des Einzel- und Konzernabschlusses

**Abb. 45
Prüfung von Kapitalgesellschaften und Kapitalgesellschaften & Co**

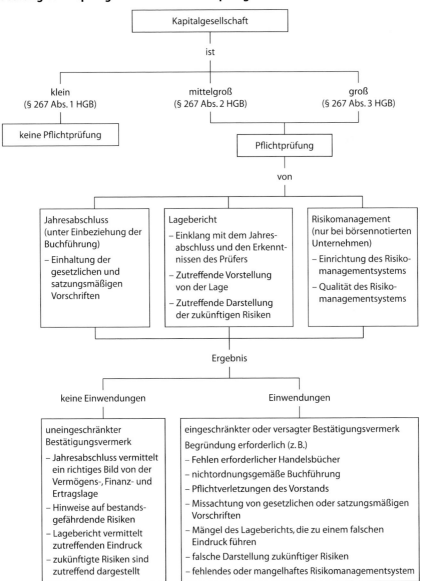

zu überlassen ist (vgl. hierzu auch AiB 1988, S. 45 und 1988, S. 314f.). Nach unseren Erfahrungen bestehen bei entsprechender Vorbereitung der Interessenvertretung und Hinzuziehung geeigneter Beisitzer gute Chancen, den Wirtschaftsprüfungsbericht über die Einigungsstelle zu erhalten.

Da selbst Fachleute immer wieder völlig überrascht sind (oder so tun), wenn große Kapitalgesellschaften plötzlich ins Schlingern geraten, stellt sich die Frage nach der Verlässlichkeit eines Prüfungsberichts. Nun kann man natürlich einwenden, dass der Prüfungsbericht keine so große Publizität erhält, da er zunächst einmal nur einem eingeschränkten Personenkreis, nämlich den Mitgliedern der Aufsichtsräte, zugänglich ist, die nach einer Änderung des AktG (§ 111 Abs. 2) durch das KonTraG sogar Auftraggeber der Prüfer sind. Allerdings hat der Abschlussprüfer das Ergebnis der Prüfung in einem Bestätigungsvermerk (oder Vermerk über deren Versagung) zum Jahresabschluss und zum Konzernabschluss zusammenzufassen (§ 322 Abs. 1 Satz 1 HGB). Das heißt, dieser Bestätigungsvermerk (auch Testat genannt) muss in den Jahresabschluss mit aufgenommen werden und von mittelgroßen und großen Kapitalgesellschaften (sowie Kapitalgesellschaften & Co. ohne persönlich haftenden Gesellschafter) veröffentlicht werden.

In diesem Bestätigungsvermerk wird der Abschlussprüfer, sofern er aufgrund seiner Prüfung zu der Auffassung gekommen ist, dass alles (im rechtlichen Sinn) korrekt im Jahresabschluss bzw. Konzernabschluss dargestellt ist, in etwa Folgendes erklären: »Die von uns durchgeführte Prüfung hat zu keinen Einwänden geführt. Der von den gesetzlichen Vertretern der Gesellschaft aufgestellte Jahres- bzw. Konzernabschluss vermittelt aufgrund der von mir/uns bei der Prüfung gewonnenen Erkenntnisse unter Beachtung der Grundsätze ordnungsgemäßer Buchführung (bzw. in Übereinstimmung mit den IAS/IFRS) ein den tatsächlichen Verhältnissen entsprechendes Bild der Vermögens-, Finanz- und Ertragslage des Unternehmens bzw. des Konzerns.« Dieser Text ergibt sich bei Nichtvorhandensein von Einwänden aus dem Wortlaut des § 322 Abs. 3 HGB. Auf Risiken, die den Fortbestand des Unternehmens gefährden, ist im Bestätigungsvermerk gesondert einzugehen (§ 322 Abs. 2 Satz 2). Hat ein Abschlussprüfer aufgrund seiner Prüfung aber Einwendungen gegen den vom Vorstand bzw. den von der Geschäftsführung aufgestellten Jahresabschluss und Lagebericht, so hat er den Bestätigungsvermerk einzuschränken oder zu versagen. Die Einschränkung und die Versagung des Bestätigungsvermerks ist zu begründen und die Einschränkungen sind so darzustellen, dass deren Tragweite erkennbar wird (§ 322 Abs. 4 HGB).

Bei einem uneingeschränkten Bestätigungsvermerk müsste man sich also eigentlich darauf verlassen können, dass man die Vermögens-, Finanz- und Er-

Die Prüfung des Einzel- und Konzernabschlusses 139

tragslage eines Unternehmens aus dem Jahresabschluss erkennt. Wird darüber hinaus vom Abschlussprüfer auch nicht auf Gefährdungstatbestände hingewiesen, sollte man annehmen können, dass man als ArbeitnehmervertreterIn im Aufsichtsrat oder als Mitglied des Wirtschaftsausschusses vor unangenehmen Überraschungen sicher ist. Dies auch deshalb, weil mit dem KonTraG auch die Haftungssummen für fahrlässiges Handeln der Abschlussprüfer drastisch erhöht wurden. Vor dem KonTraG hafteten die Abschlussprüfer für fahrlässiges Verhalten mit max. 500 000 DM, heute jedoch mit max. 1 Mio. €, bei börsennotierten Aktiengesellschaften sogar mit max. 4 Mio. € für eine Prüfung (§ 323 Abs. 2 HGB). Dass es nun in der Realität immer wieder zu überraschenden Unternehmenszusammenbrüchen gekommen ist, obwohl vom Abschlussprüfer keinerlei Hinweise auf Unternehmensgefährdungstatbestände vorlagen, scheint auf den ersten Blick unverständlich, lässt sich aber bei näherem Hinsehen erklären.

Zum einen gelten die mit dem KonTraG eingeführten erhöhten Anforderungen an den Abschlussprüfer erst seit 1998, also erst für die ab dem Jahr 1999 veröffentlichten Jahresabschlüsse. Viele der bekannten spektakulären Unternehmenszusammenbrüche lagen vor diesem Zeitraum. Unseres Erachtens hat sich die Qualität der Prüfungsberichte seit Inkrafttreten des KonTraG schon verbessert. Zum anderen muss man die Grenzen der Prüfungsmöglichkeiten erkennen. Wenn Unternehmensleitungen mit krimineller Energie ihren Jahresabschluss »gestalten«, so muss dies dem Abschlussprüfer nicht zwangsläufig auffallen, auch wenn von ihm eine »gewissenhafte Berufsausübung« verlangt wird (§ 317 Abs. 1 HGB). Spektakuläre Unternehmenszusammenbrüche wie der des Sportbodenherstellers Balsam AG 1994 (vorgetäuschte Umsatzerlöse) sind auch nach Inkrafttreten des KonTraG möglich, wie der Anfang 2000 erfolgte Zusammenbruch des Flowtex-Konzerns zeigte (vorgetäuschte Erstellung und Vermietung von Bohrsystemen; Schadenssumme über 3 Mrd. DM). Interessant ist in diesem Zusammenhang, dass die involvierten Wirtschaftsprüfungsgesellschaften von den Gläubigern mit Schadensersatzforderungen konfrontiert wurden, die weit über die im HGB genannten Haftungssummen hinaus gingen, weil nicht nur Fahrlässigkeit, sondern schon Mitwirkung unterstellt wurde.[28]

Nicht zuletzt, um Imageschäden durch ein Gerichtsverfahrens zu vermeiden, zahlten die Wirtschaftsprüfungsgesellschaften im Rahmen eines Vergleichs im Fall Balsam 48 Mio. DM im Fall Flowtex 100 Mio. DM Schadensersatz an die Gläubiger. Die im Fall Flowtex involvierte Wirtschaftsprüfungsgesellschaft KPMG erklärte aber in diesem Zusammenhang: »Extreme

---

28 Vgl. Handelsblatt, 14.1.2002: Arthur Anderson steht unter Druck.

Betrugshandlungen wie bei Flowtex seien mit den Mitteln einer Prüfung nicht aufzudecken.«[29]

Aber auch vor Fehleinschätzungen der Unternehmensrisiken durch die Abschlussprüfer kann man nicht sicher sein. So konnten anscheinend die Abschlussprüfer der Philipp Holzmann AG die Risiken von laufenden Bauprojekten nicht richtig einschätzen, denn sie fanden es völlig in Ordnung, dass im Jahresabschluss 1998 Risikorückstellungen aufgelöst wurden, um das Unternehmensergebnis zu verbessern. Das Problem war nur, dass die Risiken mit der Auflösung der entsprechenden Rückstellungen nicht aus der Welt geschafft waren. Zusammen mit den hohen operativen Verlusten, die im Geschäftsjahr 1999 auftraten, führte der nun erforderliche Rückstellungsbedarf fast zum Konkurs des Konzerns, der nur durch Forderungsverzichte der Gläubigerbanken, Einkommensverzichte der ArbeitnehmerInnen und staatliche Unterstützung abgewandt werden konnte. In diesem Zusammenhang sei erwähnt, dass die in § 321 Abs. 1 HGB vom Abschlussprüfer geforderte Überprüfung der von der Unternehmensleitung abzugebenden Beurteilung hinsichtlich des Fortbestandes und der künftigen Entwicklung des Unternehmens bzw. Konzerns eingeschränkt wird. So ist auf diese Beurteilung der Unternehmensleitung nur einzugehen, »soweit die geprüften Unterlagen und der Lagebericht oder der Konzernlagebericht eine solche Beurteilung erlauben« (§ 321 Abs. 1 HGB).

Auch die im Bestätigungsvermerk angegebene Formulierung, dass der von den gesetzlichen Vertretern der Gesellschaft aufgestellte Jahresabschluss bzw. Konzernabschluss insgesamt »unter Beachtung der Grundsätze ordnungsgemäßer Buchführung ein den tatsächlichen Verhältnissen entsprechendes Bild der Vermögens-, Finanz- und Ertragslage des Unternehmens oder des Konzerns vermittelt«, ist so eindeutig nicht, wie es auf den ersten Blick erscheint. Das tatsächliche Bild eines Unternehmens wird nämlich dadurch eingeschränkt, dass dieses sich an rechtliche Regelungen halten soll, die aber wiederum Bilanzierungs- und Bewertungsspielräume zulassen. Mit dem Hinweis auf die Grundsätze ordnungsgemäßer Buchführung kommt dies auch im Bestätigungsvermerk zum Ausdruck.

Die Frage ist natürlich nun, welchen Wert der Bestätigungsvermerk des Abschlussprüfers und sein Prüfungsbericht insgesamt für den interessierten Jahresabschlussleser hat? Zunächst einmal zeigt die Einschränkung oder Versagung eines Bestätigungsvermerks auf, was bei der Aufstellung des Jahresabschlusses bzw. Konzernabschlusses nicht richtig gelaufen ist, da eine derartige Entscheidung durch den Wirtschaftsprüfer zu begründen ist (§ 322 Abs. 4 HGB). Von großem Informationsgehalt ist auch ein im Zusammenhang mit

---

29 Zitiert nach der Süddeutschen Zeitung vom 17.5.2001: Flowtex: Prüfer zahlen 100 Millionen DM.

dem Bestätigungsvermerk gemachter Hinweis auf Risiken, die den Fortbestand des Unternehmens bzw. Konzerns gefährden.

Bei einem uneingeschränkten Bestätigungsvermerk muss man hingegen davon ausgehen, dass die rechtlichen Vorschriften bei der Erstellung des Jahresabschlusses bzw. Konzernabschlusses eingehalten wurden. Ein realistisches Bild der Vermögens-, Finanz- und Ertragslage erschließt sich einem deshalb aus dem Jahresabschluss bzw. Konzernabschluss aber noch nicht, da die rechtlichen Vorschriften Bilanzierungs- und Bewertungsspielräume zulassen. Will man sich ein klareres Bild der Vermögens-, Finanz- und Ertragslage eines Unternehmens erhalten, kommt man um eine Bilanzanalyse nicht herum. Und hierbei ist der Prüfungsbericht sehr hilfreich, denn im Prüfungsbericht sind »die Posten des Jahres- und des Konzernabschlusses aufzugliedern und ausreichend zu erläutern, soweit dadurch die Darstellung der Vermögens-, Finanz- und Ertragslage wesentlich verbessert wird und diese Angaben im Anhang nicht enthalten sind« (§ 321 Abs. 2 Satz 5 HGB).

V. Bilanzpolitik und Bilanzierungsspielräume

1. Ziele und Instrumente der Bilanzpolitik

Unter Bilanzpolitik versteht man die bewusste und zielorientierte Gestaltung eines Einzelunternehmens- oder Konzernabschlusses. Die Gestaltungsspielräume beziehen sich dabei auf den gesamten Jahresabschluss eines Unternehmens oder Konzerns, also Bilanz, GuV und Anhang, einschließlich der entsprechenden Ergänzungsrechnungen in Form der Kapitalflussrechnung, des Eigenkapitalspiegels und der Segmentberichterstattung sowie des Lageberichts[30].

Mögliche Ziele der Bilanzpolitik sind regelmäßig finanzielle Ziele (z. B. Gestaltung der Ausschüttungsbemessungsgrundlage, Sicherung der Liquidität und Kreditwürdigkeit), Beeinflussung des Verhaltens von Investoren und Geschäftspartnern sowie allgemein die Außendarstellung des Unternehmens bzw. Konzerns[31]. Dabei können einzelne Ziele durchaus im Widerspruch zueinander stehen (z. B. Verringerung der Ausschüttungsbemessungsgrundlage und Beibehaltung bzw. Erhöhung der Kreditwürdigkeit). Diese Ziele beeinflussen insgesamt die Bilanzstrategie, die eine Zieloptimierung anstrebt und vom Grundsatz her eine eher konservative oder eine eher offene Bilanzierung verfolgen kann. Ihre Grenzen findet die Bilanzpolitik immer dort, wo Sachverhalte auf eine Art und Weise dargestellt werden, die die wirtschaftliche Realität nicht oder nur sehr bedingt widerspiegeln und damit gegen die Forderung des HGB, dass der Jahresabschluss unter Beachtung der Grundsätze ordnungsmäßiger Buchführung ein den tatsächlichen Verhältnissen entsprechendes Bild der Vermögens-, Finanz- und Ertragslage vermitteln soll (§ 264 Abs. 2 HGB), verstoßen wird.

Das zur Umsetzung der Bilanzpolitik zur Verfügung stehende Instrumentarium ist in Abb. 46 dargestellt.

---

30 Vgl. Fink/Reuther, Bilanzpolitik als Mittel zur Gestaltung des Jahresabschlusses, In: Fink/Schultze/Winkeljohann, Bilanzpolitik und Bilanzanalyse nach neuem Handelsrecht, S. 4.
31 Vgl. ebd.

**Abb. 46
Bilanzpolitische Instrumente**

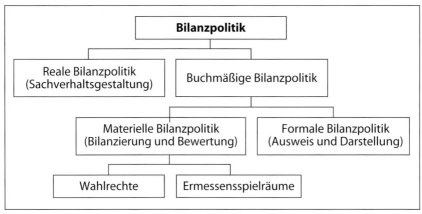

(Quelle: Wagenhofer/Ewert, Externe Unternehmensrechnung, Uni-Skript, Frankfurt a. M. 2002, S. 3; www.irc.uzh.ch)

Bei der realen Bilanzpolitik geht es um kurz- und langfristige Sachverhaltsgestaltung. Zu den kurzfristigen Maßnahmen gehören z. B.:
- Veräußerung von (nicht betriebsnotwendigem) Anlagevermögen
- Kauf oder Verkauf von Vorratsvermögen und Wertpapieren
- Beeinflussung des Lieferzeitpunkts von Waren

Zu den langfristigen Maßnahmen gehören z. B.
- Sale-and-Lease-Back,
- Operate oder Finance Leasing
- Ausgliederung von Teilbetrieben, Outsourcing von betrieblichen Funktionen, z. B. IT-Dienstleistungen

Bei der formellen Bilanzpolitik geht es um die Gestaltung des Ausweises, der Struktur und Darstellung in Bilanz, GuV, Anhang und Lagebericht (z. B. durch Zusammenfassung oder weitergehende Untergliederung einzelner Bilanzpositionen, die Verlagerung von Informationen aus Bilanz und GuV in den Anhang, Wahrnehmung von Saldierungswahlrechten, Detaillierungsgrad und Darstellungsweise in Anhang und Lagebericht). Die formelle Bilanzpolitik findet immer nach dem Bilanzstichtag statt und hat keine Auswirkungen auf das Ergebnis.

Bei der materiellen Bilanzpolitik geht es um die Wahrnehmung von Bewertungs- und Ansatzwahlrechten, die immer nach dem Bilanzstichtag stattfinden. Ansatzwahlrechte betreffen z. B. das Disagio (§ 250 Abs. 3 HGB) oder die Aktivierung selbst geschaffener immaterieller Vermögensgegenstände des Anlagevermögens (§ 248 Abs. 2 Satz 1 HGB). Bewertungswahlrechte können sich auf die Aktiva (z. B. Methodenwahlrecht bei planmäßigen Abschreibungen auf das Anlagevermögen, Methodenwahlrecht bei der Ermittlung des Vorratsvermögens) und die Passiva (z. B. Rückstellungsbildung) beziehen. Materielle Bilanzpolitik ist immer ergebniswirksam.

Obwohl die Einzelabschlüsse die Grundlage für den Konzernabschluss darstellen, kann im Rahmen der Konsolidierung eine eigenständige Konzernbilanzpolitik betrieben werden (z. B. konzerneinheitliche Bilanzierungs- und Bewertungsmethoden, Abgrenzung des Konsolidierungskreises, Nutzung von Wahlrechten bei der Anwendung der Konsolidierungsmethode).

Durch das BilMoG erfahren die bilanzpolitischen Instrumente eine deutliche Einschränkung durch die Abschaffung einer Vielzahl von Wahlrechten (vgl. Abb. 47a).

Abb. 47a
Änderungen von Bewertungs- und Ansatz- und Ausweiswahlrechten im Handelsgesetzbuch durch BilMoG

HGB alt	HGB neu
Passivierungswahlrecht für Sonderposten mit Rücklageanteil (§ 247 Abs. 3 HGB)	Passivierungsverbot aufgrund der Streichung einschlägiger Regelungen; aber: Beibehaltungswahlrecht für bereits gebildete Sonderposten
Passivierungswahlrecht für Instandhaltungsrückstellungen bei Nachholung in 4–12 Monaten (§ 249 Abs. 1 HGB)	Passivierungsverbot (§ 249 Abs. 2 HGB)
Passivierungswahlrecht für Aufwandsrückstellungen (§ 249 Abs. 2 HGB)	Passivierungsverbot (§ 249 Abs. 2 HGB)
Aktivierungswahlrecht für Zölle/Verbrauchssteuern auf aktivierte Vorräte sowie Umsatzsteuer auf geleistete Anzahlungen (§ 250 Abs. 1 HGB)	Aktivierungsverbot (§ 250 Abs. 1 HGB)
Wahlrecht zur außerplanmäßigen Abschreibung im Anlagevermögen bei nicht dauerhafter Wertminderung (rechtsformabhängig) (§ 253 Abs. 2 HGB)	Verbot zur außerplanmäßigen Abschreibung im Anlagevermögen bei nicht dauerhafter Wertminderung (Ausnahme: Finanzanlagen) (§ 250 Abs. 3 HGB)
Möglichkeit der Verlustantizipation im Umlaufvermögen (§ 253 Abs. 3 HGB)	Verbot der Verlustantizipation im Umlaufvermögen (§ 253 HGB)

Ziele und Instrumente der Bilanzpolitik 145

HGB alt	HGB neu
Wahlrecht zur Abschreibung im Rahmen vernünftiger kaufmännischer Beurteilung (§ 253 Abs. 4 HGB)	Verbot zur Abschreibung im Rahmen vernünftiger kaufmännischer Beurteilung (§ 253 HGB)
Wertaufholungswahlrecht (§ 253 Abs. 5 HGB)	Wertaufholungsgebot (Ausnahme: derivativer Geschäfts-/Firmenwert) (§ 253 Abs. 5 HGB)
Zulässigkeit steuerlich niedrigerer Wertansätze (§ 254 HGB)	Verbot steuerlich niedrigerer Wertansätze
Aktivierungswahlrecht für Material-/Fertigungsgemeinkosten als Herstellungskosten (§ 255 Abs. 2 HGB)	Aktivierungsgebot für Material-/Fertigungsgemeinkosten als Herstellungskosten (§ 255 Abs. 2 HGB)
Aktivierungswahlrecht für derivativen Geschäfts-/Firmenwert (§ 255 Abs. 4 HGB)	Aktivierungspflicht für derivativen Geschäfts-/Firmenwert (§ 246 Abs. 1 HGB)
Wahlrecht zur Pauschalabschreibung des derivativen Geschäfts-/Firmenwerts (§ 255 Abs. 4 HGB)	Verbot Wahlrecht zur Pauschalabschreibung des derivativen Geschäfts-/Firmenwerts (§ 246 i.V.m. 253 Abs. 2 HGB)
Wahlrecht bei der Anwendung verschiedenster Verbrauchsfolgeverfahren beim Vorratsvermögen (§ 256 HGB)	Nur noch Durchschnittsmethode, Lifo- und Fifo-Methode zulässig (§ 256 HGB)
Aktivierungswahlrecht für Ingangsetzungs- und Erweiterungsaufwand als Bilanzierungshilfe (§ 269 HGB)	Aktivierungsverbot (§ 246 Abs. 1 HGB)
Wahlrecht zum Ausweis nicht eingeforderter ausstehender Einlagen auf der Aktivseite vor dem Anlagevermögen oder zur offenen Absetzung vom gezeichneten Kapital (§ 272 Abs. 1 und 3 HGB)	Offene Absetzung vom gezeichneten Kapital (§ 272 Abs.1 HGB)
Aktivierung eigener Anteile im Umlaufvermögen inkl. Rücklagenbildung oder offene Absetzung vom Eigenkapital (§ 272 i.V.m. § 265 HGB)	Offene Absetzung vom Eigenkapital (§ 272 Abs. 1a und b HGB)
Aufgliederung von Verbindlichkeiten in Bilanz oder im Anhang (§ 285 Abs. 2 HGB)	Aufgliederung von Verbindlichkeiten zwingend im Anhang (§ 285 Abs. 2 HGB)
Gesonderte Aufstellung des Anteilsbesitzes zulässig (§ 287 i.V.m. § 285 Nr. 11, 11a HGB)	Gesonderte Aufstellung des Anteilsbesitzes zwingend im Anhang (§ 285 Nr. 11, 11a HGB)

(Quelle: Fink/Reuther, a.a.O., S 15f.)

146 Bilanzpolitik und Bilanzierungsspielräume

Aus der Übersicht wird deutlich, dass durch das BilMoG bisher bestandene Wahlrechte deutlich eingeschränkt wurden. Allerdings bringt das BilMoG aber auch einige neue Möglichkeiten bilanzpolitischer Gestaltung. So z. B. das neu eingeführte Wahlrecht zur Aktivierung selbsterstellter immaterieller Vermögensgegenstände bei gleichzeitiger Ausschüttungssperre (§ 248 Abs. 2 HGB). Außerdem eröffnet das BilMoG neue Spielräume für bilanzpolitische Ermessensentscheidungen bei der Bewertung von Rückstellungen durch den Einbezug künftiger Preis- und Kostensteigerungen (z. B. Einbeziehung von Gehalts- und Karrieretrends bei der Bewertung der Pensionsrückstellungen). Auch bieten die Übergangsregelungen eine Reihe von Wahlrechten, etwa bei der Beibehaltung oder Auflösung von Sonderposten mit Rücklageanteil oder die Beibehaltung überhöhter Pensionsrückstellungen bzw. das Ansammeln des Zuführungsbetrags bei zu niedrig bewerteten Pensionsrückstellungen.[32]

2. Bilanzierungsspielräume und ihre Auswirkungen auf einzelne Bilanzpositionen

2.1 Immaterielle Vermögensgegenstände

2.1.1 Geschäfts- oder Firmenwert (Goodwill)

Bei dem in der Position »Immaterielle Vermögensgegenstände« aufgeführten »Geschäfts- oder Firmenwert« handelt es sich um den Unterschiedsbetrag zwischen dem Bilanzwert eines gekauften Unternehmens und dem tatsächlich gezahlten Preis. Man nennt dies auch »Goodwill« oder derivativer (entgeltlich erworbener) Geschäfts- oder Firmenwert. Nach BilMoG handelt es sich hierbei um einen zeitlich begrenzt nutzbaren Vermögensgegenstand, der folglich zu aktivieren ist (§ 246 Abs. 1 HGB). In der Regel wird die Abschreibung auf Geschäfts- und Firmenwerte analog den steuerlichen Abschreibungen auf 15 Jahre verteilt.

Trotz der neuerdings vorgeschriebenen Aktivierungspflicht steckt hinter der Position »Geschäfts- oder Firmenwert« nur dann ein Vermögenswert, wenn sich dieser beim Verkauf des übernommenen Unternehmens auch wieder realisieren ließe. Da sich dies aber zum Zeitpunkt der Bilanzierung des Geschäfts- oder Firmenwerts häufig gar nicht abschätzen lässt und die Bilanz eine Stichtagsbetrachtung der Vermögenssituation des Unternehmens ist, sollte im Regelfall bei einer Bilanzanalyse der aktivierte Geschäfts- oder Firmen-

---

32 Vgl. ebd., S. 47 f.

wert aus der Bilanz herausgerechnet, d. h. gegen das Eigenkapital verrechnet werden.

Dies gilt gleichermaßen für den Geschäfts- oder Firmenwert, der im Konzernabschluss im Rahmen der Kapitalkonsolidierung gebildet wurde (§ 301 Abs. 3 HGB). Im Rahmen der Kapitalkonsolidierung ist der Unterschiedsbetrag zwischen Anschaffungskosten für die Beteiligung und des übernommenen Reinvermögens zu Zeitwerten als Geschäfts- oder Firmenwert auszuweisen. Der im Konzernabschluss im Rahmen der Kapitalkonsolidierung gebildete Geschäfts- oder Firmenwert unterscheidet sich damit hinsichtlich der Entstehung und des Inhalts nicht vom Geschäfts- oder Firmenwert, der im Einzelabschluss gebildet wird. Das heißt, auch bei der Analyse des Konzernabschlusses ist der Geschäfts- oder Firmenwert aus der Bilanz herauszunehmen (gegen das Eigenkapital zu verrechnen).

Im Konzernabschluss nach HGB kann die Abschreibung auf den Geschäfts- oder Firmenwert allerdings unterschiedlich vorgenommen werden. So kann diese Abschreibung über die GuV erfolgen, was den ausgewiesenen Gewinn und damit indirekt das Eigenkapital schmälert. Oder aber diese Abschreibung erfolgt über eine Direktverrechnung mit dem Eigenkapital (Verrechnung mit den Rücklagen), was zu einem höheren Gewinnausweis führt (siehe § 309 Abs. 1 HGB).

Auch nach IAS 22 ist ein derivativer Geschäfts- oder Firmenwert (Goodwill) zwingend in der Bilanz auszuweisen. Gemäß IFRS 3 i. V. m. IAS 36 erfolgt eine Abschreibung des Goodwill allerdings nur dann, wenn ein jährlich vorzunehmender »Impairment Test« (Werthaltigkeitsprüfung) ergibt, dass der Goodwill nicht mehr werthaltig ist. Die Abschreibung auf den Goodwill erfolgt in einem nach den IAS/IFRS aufgestellten Konzernabschluss über die GuV.

Im Rahmen einer Jahresabschluss- bzw. Konzernabschluss-Analyse sollte man also darauf achten, ob die GuV Abschreibungen auf den Geschäfts- oder Firmenwert (Goodwill) enthält und damit das Unternehmens- bzw. Konzernergebnis belastet wird.

2.1.2 Aktivierung von Entwicklungskosten

Hinsichtlich der in einem Unternehmen bzw. Konzern anfallenden »Forschungs- und Entwicklungskosten« erfolgte nach dem BilMoG eine Angleichung des HGB an IAS/IFRS. Danach sind die Entwicklungskosten nach IAS 38 zu aktivieren (immaterielle Vermögensgegenstände), wenn mit hinreichender Wahrscheinlichkeit davon auszugehen ist, dass aus den aufgewandten Entwicklungskosten ein künftiger wirtschaftlicher Nutzen fließen wird. Zur Ermittlung des Wertansatzes ist strikt zwischen Aufwendungen für Forschung

148 Bilanzpolitik und Bilanzierungsspielräume

und Entwicklung zu unterscheiden. Für Forschungsaufwendungen besteht ein Aktivierungsverbot. Damit Entwicklungsaufwendungen aktiviert werden können, müssen nach IAS 38.57 folgende Voraussetzungen erfüllt sein:
- Technische Realisierbarkeit bis zur Markt- oder Gebrauchsreife;
- Absicht, den immateriellen Vermögenswert weiterzuentwickeln und selbst zu nutzen oder zu vermarkten;
- Fähigkeit, den immateriellen Vermögenswert selbst zu nutzen oder zu vermarkten;
- Nachweis eines Marktes bzw. der Brauchbarkeit für das Unternehmen (bei interner Nutzung);
- Verfügbarkeit adäquater technischer, finanzieller und anderer Mittel zum Abschluss der Entwicklung und zur Vermarktung bzw. Nutzung;
- Fähigkeit, Forschungs- und Entwicklungskosten verlässlich voneinander abgrenzen zu können.

Dass sich hier für die Unternehmensleitung Bilanzierungsspielräume eröffnen, zeigte bspw. der Konzernabschluss von VW. Für das Geschäftsjahr 2010 wurden 1,667 Mrd. € Entwicklungskosten aktiviert (26,6% des gesamten F&E-Blocks) und gleichzeitig 2,276 Mrd. € Abschreibungen auf bereits in der Vergangenheit aktivierte Entwicklungskosten vorgenommen[33].

2.2 Sach- und Finanzanlagen

2.2.1 Abschreibungen

Abschreibungen sollen grundsätzlich dazu dienen, den ursprünglichen Wert von Vermögensgegenständen dem aktuellen Wert zum Zeitpunkt der Bilanzaufstellung anzupassen. So einleuchtend es ist, dass z. B. eine Maschine nach ein paar Jahren des Gebrauchs nicht nur wegen Verschleißes, sondern auch wegen technischer Veralterung nur noch einen Teil ihrer ursprünglichen Anschaffungskosten wert ist, umso schwerer ist es – ja eigentlich unmöglich –, den realen aktuellen Wert einer Maschine festzustellen, wenn diese nicht verkauft wird. In § 253 Abs. 2 HGB heißt es hierzu: »Bei Vermögensgegenständen des Anlagevermögens, deren Nutzung zeitlich begrenzt ist, sind die Anschaffungs- oder Herstellungskosten um planmäßige Abschreibungen zu vermindern. Der Plan muss die Anschaffungs- oder Herstellungskosten auf die Geschäftsjahre verteilen, in denen der Vermögensgegenstand voraussichtlich genutzt werden kann.« In der Praxis orientiert man sich bei der Schätzung der Nutzungsdauer an den steuerlichen »AfA-Tabellen«. In begründeten Fällen kann von diesen

---

33 Vgl. VW-Konzerngeschäftsbericht 2010, S. 276.

Abb. 47b
Unterschiedliche Abschreibungsmethoden

Abschreibungs-methode	Beschreibung	Kommentar
Leistungs- bzw. verbrauchs-bedingte Abschreibung	Die AHK werden nicht über die Nutzungsdauer, sondern im Verhältnis der jährlichen Leistungsabgabe im Verhältnis zur möglichen Gesamt-leistungsabgabe verteilt	Spezifische Anwendung bei Bergbauunternehmen, Steinbrüchen, Kiesgruben; teilweise auch bei Fuhrparks; sehr hoher Ermittlungsaufwand; natürlicher Verschleiß und wirtschaftliche Entwertung finden keine Berücksichtigung.
Lineare Abschreibung	Die AHK werden gleichmäßig über die voraussichtlichen Jahre der Nutzung verteilt	Diese Methode lässt sich am einfachsten berechnen. Hierbei wird unterstellt, dass ein Anlagegut über den Zeitraum hinweg gleichmäßig stark beansprucht wird.
Geometrisch-degressive Abschreibung	Die AHK werden mit jährlich fallenden Abschreibungsbeträgen über die Jahre der Nutzung verteilt. Für die Berechnung der Abschreibungsbeträge wird ein festgesetzter Abschreibungssatz verwendet. Er beträgt zz. 25 % der linearen Abschreibung.	Es kommt hier nicht zu einer vollständigen Abschreibung auf den Restbuchwert Null. Deshalb in der Praxis nur in Kombination mit linearer Abschreibung.
Arithmetrisch-degressive (digitale) Abschreibung	Die AHK werden mit jährlich fallenden Abschreibungsbeträgen über die Jahre der Nutzung verteilt. Für die Berechnung der Abschreibungsbeträge wird ein jährlich sinkender Abschreibungssatz verwendet.	In der Praxis nicht gebräuchlich.
Progressive Abschreibung	Die AHK werden mit jährlich steigenden Abschreibungsbeträgen über die Jahre der Nutzung verteilt. Für die Berechnung der Abschreibungsbeträge wird ein jährlich steigender Abschreibungssatz verwendet.	Diese Methode findet Anwendung bei Anlagegütern, die bis zur vollständigen Nutzung eine längere Anlaufzeit benötigen, z. B. Obstplantagen, Verkehrs- und Versorgungsbetriebe.

Abb. 47c
Auswirkung unterschiedlicher Abschreibungsverfahren auf den Restbuchwert

Jahr	AHK bzw. Restbuchwert Vorjahr (in €)	Lineare Abschreibung	Restbuchwert Geschäftsjahr (in €)	Geometrisch-degressive Abschreibung	Restbuchwert Geschäftsjahr (in €)
1	100000	10000	90000	25000	75000
2	90000	10000	80000	18750	56250
3	80000	10000	70000	14063	42187
4	70000	10000	60000	10547	31640
5	60000	10000	50000	7910	23730
6	50000	10000	40000	5933	17797
7	40000	10000	30000	4449	13348
8	30000	10000	20000	4449	8899
9	20000	10000	10000	4449	4450
10	10000	10000	0	4450	0

AHK = 100000 €
Nutzungsdauer: 10 Jahre

Werten abgewichen werden. Da in aller Regel die Nutzungsdauer gemäß AfA-Tabellen niedriger ist als die wirtschaftliche Nutzungsdauer, führen die erhöhten Abschreibungen zu einer Unterbewertung des Anlagevermögens (Bildung stiller Reserven) und in den Jahren der Abschreibung zu einem geringeren Gewinnausweis in der GuV.

Nach § 243 HGB hat der Jahresabschluss und damit auch das zu wählende Abschreibungsverfahren den Grundsätzen ordnungsmäßiger Buchführung zu entsprechen. Demnach sind Abschreibungsmethoden, die dem Abnutzungsverlauf offensichtlich widersprechen, unzulässig.

Die Abb. 47b zeigt die unterschiedlichen Abschreibungsmethoden im Überblick.

Am meisten verbreitet ist in der Praxis die lineare und die geometrisch-degressive Abschreibungsmethode mit Wechsel zur linearen Abschreibung des Restbuchwerts in dem Jahr, in dem der lineare Abschreibungsbetrag höher bzw. gleich ist als der geometrisch-degressive. Die Wahlmöglichkeit zwischen linearer Abschreibung und geometrisch-degressiver Abschreibung gestattet es, das Abschreibungsvolumen in einem gewissen Umfang zu gestalten. (Die degressive Abschreibung darf allerdings nur max. das Zweieinhalbfache der linearen Abschreibung betragen.). Die Übersicht in Abb. 47c macht deutlich, wie unterschiedlich die Abschreibungsbeträge, die ja Aufwendungen in der GuV-Rechnung darstellen, je nach Abschreibungsverfahren ausfallen. Der in der Übersicht angegebene Buchwert geht in die Bilanz als Restbuchwert ein. Je nach gewählten Abschreibungsverfahren kann es also bei neu angeschafften Maschinen zu einem sehr unterschiedlichen Ausweis des Anlagevermögens kommen.

Darüber hinaus sind *außerplanmäßige Abschreibungen* im Anlagevermögen wegen außergewöhnlicher technischer oder wirtschaftlicher Wertminderung oder Sinkens der Wiederbeschaffungskosten vorzunehmen, wenn es sich um eine voraussichtlich dauernde Wertminderung (strenges Niederstwertprinzip) handelt (§ 253 Abs. 3 HGB). Handelt es sich aber nicht um eine dauernde Wertminderung (gemildertes Niederstwertprinzip), besteht bei Finanzanlagen ein Bewertungswahlrecht. So können Unternehmen bei vorübergehenden Kursschwankungen bei Wertpapieren je nach Interessenlage ihre Finanzanlagen außerplanmäßig abschreiben oder den bisherigen Buchwert beibehalten. Allerdings besteht ein Wertaufholungsgebot, wenn die Gründe, die zur außerplanmäßigen Abschreibung geführt haben, nicht mehr bestehen (§ 253 Abs. 5 HGB). Die Rückgängigmachung von Abschreibungen erfolgt über sog. Zuschreibungen. Das heißt, im Anlagespiegel werden die abgeschriebenen Anlagegegenstände um eine Zuschreibung erhöht, die wiederum in der GuV in den *sonstigen betrieblichen Erträgen* ausgewiesen wird. Im Falle der Vornahme einer Zuschreibung wird also nicht nur das Anlagevermögen buchmäßig aufgewertet, sondern es wird in einem Geschäftsjahr ein zusätzlicher Gewinn »erbucht« und nicht erwirtschaftet.

2.2.2 Geringwertige Wirtschaftsgüter

Über das Steuerrecht, das in § 6 Abs. 2 und 2a EStG die totale Abschreibungsmöglichkeit geringwertiger Wirtschaftsgüter im Jahr der Anschaffung bzw. Herstellung gestattet, kommt ein weiteres Wahlrecht in den handelsrechtlichen Jahresabschluss. Bei den geringwertigen Wirtschaftsgütern handelt es sich um Güter, die selbständig genutzt und bewertet werden können und deren Anschaffungs- bzw. Herstellungskosten ohne Umsatzsteuer 150 € nicht überschreiten. Selbständig nutzbare Wirtschaftsgüter, deren Anschaffungs- oder Herstellkosten zwischen 150 € und 1000 € liegen, sind pro Wirtschaftsjahr in einen Sammelposten aufzunehmen und über fünf Jahre abzuschreiben (§ 6 Abs. 2a EStG).

Die Abschreibungen geringwertiger Wirtschaftsgüter, die vornehmlich bei der Position Betriebs- und Geschäftsausstattung vorgenommen werden, sind nicht zu unterschätzen. Zu den »geringwertigen« Wirtschaftsgütern gehören

z. B. Schränke, Bürostühle, Tische usw., nicht aber z. B. Drucker, weil diese nicht selbständig nutzbar sind. Auf diese Art und Weise können ganze Büroeinrichtungen, die sich aus Sachanlagen von unter 150 € pro Stück zusammensetzen, auf einmal abgeschrieben werden, obwohl man sie Jahre nutzen kann. Die sofortige Totalabschreibung verschlechtert also das Jahresergebnis und führt zur Bildung stiller Reserven. Da keine Dokumentationspflichten im Anhang bestehen, kann der Umfang der stillen Reserven auch nicht ermittelt werden.

In den IFRS kommen geringwertige Wirtschaftsgüter nicht vor. Wegen des Grundsatzes der Wesentlichkeit wird man aber davon ausgehen können, dass eine Sofortabschreibung von geringwertigen Wirtschaftsgütern auch nach IFRS zulässig ist[34].

2.3.3 Leasing und Sale-and-lease-back-Geschäfte

Beim Unternehmensleasing leiht sich ein Unternehmen (Leasingnehmer) von einem anderen Unternehmen (Leasinggeber) zur wirtschaftlichen Nutzung eine Maschine, ein Fahrzeug o. Ä. und muss für diese Nutzung Leasinggebühren (Miete) zahlen. Rechtlich ist der Leasinggeber Eigentümer und der Leasingnehmer lediglich der derzeitige Besitzer des Leasingobjekts. Wirtschaftlich sieht die Sache häufig allerdings ganz anders aus. Leasingverträge sind oft so ausgestaltet, dass sie über die gesamte voraussichtliche Nutzungsdauer des Leasingobjektes laufen oder dass das Leasingobjekt nach Beendigung der vereinbarten Leasingzeit in das Eigentum der Leasingnehmers übergeht. Im letzteren Fall ist die Bezahlung des übergegangenen Wirtschaftsguts durch die während des Leasingzeitraums gezahlten Leasingraten erfolgt. Man spricht in beiden Fällen von einem sog. Finanzierungsleasing.

Angesichts fehlender konkreter Regelungen im HGB richtet sich die Bilanzierung von Leasingverhältnissen im handelsrechtlichen Abschluss nach steuerrechtlichen Leasingerlassen der deutschen Finanzbehörden. Durch geschickte Vertragsgestaltung ist es auch bei einem sog. Finanzierungsleasing möglich, dass bei einem handelsrechtlichen Jahresabschluss bzw. Konzernabschluss das Leasingobjekt nicht beim Leasingnehmer bilanziert wird und die Leasingraten während des Nutzungszeitraums in den jeweiligen Gewinn- und Verlustrechnungen als Aufwand gebucht werden. Damit besteht bei handelsrechtlichen Abschlüssen faktisch ein Bilanzierungswahlrecht.

Bei einem nach den IAS/IFRS aufgestellten Konzernabschluss kommt es nicht so sehr auf die vertragliche Gestaltung als vielmehr auf den wirtschaft-

---

[34] Vgl. Coenenberg/Haller/Schultze, a. a. O., S. 168.

lichen Gehalt eines Leasingvertrags an. Das heißt, bei einem sog. Finanzierungsleasing ist das Leasingobjekt beim Leasingnehmer zu bilanzieren. Diese Bilanzierung hat nach IAS 17 mit dem beizulegenden Zeitwert (»fair value«) oder mit dem Barwert der noch zu leistenden Leasingzahlungen zu erfolgen (je nachdem, was niedriger ist). Die für das Leasingobjekt noch zu zahlenden Leasingraten sind entsprechend in der Bilanz als Verbindlichkeiten auszuweisen.

Da das Finanzierungsleasing eigentlich nichts anders darstellt als eine besondere Form der Fremdkapitalfinanzierung von Investitionen, führt die verpflichtende Bilanzierungsregelung nach IAS 17 dazu, dass die wirtschaftlichen Verhältnisse eines Unternehmens/Konzerns realistischer dargestellt werden. Konzerne, deren Konzernabschlüsse auf Grundlage der IAS/IFRS aufgestellt wurden, sind somit besser miteinander vergleichbar.

Auch sog. Sale-and-Lease-Back-Geschäfte, also jene Geschäfte, bei denen ein Vermögensgegenstand verkauft wird und unmittelbar danach »zurückgeleast« wird, werden in einem nach IAS/IFRS aufgestellten Konzernabschluss so »verbucht«, dass die wirtschaftliche Lage realistischer wiedergeben wird als in einem HGB-Abschluss. Nicht nur, dass die im Wege des Leasing zurücküberlassenen Wirtschaftsgüter dem Finanzierungsleasing zuzuordnen sind und damit die schon voran gemachten Ausführungen hierzu gelten. Darüber hinaus dürfen anders als nach dem HGB die aus diesen Geschäften anfallenden Buchgewinne nicht sofort realisiert werden. Nach IAS 17 muss beim Finanzierungsleasing ein Buchgewinn in einen Rechnungsabgrenzungsposten eingestellt werden, der gewinnbringend (Position sonstige betriebliche Erträge) nur über die gesamte Leasingvertragsdauer aufgelöst werden darf.

2.3 Vorräte

Für die Bewertung des Vorratsvermögens gilt handelsrechtlich das absolute Niederstwertprinzip; d.h., das Vorratsvermögen darf höchstens mit seinen Anschaffungs- bzw. Herstellungskosten (§ 253 Abs. 1 HGB) und *muss* bei einem niedrigeren Börsen- oder Marktpreis am Bilanzstichtag sogar mit diesem niedrigeren Wert bewertet werden (§ 253 Abs. 3 HGB). Trotz dieses absoluten Niederstwertprinzips bestehen bei der Position Vorratsvermögen wohl die meisten Gestaltungsmöglichkeiten.

154 Bilanzpolitik und Bilanzierungsspielräume

2.3.1 Bewertung der Roh-, Hilfs- und Betriebsstoffe

Gleichartige Vermögensgegenstände des Vorratsvermögens können – abweichend vom Grundsatz der Einzelbewertung – so vereinfacht bewertet werden, dass deren bilanzierter Wert kaum etwas mit realistischen Marktpreisen zu tun haben muss. Die nach den §§ 240 Abs. 3 und 4 HGB und 256 HGB möglichen Bewertungsverfahren sollen im Folgenden an der Position »Roh-, Hilfs- und Betriebsstoffe« dargestellt werden. Zur Bewertung dieser Position am Bilanzstichtag sind handelsrechtlich folgende Bewertungsverfahren zulässig:

2.3.1.1 Festbewertung (§ 240 Abs. 3 HGB)

Vermögensgegenstände des Sachanlagevermögens, deren Gesamtwert für das Unternehmen von untergeordneter Bedeutung ist und deren Bestand in seiner Größe, seinem Wert und seiner Zusammensetzung nur geringen Schwankungen unterliegt, dürfen mit einem Festwert angesetzt werden (§ 240 Abs. 3 HGB).

2.3.1.2 Durchschnittsmethode (§ 240 Abs. 4 HGB)

Gleichartige Roh-, Hilfs- und Betriebsstoffe werden zu einer Gruppe zusammengefasst und mit einem gewogenen Durchschnittspreis bewertet. Dieser Durchschnittspreis wird aus dem Anfangstatbestand und den Zugängen des Geschäftsjahres gebildet.

2.3.1.3 Verbrauchsfolgeverfahren (§ 256 HGB)

Soweit es den Grundsätzen ordnungsmäßiger Buchführung entspricht, kann für den Wertansatz gleichartiger Roh-, Hilfs- und Betriebsstoffe unterstellt werden, dass die zuerst oder die zuletzt angeschafften Waren zuerst verbraucht oder veräußert worden sind (sog. Fifo- oder Lifo-Verfahren). Da diese Verfahren *nicht* der tatsächlichen Verbrauchs- oder Veräußerungsfolge im Unternehmen entsprechen, eröffnet sich ein nicht geringer Spielraum bei der Bewertung der Rohstoffvorräte.

- *Fifo-Verfahren* (first in – first out)
  Bei diesem Verfahren wird unterstellt, dass die zuerst angeschafften Roh-, Hilfs- und Betriebsstoffe auch zuerst verbraucht oder veräußert worden sind. Die am Bilanzstichtag vorhandenen Rohstoffbestände stammen demnach aus den letzten Einkäufen. Entsprechend werden die Rohstoffbestände mit den Preisen der letzten Einkäufe bewertet. Bei fallenden Rohstoffpreisen innerhalb

Abb. 48
Die Anwendung des Fifo- oder Lifo-Verfahrens bei gleichartigen Rohstoffen und die möglichen Auswirkungen auf die Bilanz und die Gewinn- und Verlustrechnung

Preisänderung Verbrauchs- folgeverfahren	Steigerung der Einkaufspreise bei Rohstoffen im Geschäftsjahr	Senkung der Einkaufspreise bei Rohstoffen im Geschäftsjahr
Fifo-Verfahren (first in – first out)	Materialaufwand: niedriger Bilanzausweis und Jahresergebnis: höher	Materialaufwand: höher Bilanzausweis und Jahresergebnis: niedriger
Lifo-Verfahren (last in – first out)	Materialaufwand: höher Bilanzausweis und Jahresergebnis: niedriger	Materialaufwand: niedriger Bilanzausweis und Jahresergebnis: höher

eines Geschäftsjahres bietet dieses Verfahren die Möglichkeit, durch einen buchmäßigen Aufwand den Gewinn zu schmälern. Gegenüber der Durchschnittsmethode fällt die Position »Materialaufwand« in der GuV höher aus (und die Bilanzposition »Roh-, Hilfs- und Betriebsstoffe« wird entsprechend kleiner ausgewiesen). Bei Preiserhöhungen im Laufe des Geschäftsjahres wirkt sich die Anwendung des Fifo-Verfahrens gegenüber der Durchschnittsmethode gewinnerhöhend aus (s. Abb. 48).

- *Lifo-Verfahren* (last in – first out)
Bei der Anwendung dieses Verfahrens wird unterstellt, dass die zuletzt angeschafften oder hergestellten Roh-, Hilfs- und Betriebsstoffe zuerst verbraucht oder veräußert worden sind. Die am Bilanzstichtag vorhandenen Bestände stammen also aus dem Anfangsbestand und den ersten Zugängen des Geschäftsjahres (sofern sich der Bestand gegenüber dem Vorjahr erhöht hat). Dieses Verfahren bietet bei fallenden Rohstoffpreisen innerhalb eines Geschäftsjahres die Möglichkeit, durch niedrigeren buchmäßigen Aufwand als bei der Durchschnittsmethode den Gewinn zu erhöhen. Steigen die Preise im Laufe des Geschäftsjahres, wirkt sich die Anwendung des Lifo-Verfahrens gegenüber der Durchschnittsmethode gewinnsenkend aus (s. Abb. 48).

156   Bilanzpolitik und Bilanzierungsspielräume

Hinsichtlich der Bewertung gleichartiger Roh-, Hilfs- und Betriebsstoffe unterscheiden sich die IAS/IFRS nicht wesentlich von den handelsrechtlichen Vorschriften. IAS 2 lässt sowohl die Durchschnittsmethode als auch das Fifo-Verfahren zu.

2.3.2   Bewertung der unfertigen und fertigen Erzeugnisse

Nicht nur bei der Selbsterstellung von Maschinen gilt es die Herstellungskosten zu ermitteln, um das Sachanlagevermögen entsprechend zu erhöhen; die Ermittlung der Herstellungskosten betrifft in viel stärkerem Maße die sich zum Bilanzstichtag im Unternehmen befindlichen unfertigen und fertigen Erzeugnisse. Entsprechend ihren Herstellungskosten sollen diese Erzeugnisse in der Bilanz eingestellt werden.

Nach § 255 Abs. 2 HGB gibt es eine Wertuntergrenze und eine Wertobergrenze bei der Ermittlung der Herstellungskosten. Die *Wertuntergrenze*, zu der ein selbst erstellter Vermögensgegenstand bilanziert werden muss, stellen die Einzelkosten (Materialkosten, Fertigungskosten (= Fertigungslöhne) und Sonderkosten der Fertigung) sowie angemessene Teile der Material- und Fertigungsgemeinkosten sowie der Abschreibungen dar, die bei den Produkten dieses Vermögensgegenstandes entstanden sind.

Zur *Wertobergrenze* bei der Ermittlung der Herstellungskosten eines Vermögensgegenstandes heißt es in § 255 Abs. 2 HGB:»Bei der Berechnung der Herstellungskosten dürfen auch Kosten der allgemeinen Verwaltung sowie Aufwendungen für soziale Einrichtungen des Betriebs, für freiwillige soziale Leistungen und für betriebliche Altersversorgung aktiviert werden, soweit sie sich auf den Zeitraum der Herstellung beziehen.« Ein Aktivierungsverbot gilt lediglich für Forschungs- und Vertriebskosten. Bei den Fremdkapitalzinsen allerdings mit der Ausnahme, dass – soweit Zinsen auf den Zeitraum der Herstellung entfallen – eine Bilanzierung zulässig ist, wenn das Fremdkapital zur Finanzierung der Herstellung eines Vermögensgegenstands verwendet wird (§ 255 Abs. 3 HGB).

Nach den IAS/IFRS gibt es bei der Bewertung keine Wahlrechte hinsichtlich der Bewertung der unfertigen und fertigen Erzeugnisse. Nach IAS 2 sind sämtliche Kosten, die dem Produktionsprozess zugerechnet werden können, einzubeziehen (Vollkostenansatz).

Die handelsrechtlichen Wahlrechte beim Ansatz der Herstellungskosten eröffnen natürlich einen Spielraum zur Gewinnverlagerung. Ein Ausweis von fertigen und unfertigen Erzeugnissen mit der Wertuntergrenze hat u. a. zur Folge, dass im Jahr eines Lageraufbaus die Erzeugnisse zu niedrig, der Materialaufwand zu hoch und der Jahresüberschuss folglich zu niedrig ausgewiesen werden. Eine Lagerauflösung im folgenden Jahr durch Abverkauf hat hingegen

Bilanzierungsspielräume und ihre Auswirkungen

Abb. 49
Pflicht- und Wahlbestandteile der Herstellungskosten nach HGB und EStR

Kostenbestandteile	HGB/EStR
Materialeinzelkosten	Pflicht
Fertigungseinzelkosten	Pflicht
Sondereinzelkosten der Fertigung	Pflicht
Material- und Fertigungsgemeinkosten	Pflicht
Allgemeine Verwaltungskosten	Wahlrecht
Fremdkapitalkosten	Wahlrecht
Sondereinzelkosten des Vertriebs	Verbot
Vertriebskosten	Verbot
Forschungskosten	Verbot

zur Folge, dass dann der Materialaufwand zu niedrig und der Jahresüberschuss entsprechend überhöht ausgewiesen werden. An diesem Beispiel wird deutlich, dass die Wahl, nur die Wertuntergrenze anzusetzen, automatisch zur Bildung und Auflösung stiller Reserven bei Lagerbildung und -auflösung und zu entsprechenden Verzerrungen in der Darstellung der Ertragslage führt.

2.4 Latente Steuern

Das Konzept der Abgrenzung latenter Steuern wurde durch das BilMoG grundlegend reformiert und ist für den Einzelabschluss in § 274 HGB und für den Konzernabschluss in § 306 HGB geregelt.

Aktive bzw. passive latente Steuern ergeben sich aufgrund unterschiedlicher Wertansätze in Handels- und Steuerbilanz, die sich in künftigen Perioden wieder umkehren.

Aktive latente Steuern entstehen, wenn
- ein Disagio in der Handelsbilanz nicht aktiviert wird (Wahlrecht), aber in der Steuerbilanz aktiviert wird (Aktivierungspflicht)
- ein Geschäfts- oder Firmenwert in der Handelsbilanz über 15 Jahre abgeschrieben wird und in der Steuerbilanz über einen längeren Zeitraum
- der Barwert der Pensionsrückstellungen in der Handelsbilanz mit einem niedrigeren Steuersatz berechnet wird als in der Steuerbilanz
- Rückstellungen handelsrechtlich abgezinst werden; steuerlich hingegen besteht ein Abzinsungsverbot[35].

---
35 Vgl. ebd., S. 479 f.

Bilanzpolitik und Bilanzierungsspielräume

Aktive latente Steuern können sich außerdem auch aufgrund steuerlicher Verlustvorträge oder vergleichbarer Sachverhalte, wie z. B. Steuergutschriften, Zinsvorträge, ergeben.

Eine sich insgesamt ergebende zukünftige Steuerbelastung ist als passive latente Steuer auszuweisen. Passive latente Steuern entstehen, wenn

- selbst geschaffene immaterielle Vermögensgegenstände in der Handelsbilanz aktiviert werden (Wahlrecht), während in der Steuerbilanz ein Aktivierungsverbot besteht,
- in der Handelsbilanz Fremdkapitalzinsen bei der Ermittlung der Herstellungskosten berücksichtigt werden (Wahlrecht) und in der Steuerbilanz nicht (Aktivierungsverbot)[36].

Aktive und passive latente Steuern dürfen saldiert werden. Ergibt eine Saldierung einen Überhang aktiver latenter Steuern, besteht im Einzelabschluss ein Aktivierungswahlrecht, verbunden mit einer Ausschüttungssperre (§ 268 Abs. 8 Satz 2 HGB). Passive latente Steuern sind im Einzelabschluss auszuweisen (Passivierungspflicht). Im Anhang ist zu erläutern, aus welchen Gründen die latenten Steuern resultieren. Außerdem ist zu erläutern, mit welchem Steuersatz die latenten Steuern errechnet wurden (§ 289 Nr. 29 HGB). Ein gebildeter passiver oder aktiver latenter Steuerposten ist aufzulösen, sobald die Steuerbe- oder -entlastung eintritt oder mit ihr voraussichtlich nicht mehr zu rechnen ist (§ 274 Abs. 2 Satz 2 HGB).

Im Unterschied zum Einzelabschluss besteht im Konzernabschluss eine Aktivierungs- bzw. Passivierungspflicht für latente Steuern. Eine Saldierung ist zulässig. Im Übrigen gelten die Ausführungen zum Einzelabschluss entsprechend.

Auch in einem nach den IAS/IFRS aufgestellten Konzernabschluss ist die Aktivierung zukünftiger Steuerentlastungen durch die Bildung einer Bilanzposition »aktive latente Steuern« zwingend vorgesehen (IAS 12). Jedoch werden mit den Bilanzpositionen »aktive latente Steuern« und »passive latente Steuern« keine zum Bilanzstichtag vorhandenen, sondern zukünftige voraussichtliche Vermögenswerte und Schulden in die Bilanz aufgenommen. Im Rahmen einer Bilanzanalyse sollte man deshalb ausgewiesene latente Steuern aus der Bilanz herausrechnen, d. h. mit dem Eigenkapital verrechnen.

---

36 Vgl. ebd. S. 480.

2.5 Disagio

Das bei der Kreditaufnahme entstehende Disagio (Unterschiedsbetrag zwischen Erfüllungs- und Ausgabebetrag) *darf* ebenfalls in der handelsrechtlichen Bilanz aktiviert werden (§ 250 Abs. 3 HGB). Dieses Disagio ist durch planmäßige jährliche Abschreibungen abzubauen. Diese Abschreibungen können auf die gesamte Laufzeit der Verbindlichkeiten verteilt werden, für die das Disagio erhoben wurde. Eine derartige Vorgehensweise ist durchaus logisch, da mit einem hohen Disagio der noch zu zahlende Zins für einen Kredit niedriger ausfällt. Mit dem Disagio sind also quasi Kreditzinsen für die Folgejahre bereits gezahlt worden. Dennoch steht hinter der Bilanzposition »Disagio« kein realer Vermögenswert. Deshalb ist auch das Disagio im Rahmen der Bilanzanalyse aus der Bilanz herauszurechnen.

In einem nach den IAS/IFRS aufgestellten Konzernabschluss wird man hingegen keine Position »Disagio« finden. Nach IAS 39 werden die mit der Aufnahme eines Kredits anfallenden Kapitalbeschaffungskosten vom Kreditvolumen abgezogen und lediglich dieser Wert wird in der Bilanz als Finanzverbindlichkeit gebucht. Das Disagio wird dann – auf die Laufzeit des Kredits verteilt – in den Folgejahren nicht nur als Aufwand in der GuV verbucht, sondern auch der bilanzierten Finanzverbindlichkeit zugeschlagen. Am Ende der Kreditlaufzeit steht dann der aufgenommene Kredit mit seinem Rückzahlungsbetrag in der Bilanz[37]. Dies klingt nicht nur kompliziert, es wäre auch kompliziert, im Rahmen der Bilanzanalyse eine »Unterbewertung« der Finanzverbindlichkeiten zu ermitteln. Angesichts des i. d. R. relativ geringen Volumens (bezogen auf die Bilanzsumme) des Disagios sollte man bei einem nach den IAS/IFRS aufgestellten Konzernabschluss auf eine Korrektur der Finanzverbindlichkeiten im Rahmen der Bilanzanalyse verzichten.

2.6 Rückstellungen

Nach § 249 Abs. 1 Satz 2 Nr. 1 HGB hat jeder Kaufmann für ungewisse Verbindlichkeiten und drohende Verluste aus schwebenden Geschäften Rückstellungen zu bilden. Für andere Zwecke dürfen keine Rückstellungen gebildet werden.[38] So müssen für im Geschäftsjahr unterlassene Aufwendungen für Instandhaltung, die im folgenden Geschäftsjahr innerhalb von drei Monaten nachgeholt werden, Rückstellungen gebildet werden. Rückstellungen für In-

---
37 Vgl. Lüdenbach, S. 182 ff.
38 Vgl. Coenenberg/Haller/Schultze, a. a. O., S. 415.

standhaltung, die nach Ablauf der Frist von drei Monaten nachgeholt werden, sind nach BilMoG nicht mehr zulässig. In der Vergangenheit gebildete Rückstellungen dürfen jedoch beibehalten werden. Durch die Terminierung der nachgeholten Instandhaltung hat also eine Unternehmensleitung eine weitere Möglichkeit, ihren handelsrechtlichen Jahresabschluss zu gestalten. Im Rahmen der Bilanzanalyse ist es kaum möglich, diesen Bilanzierungsspielraum auszuleuchten. Man könnte sich allerdings alle sog. Aufwandsrückstellungen genauer anschauen und von Fall zu Fall entscheiden, ob man sie im Rahmen einer Umgruppierung aus dem Block Fremdkapital herausnimmt.

Nach der IAS/IFRS-Konzeption (IAS-Rahmenkonzept 64) können hingegen Rückstellungen ausschließlich nur für gegenwärtige Verpflichtungen eines Unternehmens gegenüber externen Dritten aus Ereignissen der Vergangenheit gebildet werden. Damit ist es ausgeschlossen, dass Aufwandsrückstellungen – die ja keine Verpflichtung gegen Dritte darstellen – in einem nach den IAS/IFRS erstellten Konzernabschluss enthalten sind. Es gibt damit zwar einen Bilanzierungsspielraum weniger, andererseits ist zu bedenken, dass z. B. bei Nicht-Vorhandensein einer Rückstellung für unterlassene Instandhaltung, zusätzliche Aufwendungen im folgenden Geschäftsjahr anfallen, obwohl die Ursache des Aufwands im vorangegangenen Geschäftsjahr lag.

2.7 Sonderposten mit Rücklageanteil

In einem nach dem HGB aufgestellten Jahresabschluss bzw. Konzernabschluss kann es – obwohl Sonderposten mit Rücklageanteil nicht mehr neu gebildet werden dürfen – in der Bilanz aber durchaus noch über einen längeren Zeitraum einen Sonderposten mit Rücklageanteil geben, und zwar dann, wenn von dem Beibehaltungswahlrecht Gebrauch gemacht wird. In der Vergangenheit wurden Sonderposten mit Rücklageanteil häufig gebildet, um Veräußerungsgewinne zeitlich befristet steuerfrei zu parken. Darüber hinaus gab es aber auch die Möglichkeit, einen Sonderpostenposten mit Rücklageanteil im Zusammenhang mit steuerlichen Sonderabschreibungen zu bilden. Da steuerrechtliche Regelungen nach den IAS/IFRS keinen Einfluss auf die Gestaltung des Jahresabschlusses haben dürfen, wird es in einem nach den IAS/IFRS aufgestellten Konzernabschluss keinen Sonderposten mit Rücklageanteil geben, was die Bilanzanalyse vereinfacht.

3. Umbewertungen und Währungsumrechnungen in der Konzernbilanz

Zwar heißt es im § 308 Abs. 1 HGB, dass die in den Konzernabschluss übernommenen Vermögensgegenstände und Schulden der in den Konzernabschluss einbezogenen Unternehmen »... nach den auf den Jahresabschluss des Mutterunternehmens anwendbaren Bewertungsmethoden einheitlich zu bewerten sind, jedoch kann hiervon in Ausnahmefällen abgewichen werden (§ 308 Abs. 2 HGB). Dies ist allerdings im Konzernanhang anzugeben und zu begründen. Darüber hinaus dürfen aber auch für das Mutterunternehmen zulässige Bilanzierungswahlrechte im Konzernabschluss unabhängig von ihrer Ausübung in den Jahresabschlüssen in den Tochterunternehmen ausgeübt werden (§ 300 Abs. 2 HGB). Das heißt z. B., die Inanspruchnahme von Wahlrechten in einem Tochterunternehmen kann in der Konzernbilanz wieder rückgängig gemacht werden.

Über eine »Umbewertung« muss allerdings erst dann im Konzernanhang berichtet werden, wenn sich hierdurch Abweichungen zu den Bewertungsmethoden ergeben, die im Mutterunternehmen angewandt werden (§ 308 Abs. 1 HGB). Im Umkehrschluss folgt daraus, dass eine Berichtspflicht ausscheidet, wenn im Zuge der Konsolidierung eine Angleichung der Bewertungsmethoden in den Einzelabschlüssen der Tochtergesellschaften an die des Mutterunternehmens erfolgt.

Obwohl durch eine Neubewertung im Konzernabschluss das Erscheinungsbild eines Konzerns nicht unerheblich beeinflusst werden kann, sind die Umbewertungen im Konzernabschluss nicht so ohne weiteres erkennbar. Erfolgt durch die Unternehmensleitung kein freiwilliger Bericht (im Konzernanhang), so verfügt der Außenstehende, und dies sind in diesem Fall auch der Betriebsrat und der/die ArbeitnehmervertreterIn im Aufsichtsrat, nicht über die Informationen, um die Auswirkungen, die sich im Rahmen der Konsolidierung hinsichtlich der Umbewertung ergeben, hinreichend zu erkennen und zu quantifizieren. Dem kann nur durch Fragen in der Wirtschaftsausschusssitzung bzw. in der Aufsichtsratssitzung abgeholfen werden.

Ähnlich verhält es sich bei den im Rahmen der Konsolidierung erforderlichen Währungsumrechnungen. Sind nämlich ausländische Tochterunternehmen in den Konzernabschluss einzubeziehen, so sind deren Einzelabschlüsse in Euro umzurechnen (§ 298 Abs.1 i. V. m. § 244 HGB). Da das HGB nicht vorschreibt, wie diese Umrechnung verbindlich zu erfolgen hat, eröffnet sich damit für die Konzernleitung ein weiterer Bilanzierungsspielraum. So könnte die Umrechnung der Jahresabschlusswerte einer ausländischen Tochtergesellschaft zu einem historischen Kurs (Wechselkurs zum Zeitpunkt der Anschaffung) oder zu einem Stichtagskurs (Wechselkurs zum Stichtag des Konzernabschlusses) erfolgen. Hinzu kommt noch, dass die Möglichkeit besteht, sowohl den Geldkurs (Ankaufskurs der Bank) wie auch den Briefkurs (Verkaufskurs der Bank) oder den Mittelkurs aus beiden für die Umrechnung zu benutzen.

Im § 313 Abs. 1 HGB heißt es lediglich: »Im *Konzernanhang* müssen (...) die Grundlagen für die Umrechnung in Euro angegeben werden, sofern der Konzernabschluss Posten enthält, denen Beträge zugrunde liegen, die auf fremde Währungen lauten oder ursprünglich auf fremde Währungen lauteten.« Damit ist allerdings für den Außenstehenden keineswegs klar, wie sich die Anwendung einer bestimmten Währungsumrechnungsmethode im Vergleich zu anderen auswirkt.

Die IAS/IFRS schränken allerdings den Bilanzierungsspielraum bei der Währungsumrechnung ein. In einem in Deutschland nach den IAS/IFRS aufgestellten Konzernabschluss hat die auf den Euro vorzunehmende Währungsumrechnung der GuV-Positionen mit dem Durchschnittskurs des Geschäftsjahres zu erfolgen. Die Bilanzpositionen sind mit dem Kurs am Bilanzstichtag umzurechnen (vgl. IAS 21).

VI. Bilanzanalyse

1. Vom »Warum?« zum »Wie?« der Bilanzanalyse

Wie aus dem Abschnitt »Bewertungsspielräume« deutlich wurde, gibt es für eine Unternehmensleitung einige Möglichkeiten, den Einzelabschluss bzw. Konzernabschluss so zu gestalten, dass beim Bilanzleser zumindest auf den ersten Blick ein bestimmter Eindruck hervorgerufen wird. Die Wahrnehmung dieser Möglichkeiten zur interessengerichteten Darstellung des Jahresabschlusses nennt man Bilanzpolitik. Im Rahmen der Bilanzpolitik können von einer Unternehmensleitung folgende Ziele verfolgt werden:
- Abwehr von Ansprüchen der ArbeitnehmerInnen an das Unternehmen,
- Abwehr von Ansprüchen der (Klein-)Aktionäre nach Dividendenzahlung bzw. höherer Dividendenzahlung,
- Abwehr von Ansprüchen der Öffentlichkeit (z. B. Kommunen) an das Unternehmen und Begründung eigener Ansprüche an die Öffentlichkeit,
- Schaffung günstiger Finanzierungsstrukturen für zukünftige Investitionen (z. B. Einstellung von Buchgewinnen aus Anlageabgängen in den Sonderposten mit Rücklageanteil),
- Vortäuschung einer nicht vorhandenen Finanzkraft und Leistungsfähigkeit, um Lieferanten nicht zu verunsichern und um Kapitalbeschaffung zu erleichtern,
- Erzielung hoher Bezüge für die Unternehmensleitung (bei Koppelung dieser Bezüge an das Unternehmensergebnis).

Die ersten drei Ziele erfordern einen möglichst geringen Gewinnausweis, während die beiden letztgenannten Punkte einen möglichst hohen Gewinnausweis im Jahresabschluss voraussetzen. Aufgrund des Gläubigerschutzprinzips im HGB lässt sich generell sagen, dass es bei einem HGB-Abschluss leichter ist, mit den legalen bilanzpolitischen Instrumenten eine Unterbewertung als eine Überbewertung der Vermögenswerte herbeizuführen. Generell lässt sich feststellen, dass das von der Unternehmensleitung im handelsrechtlich aufgestellten (Einzel-)Jahresabschluss und Konzernabschluss ausgewiesene Jahresergebnis nicht in einem Geschäftsjahr erwirtschaftet, sondern im Hinblick auf die unternehmerische Zielsetzung »erbucht« worden ist. Dies gilt in eingeschränktem Maße auch für einen Konzernabschluss, der nach den IAS/IFRS aufgestellt wurde.

Aufgabe der Bilanzanalyse sollte es also sein, den bilanzpolitischen Schleier vom Einzelabschluss bzw. Konzernabschluss zu entfernen. *Unter Bilanzanalyse versteht man die kritische Beurteilung und wirtschaftliche Auswertung von Einzel- und Konzernabschlüssen bzw. Zwischenabschlüssen.* Hierbei werden die Bilanz- und die GuV-Posten zur Gewinnung eines besseren Einblicks und zum Zweck eines Vergleichs mit den Vorjahren oder anderen Unternehmen statistisch aufbereitet. Praktisch bedeutet dies: Sie werden zusammengefasst, gruppiert und zueinander in Beziehung gesetzt. Man sollte sich allerdings keiner Illusion hingeben: Ein »objektives« Bild von den wirtschaftlichen Verhältnissen wird man trotz einiger »Insider-Informationen« als Mitglied des Betriebsrats oder des Aufsichtsrats nie erhalten können. Hier gilt das aus der Statistik abgewandelte Sprichwort: Traue keinem Jahresabschluss, den du nicht selbst gestaltet hast! Darüber hinaus sollte man nie vergessen, dass die Jahresabschlussdaten zum Zeitpunkt ihrer Veröffentlichung bereits veraltet sind.

Im Folgenden soll beispielhaft ein nach dem HGB aufgestellter (Einzel-) Jahresabschluss analysiert werden. Dies deshalb, weil alle in Deutschland ansässigen Unternehmen einen derartigen Jahresabschluss aufzustellen haben und auch etliche Konzernabschlüsse nach den handelsrechtlichen Vorschriften aufgestellt werden. Darüber hinaus ist man mit den Kenntnissen, die bei der Analyse eines handelsrechtlichen Jahresabschlusses angewandt werden, auch in der Lage, einen Konzernabschluss nach IAS/IFRS auszuwerten.

Die Bilanzanalyse erfolgt im Folgenden anhand von Formblättern, die fast alle möglichen Fälle abdecken, die bei einem Jahresabschluss bzw. Konzernabschluss nach HGB auftreten können. Im Anhang dieses Buches befinden sich blanko die Formblätter für einen HGB-Abschluss (Gesamtkosten- und Umsatzkostenverfahren) und für einen Konzernabschluss nach IAS/IFRS (Gesamtkosten- und Umsatzkostenverfahren). Überdies befinden sich auf der beiliegenden **CD-ROM** Formularsätze zur Auswertung der verschiedenen Formen von Jahres- und Konzernabschlüssen, die entsprechend den spezifischen Besonderheiten eines Unternehmens bzw. Konzerns abgeändert werden können.

Diese Formularsätze sind auf der beiliegenden CD-ROM nicht nur blanko, sondern auch mit Rechenformeln hinterlegt. Bei Verwendung der Formblätter mit hinterlegten Rechenformeln entfällt das langwierige Rechnen, so dass eigentlich nur noch Eingabefehler auftreten dürften. **Dieses »Bilanzanalyseprogramm« wurde mit Microsoft-Excel erstellt; wenn man dieses Programm nutzen will, benötigt man auf seinem PC die Software MS-Excel.**

2. Umstrukturierung der Bilanz

Bevor man an die Analyse der Bilanz im eigentlichen Sinne gehen kann, ist es notwendig, die Bilanz um jene Positionen zu verkürzen, hinter denen keine realen Vermögenswerte stehen und die folglich zu einem zu hohen Eigenkapitalausweis führen.

In den Kapiteln III und VI wurde bereits deutlich gemacht, dass hinter den Bilanzposten
- Aufwendungen für die Ingangsetzung und Erweiterung des Geschäftsbetriebs (soweit sie aufgrund des Beibehaltungswahlrechts nach BilMoG noch in der Bilanz ausgewiesen sind),
- aktivierter Geschäfts- oder Firmenwert und
- Disagio

eigentlich keine realen Vermögenswerte stehen. Hier handelt es sich um Bilanzierungshilfen, durch die besondere Aufwendungen über mehrere Geschäftsjahre verteilt werden können. Darüber hinaus ist der Eigenkapitalausweis um
- ausstehende Einlagen und
- eigene Anteile

zu reduzieren, da die ausstehenden Einlagen sich zum Zeitpunkt der Bilanzerstellung noch nicht im Unternehmen befanden und die eigenen Anteile letztlich nichts anderes darstellen als Anteilsscheine am Unternehmen, die ebenfalls zum Zeitpunkt der Bilanzerstellung noch nicht verkauft sind.

Werden auf der Aktivseite der Bilanz latente Steuern ausgewiesen, sind diese wegen ihres fiktiven Vermögenscharakters vom Eigenkapital abzuziehen. Auf der Passivseite der Bilanz ausgewiesene latente Steuern sind hingegen dem Eigenkapital zuzuordnen. Das heißt, bei passivischen latenten Steuern kommt es also nicht zu einer Verkürzung der Bilanz, sondern zu einer bestimmten Zuordnung innerhalb der Passivseite.

Nachdem man im Rahmen der Bilanzanalyse etwas Luft aus der Bilanz gelassen hat, kann man nun darangehen, die einzelnen Bilanzposten zu gruppieren, d.h. nach bestimmten Gruppen zu ordnen. Als Ordnungsschema sollte man die Bindungsdauer der Vermögenswerte im Unternehmen wählen. Unter Bindungsdauer ist die zeitliche Festlegung von Vermögenswerten im Unternehmen zu verstehen; sie gibt Auskunft darüber, in welchem wahrscheinlichen Zeitraum Vermögenswerte in liquide Mittel umgewandelt werden können. Die Kapitalseite der Bilanz (Passiva) sollte man hingegen nach der Kapitalstruktur gliedern. Es bietet sich an, eine Gliederung nach *Eigenkapital, Wirtschaftlichem Eigenkapital* (Kapital, mit dem das Unternehmen wie mit Eigenkapital wirtschaften kann, obwohl es zum Teil juristisch gesehen Fremdkapital darstellt) und *Fremdkapital* vorzunehmen. Das Fremdkapital gilt es dann nach seiner Fäl-

Bilanzanalyse

Abb. 50
Bilanzen der Paul Hartmann AG in Tsd. €

Aktiva	31.12.2010	31.12.2009	31.12.2008
A. Anlagevermögen	**361 162**	**358 173**	**364 828**
I. Immaterielle Vermögensgegenstände	10 215	7 868	7 510
– davon Geschäfts- oder Firmenwert*	(–)	(–)	(–)
II. Sachanlagen	69 260	64 247	71 444
III. Finanzanlagen	281 688	286 058	285 874
B. Umlaufvermögen	**343 195**	**294 645**	**279 335**
I. Vorräte	128 923	84 595	91 224
– davon Roh-, Hilfs- u. Betriebsstoffe*	(34 670)	(26 396)	(32 770)
– davon unfertige Erzeugnisse*	(1 465)	(717)	(1 018)
– davon fertige Erzeugnisse*	(35 154)	(21 884)	(20 650)
– Waren*	(57 199)	(35 163)	(36 351)
– davon geleistete Anzahlungen*	(435)	(435)	(435)
II. Forderungen und sonstige Vermögensgegenstände	210 643	207 850	186 029
– davon Forderungen insgesamt*	(185 129)	(178 318)	(120 492)
– davon Forderungen mit einer Restlaufzeit von mehr als einem Jahr*	(28 600)	(32 300)	(28 900)
– davon Sonstige Vermögensgegenstände insgesamt*	(25 514)	29 532)	32 153
– davon Sonstige Vermögensgegenstände mit einer Restlaufzeit von mehr als einem Jahr*	0	0	0
III. Wertpapiere	13	44	40
– davon eigene Aktien*	0	31	31
IV. Schecks, Kasse, Bank- und Postscheckguthaben	3 616	2 156	2 042
C. Rechnungsabgrenzungsposten	911	1 166	1 386
	705 268	**653 984**	**645 549**

* wurde dem jeweiligen Anhang entnommen. Dort wurden Forderungen und sonstige Vermögensgegenstände mit einer Restlaufzeit von mehr als einem Jahr gemeinsam angegeben (28 600 T€). Eine Differenzierung nach Forderungen und sonstigen Vermögensgegenständen ist somit nicht möglich. In der weiteren Analyse werden diese beiden Positionen gemeinsam betrachtet.

Zusätzliche Informationen aus dem Anhang:
Forderungen an verbundene und beteiligte Unternehmen: 2010 43 300 Tsd. €;
2009 32 800 Tsd. €; 2008 48 500 Tsd. €.

Umstrukturierung der Bilanz

Zusätzliche Informationen aus dem Anlagespiegel
– für 2010:

in Tausend EUR	komulierte Anschaffungs-/Herstellungswerte				
Anlagevermögen	Stand 1.1.2010	Zugänge	Umbuchungen	Abgänge	Stand 31.12. 2010
I. Immaterielle Vermögensgegenstände					
1. Gewerbliche Schutzrechte und ähnliche Rechte	42.630	6.196	2.101	1.575	49.353
2. Geleistete Anzahlungen und Immaterielle Vermögensgegenstände im Bau	2.114	463	–2.101	0	476
	44.745	**6.659**	**0**	**1.575**	**49.829**
II. Sachanlagen					
1. Grundstücke, grundstücksgleiche Rechte und Bauten	90.483	2.451	0	11	92.922
2. Technische Anlagen und Maschinen	152.205	2.965	1.135	7.020	149.285
3. Andere Anlagen, Betriebs- und Geschäftsausstattung	95.789	3.949	42	1.638	98.143
4. Geleistete Anzahlungen und Anlagen im Bau	2.613	9.290	–1.176	0	10.727
	341.090	**18.655**	**0**	**8.669**	**351.077**
III. Finanzanlagen					
1. Anteile an verbundenen Unternehmen	367.261	1.194	0	0	368.455
2. Beteiligungen	2.660	0	0	0	2.660
3. Geleistete Anzahlungen auf Finanzanlagen	890	0	0	890	0
4. Wertpapiere des Anlagevermögens	890	0	0	890	0
	370.811	**1.194**	**0**	**890**	**371.115**
Summe I.–III.	**756.646**	**26.509**	**0**	**11.134**	**772.021**

168 Bilanzanalyse

– für 2009:

in Tausend EUR	kommulierte Anschaffungs-/Herstellungswerte				
Anlagevermögen	Stand 1.1. 2009	Zugänge	Umbuchungen	Abgänge	Stand 31.12. 2009
I. Immaterielle Vermögensgegenstände					
1. Gewerbliche Schutzrechte und ähnliche Rechte	42.425	2.251	295	2.341	42.630
2. Geleistete Anzahlungen und Immaterielle Vermögensgegenstände im Bau	1.368	993	–246	0	2.114
	43.793	3.244	49	2.341	44.743
II. Sachanlagen					
1. Grundstücke, grundstücksgleiche Rechte und Bauten	114.557	116	38	24.228	90.483
2. Technische Anlagen und Maschinen	144.754	4.719	2.856	124	152.205
3. Andere Anlagen, Betriebs- und Geschäftsausstattung	104.977	3.220	274	12.681	95.789
4. Geleistete Anzahlungen und Anlagen im Bau	3.609	2.571	–3.216	351	2.613
	307.897	10.025	–49	37.383	341.090
III. Finanzanlagen					
1. Anteile an verbundenen Unternehmen	367.039	175	47	0	367.261
2. Beteiligungen	2.685	0	–25	0	2.660
3. Geleistete Anzahlungen auf Finanzanlagen	22	0	–22	0	0
4. Wertpapiere des Anlagevermögens	0	890	0	0	890
	369.740	1.065	0	0	370.811
Summe I–III	781.430	14.934	0	39.724	750.040

Umstrukturierung der Bilanz

– für 2008:

in Tausend EUR	kommulierte Anschaffungs-/Herstellungswerte				
Anlagevermögen	Stand 1.1. 2008	Zugänge	Umbuchungen	Abgänge	Stand 31.12. 2008
I. Immaterielle Vermögensgegenstände					
1. Gewerbliche Schutzrechte und ähneliche Rechte	37.733	4.727	67	100	42.425
2. Geleistete Anzahlungen und Immaterielle Vermögensgegenstände im Bau	67	1.368	–67	0	1.368
	37.799	**6.094**	**0**	**100**	**43.793**
II. Sachanlagen					
1. Grundstücke, grundstücksgleiche Rechte und Bauten	114.125	239	193	0	114.557
2. Technische Anlagen und Maschinen	154.411	1.116	180	10.952	144.754
3. Andere Anlagen, Betriebs- und Geschäftsausstattung	105.021	3.834	177	4056	104.977
4. Geleistete Anzahlungen und Anlagen im Bau	1.452	2.707	–550	0	3.609
	375.010	**7.896**	**0**	**15.008**	**367.897**
III. Finanzanlagen					
1. Anteile an verbundenen Unternehmen	291.396	76.156	0	513	367.039
2. Beteiligungen	2.690	0	0	5	2.685
3. Geleistete Anzahlungen auf Finanzanlagen	0	22	0	0	22
	294.086	**76.177**	**0**	**518**	**369.746**
Summe I–III	**706.895**	**90.168**	**0**	**15.626**	**781.436**

Bilanzanalyse

Passiva	31.12.2010	31.12.2009	31.12.2008
A. Eigenkapital	**293291**	**260724**	**242781**
I. Gezeichnetes Kapital	91328	91328	91328
– abzgl. eigene Anteile	-529	0	0
II. Kapitalrücklage	50828	50828	50828
III. Gewinnrücklage	130069	100339	86979
IV. Bilanzgewinn	21595	18229	13646
Sonderposten mit Rücklageanteil	0	5250	0
B. Rückstellungen	**120039**	**120103**	**110528**
1. Rückstellungen für Pensionen und ähnliche Verpflichtungen	52582	47645	45949
2. Übrige Rückstellungen	67457	72458	64579
– davon Steuerrückstellungen*	(13837)	(11642)	(11478)
– davon Sonstige Rückstellungen*	(53620)	(60816)	(53101)
C. Verbindlichkeiten	**291938**	**267907**	**292240**
– davon mit einer Restlaufzeit bis zu 1 Jahr*	(115875)	(150633)	(91495)
– davon mit einer Restlaufzeit über 5 Jahre*	(500)	(1500)	2500)
D. Rechnungsabgrenzungsposten	0	0	0
E. Passive latente Steuern	0	0	0
	705268	**653984**	**645549**

* wurde dem Anhang entnommen

Zusätzliche Informationen aus dem Anhang:
In den Verbindlichkeiten enthaltene Verbindlichkeiten gegen verbundene und beteiligte Unternehmen: 2010 83807 Tsd. €; 2009 90648 Tsd. €; 2008 42995 Tsd. €

ligkeit zu gruppieren. Nur so lässt sich z. B. im Vergleich mit den gruppierten Vermögenswerten der Aktivseite etwas zur Zahlungsfähigkeit eines Unternehmens sagen.

Die Jahresabschlussdaten der Paul Hartmann AG sollen hier als Fallbeispiel in dem oben besprochenen Sinne umstrukturiert werden. Bei der Paul Hartmann AG handelt es sich um ein international operierendes Unternehmen der Textilindustrie, das Hygieneprodukte und medizinische Produkte herstellt (Verbandstoffe, Wundauflagen, Windeln etc.). Die Paul Hartmann AG hält in einem erheblichen Maße Unternehmensbeteiligungen. So sind in den Konzernabschluss der Paul Hartmann AG für das Geschäftsjahr 2010 allein 19 inländische und 58 ausländische Tochterunternehmen einbezogen worden (u. a. die Kneipp Werke und die im medizinischen Dienstleistungsbereich tätige Sanimed GmbH). Es wird für die Bilanzanalyse (genauer: Jahresabschlussanalyse) der veröffentlichte Jahresabschluss herangezogen, und zwar für die Jahre 2008, 2009 und 2010, um Vergleichsmöglichkeiten zu haben und um Veränderungen in den Bilanzpositionen feststellen zu können. Im Falle der Anwendung der Bilanzanalyse auf den Konzernabschluss wird auf die konzernspezifischen Besonderheiten sowohl nach HGB als auch nach IFRS besonders eingegangen.

In das »**Formblatt Umstrukturierung der Bilanz-Aktivseite**« (Abb. 51) werden nun die Daten der Bilanz der Paul Hartmann AG übertragen. Der Posten »Immaterielle Vermögensgegenstände« wird im Interesse einer vorsichtigen Vermögensbewertung um die darin enthaltene Position »Geschäfts- oder Firmenwert« reduziert (siehe die entsprechenden Begründungen im Kapitel »Bilanzierungsspielräume«). Der Geschäfts- oder Firmenwert wird zu einem späteren Zeitpunkt als Korrekturposten zum Eigenkapital (Formblatt »Umstrukturierung der Bilanz-Passivseiten«, Abb. 52) verbucht. Die um den Geschäfts- oder Firmenwert geschrumpften Immateriellen Vermögensgegenstände bilden zusammen mit den Sach- und Finanzanlagen das **bereinigte Anlagevermögen**.

Die verbleibenden Bilanzpositionen der Aktivseite stellen das Umlaufvermögen dar und können nun nach der Zeitdauer gegliedert werden, die benötigt wird, um diese Vermögenswerte zu Geld zu machen. Entsprechend den vorgeschriebenen Angaben für Kapitalgesellschaften bietet sich folgende Gliederung an:

- **Mittelfristig liquides Umlaufvermögen**
(länger als ein Jahr im Unternehmen gebunden)
- **Kurzfristig liquides Umlaufvermögen**
(innerhalb eines Jahres zu Geld zu machen)
- **Liquide Mittel**
(innerhalb von ein paar Tagen zu Geld zu machen)

Kapitalgesellschaften müssen nach § 268 Abs. 4 HGB Forderungen mit einer Laufzeit von mehr als einem Jahr in der Bilanz oder im Anhang ausweisen. Die »fertigen Erzeugnisse und Waren« des Vorratsvermögens sowie die »Forderungen« und »sonstigen Vermögensgegenstände« mit mehr als einem Jahr Laufzeit bezeichnet man als »mittelfristig liquides Umlaufvermögen«.

Forderungen gegenüber verbundene Unternehmen sowie Unternehmen, mit denen ein Beteiligungsverhältnis besteht, sollte man eigentlich aus den liquiden Vermögen herausrechnen. So wird eine Muttergesellschaft gegenüber einer Tochtergesellschaft kaum auf fristgerechter Zahlung bestehen, wenn die Tochtergesellschaft hierdurch in Schwierigkeiten käme. Ähnlich dürfte sich ein Unternehmen verhalten, das an einem anderen eine wesentliche Beteiligung hält.

Die Paul Hartmann AG weist zwar in ihrem Anhang Forderungen gegen Unternehmen, mit denen ein Beteiligungsverhältnis besteht, aus, jedoch wird nicht kenntlich gemacht, inwieweit diese Forderungen bereits in den Forderungen mit einer Restlaufzeit von mehr als einem Jahr enthalten sind. (Dies ist in den Jahresabschlüssen der meisten Gesellschaften so.) Um nicht bei der Ermittlung des »kurzfristig liquiden Umlaufvermögens« Forderungen gegen verbundene oder beteiligte Unternehmen doppelt herauszurechnen (einmal als Forderungen gegen verbundene und beteiligte Unternehmen und einmal als Forderungen mit einer Laufzeit von mehr als 1 Jahr), sollte man diese Forderungen nicht gesondert berücksichtigen. Um allerdings die Bedeutung der Forderungen gegenüber verbundenen und beteiligten Unternehmen besser zu erkennen, werden im Rahmen der Bilanzanalyse diese Forderungen an späterer Stelle informativ auf einem Übersichtsblatt (Abb. 53 »Bilanzübersicht«) festgehalten.

Die nicht länger als ein Jahr gebundenen Forderungen und sonstigen Vermögensgegenstände sowie die Wertpapiere des Umlaufvermögens (ohne eigene Anteile) stellen das »kurzfristig liquide Umlaufvermögen« dar. Bei den im Umlaufvermögen aufgeführten Wertpapieren kann man nämlich davon ausgehen, dass diese innerhalb eines Jahres verkauft werden könnten. Allerdings sind von der Position »Wertpapiere« die darin enthaltenen »eigenen Anteile« abzuziehen. In gleicher Höhe ist dann das Eigenkapital zu korrigieren. Die liquiden Mittel müssen bereits in der Bilanz als Gesamtposten ausgewiesen werden (»Kassenbestand, Bundesbankguthaben, Guthaben bei Kreditinstituten und Schecks«).

Wie schon weiter oben ausgeführt, verbergen sich im Rechnungsabgrenzungsposten auf der Aktivseite der Bilanz keine realen Vermögenswerte. (So bekommt man z. B. im Rechnungsabgrenzungsposten enthaltene Mietvorauszahlung i. d. R. auch dann nicht zurück, wenn man das Mietobjekt trotz Mietvertrag nicht mehr nutzen will.) Unter diesem Aspekt sollte man den ge-

Umstrukturierung der Bilanz 173

Abb. 51
Umstrukturierung der Bilanz-Aktivseite, Paul Hartmann AG in Tsd. €

	Aktiva	31.12.2010	31.12.2009	31.12.2008
1	Immaterielle Vermögensgegenstände	10215	7868	7510
2	− Geschäfts- oder Firmenwert	−	−	−
3	I. Immaterielle Vermögensgegenstände (bereinigt)	10215	7868	7510
4	II. Sachanlagen	69260	64247	71444
5	III. Finanzanlagen	281688	286058	285874
6	A Gesamtes Anlagevermögen (Zeile 3+Zeile 4+Zeile 5)	361163	358173	364828
7	I. Vorräte	128923	84595	91224
8	davon fertige Erzeugnisse und Waren	92353	57047	57001
9	Forderungen und sonstige Vermögensgegenstände mit Restlaufzeit länger als 1 Jahr	28600	32300	28900
10	Vorräte ohne fertige Erzeugnisse und Waren	36570	27548	34223
11	II. Mittelfristig liquides Umlaufvermögen (Zeile 9+Zeile 10)	65170	59848	63123
13	Forderungen	185129	178318	153876
14	− Forderungen mit Restlaufzeit länger als 1 Jahr	28600	32300	28900
15	+ Sonstige Vermögensgegenstände	25514	29532	32153
16	+ Wertpapiere des UV insgesamt	13	44	40
17	− Eigene Anteile	0	−31	−31
18	III. Kurzfristig liquides Umlaufvermögen (Zeile 8+Zeile 13-Zeile 14+Zeile 15+Zeile 16-Zeile 17)	274409	232610	214139
19	IV. Liquide Mittel (Kasse, Bank etc.)	3616	2156	2042
20	B Umlaufvermögen (Zeile 11+Zeile 18 + Zeile 19)	343195	294614	279304
21	Gesamtvermögen (Zeile 6+Zeile 20)	704358	652787	644131

samten Rechnungsabgrenzungsposten von der Aktivseite der Bilanz nehmen. Dies bedeutet dann aber auch, dass man die Summe des Rechnungsabgrenzungspostens der Aktivseite der Bilanz von dem auf der Passivseite der Bilanz stehenden Eigenkapital abziehen muss. Die Bilanzsumme wird also gekürzt. Eine Verrechnung nicht vorhandener Vermögenswerte muss immer mit dem Eigenkapital erfolgen, da sich eine alternative Verrechnung mit Fremdkapital ausschließt; handelt es sich hier doch um Schulden gegenüber Außenstehenden.

Aktivische latente Steuern können sowohl im Rechnungsabgrenzungsposten der Aktivseite enthalten sein, als auch als eigenständige Bilanzposition ausgewiesen werden. Werden aktivische latente Steuern in der Bilanz als eigenständige Bilanzposition ausgewiesen, werden sie nicht in das »Formblatt Umstrukturierung der Aktivseite« aufgenommen.

Wie der auf der Aktivseite der Bilanz stehende Rechnungsabgrenzungsposten sind auch die auf der Aktivseite der Bilanz ausgewiesenen latenten Steuern vom Eigenkapital abzuziehen, da auch sie zum Bilanzstichtag keinen realen Vermögenswert darstellen. (Passivische latente Steuern wären hingegen aus dem Fremdkapital herauszurechnen und das Eigenkapital um den Betrag der passivischen latenten Steuern zu erhöhen.) Da die Paul Hartmann AG in ihrem Einzelabschluss keine aktiven latenten Steuern ausweist, gibt es für das Eigenkapital auch keinen entsprechenden Korrekturbedarf.

Anhand des **Formblatts** für die **»Umstrukturierung der Bilanz-Passivseite«** (Abb. 51) soll zunächst einmal ermittelt werden, wie hoch das Eigenkapital eigentlich ist. So ist das in der Bilanz ausgewiesene Eigenkapital (Summe) um mehrere Bilanzposten der Aktivseite zu berichtigen. Zunächst wären einmal die ausstehenden Einlagen vom Eigenkapital abzuziehen, da zum Zeitpunkt der Bilanzaufstellung das sog. »gezeichnete Kapital« in Höhe der »ausstehenden Einlagen« noch nicht eingezahlt ist. Die Paul Hartmann AG weist allerdings in ihrer Bilanz keine ausstehenden Einlagen aus, so dass im konkreten Beispiel diese Wertberichtigung des Eigenkapitals nicht erfolgt.

Die Position »Geschäfts- oder Firmenwert« ist ebenfalls vom Eigenkapital abzuziehen, da sie lediglich eine Bilanzierungshilfe darstellt, die es ermöglicht, Aufwendungen über mehrere Jahre zu verteilen. Wären diese Aufwendungen im Jahr ihrer Entstehung verbucht worden, wäre das Jahresergebnis entsprechend schlechter und das in der Bilanz ausgewiesene Eigenkapital, in das der Jahresüberschuss bzw. -fehlbetrag eingeht, entsprechend niedriger ausgefallen. Die Bilanz bzw. der Anhang der Paul Hartmann AG enthalten allerdings keine Position »Geschäfts- oder Firmenwert«.

Allerdings ist der schon bei der Umstrukturierung der Aktivseite der Paul Hartmann-Bilanz gestrichene »Rechnungsabgrenzungsposten« vom Eigenkapital abzuziehen. Vom in der Bilanz der Paul Hartmann AG ausgewiesenen Eigen-

Abb. 52
Umstrukturierung der Bilanz-Passivseite, Paul Hartmann AG in Tsd. €

		Passiva	31.12.2010	31.12.2009	31.12.2008
1		Eigenkapital (Summe aus der Bilanz)	293 291	260 724	242 781
2	−	Ausstehende Einlagen	–	–	–
3	−	Geschäfts- oder Firmenwert	–	–	–
4	−	Eigene Anteile (in Position Wertpapiere des UV enthalten, siehe Anhang)	–	31	31
5	−	Rechnungsabgrenzungsposten (Aktiva)	911	1116	1386
6	−	Aktivische latente Steuern (offen auf der Aktivseite ausgewiesen)	0	0	0
7	+	Passivische latente Steuern (offen auf der Passivseite ausgewiesen)	0	0	0
8	+	Passivische latente Steuern (in den Steuerrückstellungen enthalten)			
9	+	2/3 Sonderposten mit Rücklageanteil	0	3500	0
10	I.	**Eigenkapital (Zeile 1-Zeile 2-Zeile 3-Zeile 4-Zeile 5-Zeile 6+Zeile 7+Zeile 8+Zeile 9)**	**292 380**	**263 077**	**241 364**
11	II.	**Eigenkapitalähnliche Mittel (Pensionsrückstellungen)**	**52 582**	**47 645**	**45 949**
12	A	**Wirtschaftliches Eigenkapital (Zeile 10+Zeile 11)**	**344 962**	**310 722**	**287 313**
13	I.	**Langfristiges Fremdkapital (Verbindlichkeiten > 5 Jahre Restlaufzeit)**	**500**	**1500**	**2500**
14		Verbindlichkeiten insgesamt	291 938	267 907	292 240
15	−	Verbindlichkeiten > 5 Jahre Laufzeit	500	1500	2500
16	−	Verbindlichkeiten bis 1 Jahr Laufzeit	115 875	150 633	91 495
17	+	1/4 Sonstige Rückstellungen	13 405	15 204	13 275
18	+	1/3 Sonderposten mit Rücklageanteil	0	1750	0
19	II.	**Mittelfristiges Fremdkapital (Zeile 14-Zeile 15-Zeile 16+Zeile 17+Zeile 18)**	**188 968**	**132 728**	**211 520**

Bilanzanalyse

Passiva		31.12.2010	31.12.2009	31.12.2008
20	Verbindlichkeiten bis 1 Jahr Laufzeit	115875	150633	91495
21	+ Steuerrückstellungen	13837	11642	11478
22	− Passivische latente Steuern (wenn in Steuerrückstellung enthalten)	0	0	0
23	+ 3/4 Sonstige Rückstellungen	40215	45612	39825
24	+ Rechnungsabgrenzungsposten (Passiva)	0	0	0
25	**III. Kurzfristiges Fremdkapital** (Zeile 20+Zeile 21−Zeile 22+ Zeile 23+Zeile 24)	169927	207887	142798
26	**B Fremdkapital** (Zeile 13+Zeile 19+Zeile 25)	359395	342115	356818
27	**Gesamtkapital (Zeile 12+Zeile 26)**	704358	652837	644131

kapital sind darüber hinaus noch die auf der Aktivseite der Bilanz ausgewiesenen »eigenen Anteile« abzuziehen, die ja auch in der vorgenommenen Umstrukturierung der Aktivseite (siehe Abb. 51) von den Wertpapieren des Umlaufvermögens abgezogen worden waren. Ebenfalls vom Eigenkapital abzuziehen sind die auf der Aktivseite der Bilanz ausgewiesenen »(aktivischen) latenten Steuern«, während auf der Passivseite die im Fremdkapital ausgewiesene »(passivische) latente Steuern« als noch nicht reale Steuerschuld wiederum dem Eigenkapital hinzuzurechnen wären. Da die Paul Hartmann AG in ihren Bilanzen der Geschäftsjahre 2008 bis 2010 von ihrem Wahlrecht gem. § 274 Abs. 1 HGB Gebrauch macht (saldiert ergibt sich ein Überschuss aktiver latenter Steuern) und daher weder auf der Aktivseite noch auf der Passivseite »latente Steuern« ausweist, gibt es unter steuerlichen Aspekten keinen Korrekturbedarf hinsichtlich des Eigenkapitals.

Wird auf der Passivseite der Bilanz (noch) ein »Sonderposten mit Rücklageanteil« ausgewiesen, so kann man 2/3 dieses »Sonderpostens« dem Eigenkapital zuordnen. Wie der Name schon sagt, hat ein Teil dieses Sonderpostens Rücklagencharakter, und Rücklagen zählen zum Eigenkapital. Bei dem Sonderposten mit Rücklageanteil handelt es sich um Gewinnbestandteile, die noch nicht der Besteuerung unterlegen haben. Sonderposten mit Rücklageanteil sind aufgrund steuerlicher Vorschriften erst bei ihrer Auflösung zu versteuern, so dass die Steuer für die in diesem Posten aufgeführten Beträge nur gestundet ist. Entsprechend der Steuerstundung enthält dieser Posten also Fremdkapital.

Bei der derzeitigen steuerlichen Belastung der Gewinne scheint es sinnvoll, den Sonderposten mit Rücklageanteil bei Bilanzanalysen jeweils zu 2/3 dem Eigenkapital und zu 1/3 dem Fremdkapital zuzurechnen. Man muss sich in diesem Zusammenhang vor Augen halten, dass es sich hier um eine Stichtagsbetrachtung handelt. Es soll die Frage beantwortet werden: Wie sind die Kapitalverhältnisse am Ende eines Geschäftsjahres? Ob es beabsichtigt ist, die in den Sonderposten mit Rücklageanteil eingestellten Beträge auf Neuinvestitionen zu übertragen, ist deshalb unerheblich, weil dies eben bis zum Bilanzstichtag nicht erfolgt ist. Die Paul Hartmann AG weist allerdings in ihrer Bilanz nur für das Geschäftsjahr 2009 einen »Sonderposten mit Rücklageanteil« aus, so dass nur in diesem Jahr eine Korrektur erforderlich war.

Die »Pensionsrückstellungen« werden – wie schon aufgezeigt – als eigenkapitalähnliche Mittel betrachtet. Im Rahmen einer vereinfachten Bilanzanalyse stellen sie zusammen mit dem Eigenkapital das **wirtschaftliche Eigenkapital** dar, also jenes Kapital, mit dem die Unternehmensleitung langfristig wirtschaften kann, ohne auf Kapitalgeber angewiesen zu sein.

Die restlichen Positionen der Passivseiten der Bilanz stellen **Fremdkapital** dar. Mit Hilfe des **Formblatts »Umstrukturierung der Bilanz-Passivseiten«** wird dieses Fremdkapital nun nach der Zeitdauer gegliedert, die dem Unternehmen zur Verfügung steht. Entsprechend den nach dem HGB zu machenden Angaben bietet sich folgende Gliederung an:

- **Langfristiges Fremdkapital**
(steht dem Unternehmen zum Zeitpunkt der Bilanzerstellung noch mehr als fünf Jahre zur Verfügung)
- **Mittelfristiges Fremdkapital**
(steht dem Unternehmen zum Zeitpunkt der Bilanzerstellung zwischen einem und fünf Jahren zur Verfügung)
- **Kurzfristiges Fremdkapital**
(wird in einem Zeitraum bis zu einem Jahr fällig)

Diese Einteilung kann auf dem Formblatt »Umstrukturierung der Bilanz-Passivseiten« vorgenommen werden (Abb. 51). So haben Kapitalgesellschaften die langfristigen Verbindlichkeiten, die mit dem langfristigen Fremdkapital gleichzusetzen sind, im Anhang anzugeben.

Die mittelfristigen Verbindlichkeiten erhält man, wenn man von den gesamten Verbindlichkeiten die Verbindlichkeiten abzieht, die eine Laufzeit von mehr als fünf Jahren haben, sowie diejenigen, die eine Laufzeit bis zu einem Jahr haben. Die »sonstigen Rückstellungen« sind i. d. R. überwiegend kurzfristiger Art (z. B. Rückstellungen für Urlaubsansprüche und Gleitzeitguthaben), jedoch können in diesem Posten auch Rückstellungen enthalten sein, deren Inanspruchnahme erst nach einem Jahr erwartet wird (z. B. Rückstellungen für

178 Bilanzanalyse

Schadenersatzforderungen und Patentverletzungen). Ohne Kenntnis der genauen Aufteilung der »sonstigen Rückstellungen« sollte man im Rahmen der Bilanzanalyse von den »sonstigen Rückstellungen« 1/4 dem mittelfristigen Fremdkapital zuordnen. Darüber hinaus ist es sinnvoll, dem mittelfristigen Fremdkapital auch noch 1/3 des Sonderpostens mit Rücklageanteil (die fiktive Steuerschuld) zuzuordnen, da der Sonderposten im Regelfall innerhalb eines Zeitraums von 4 Jahren aufzulösen ist. Das heißt, das sog. mittelfristige Fremdkapital setzt sich aus den Verbindlichkeiten mit einer Laufzeit von 1 bis 5 Jahren, 1/4 der sonstigen Rückstellungen und 1/3 des Sonderpostens mit Rücklageanteil zusammen.

Die Verbindlichkeiten mit einer Laufzeit bis zu einem Jahr bilden zusammen mit den Steuerrückstellungen (ohne enthaltene passivische latente Steuern) und 3/4 der sonstigen Rückstellungen das kurzfristige Fremdkapital. Der von der Höhe i. d. R. relativ geringe passive Rechnungsabgrenzungsposten wird der Einfachheit halber dem kurzfristigen Fremdkapital zugeschlagen.

Um einen besseren Überblick über die Struktur der Bilanz zu erhalten, ist es sinnvoll – aber nicht notwendig –, die auf den Formblättern für die Aktiv- und Passivseite der Bilanz ermittelten Vermögens- und Kapitalblöcke auf das **Formblatt »Bilanzübersicht (Bilanzstrukturen)«** (Abb. 53) zu übertragen. In dieses Übersichtsblatt kann man dann auch noch die im Umlaufvermögen enthaltenen Forderungen an verbundene und beteiligte Unternehmen sowie die im Fremdkapital enthaltenen Verbindlichkeiten gegen verbundene und beteiligte Unternehmen ausweisen, um im Rahmen der Bilanzanalyse zu Relativierungen der Forderungen bzw. der Verbindlichkeiten zu kommen. Das Bild, das man sich von der Vermögens- und Finanzierungsseite machen kann, ist nun wesentlich klarer, als man dies aus der Original-Bilanz hätte gewinnen können.

Die im Formblatt »Bilanzübersicht (Bilanzstrukturen)« wiedergegebenen Werte spiegeln allerdings immer noch nicht den tatsächlichen Vermögens- und Finanzwert der Paul Hartmann AG wider. So stecken im Anlagevermögen beachtliche stille Reserven. Schon in der Vergangenheit hat die Unternehmensleitung der Paul Hartmann AG alle rechtlich zulässigen Abschreibungsmöglichkeiten genutzt (planmäßige, steuerrechtliche und außerplanmäßige Abschreibungen). Aus den Anhängen der Paul Hartmann AG für die Geschäftsjahre 2008–2010 erfährt man Folgendes: »Soweit beim beweglichen Anlagevermögen die lineare Abschreibung die degressive Abschreibung übersteigt, wurde auf die lineare Methode übergegangen. (…) Geringwertige Vermögensgegenstände wurden im Jahr der Anschaffung in voller Höhe als Aufwand behandelt«[39]. Im Konzern-Anhang der Paul Hart-

---

[39] Paul Hartmann AG: Jahresabschlüsse 2008–2010, Anhänge.

mann AG werden allerdings die geringwertigen Vermögensgegenstände nicht beziffert.

Auch im Umlaufvermögen der Paul Hartmann AG stecken nicht unerhebliche stille Reserven. So heißt es in den Anhängen der Geschäftsjahre 2008–2010: »Die Bewertung der fertigen und unfertigen Erzeugnisse erfolgte zu Herstellungskosten, soweit nicht zur Beachtung des Niederstwertprinzips ein niedriger Wertansatz geboten war. Die Herstellungskosten entsprachen den nach § 225 Abs. 2 Satz 2 HGB aktivierungspflichtigen Einzelkosten«[40]. Das heißt, anteilige Gemeinkosten sind in den Produktionskosten der fertigen und unfertigen Erzeugnisse im Vorratsvermögen nicht enthalten. Das Vorratsvermögen ist also so niedrig bewertet worden, wie dies handelsrechtlich gerade noch möglich war.

Hingegen sind in Bilanzen der Paul Hartmann AG auf der Passivseite die Pensionsrückstellungen sehr hoch bemessen worden, was zu Lasten der Gewinnausweisung ging. So wurde bei der Paul Hartmann AG der nach versicherungsmathematischen Grundsätzen ermittelte Teilwert der Pensionszusage auf Grundlage eines Zinssatzes von 3 % (bis einschließlich 2009) bzw. 5,16 % ab 2010 ermittelt. Handelsrechtlich ist dies zulässig. In der Praxis werden aber die Pensionsrückstellungen überwiegend auf Basis des steuerlichen anzuwendenden Zinssatzes von 6 % ermittelt. Konkret führt die Rechenweise der Barwertmethode mit einem Zinssatz von 3 % bzw. 5,16 % dazu, dass bei gleichen Pensionszusagen höhere Pensionsrückstellungen gebildet werden, als wenn mit 6 % abgezinst wird. Die Änderung des Zinssatzes von 3 % auf 5,16 % bei der Teilwertberechnung geht auf das BilMoG zurück, das das Zugrundelegen eines Abzinsungssatzes nach Maßgabe der Rückstellungsabzinsungsverordnung für eine Laufzeit von 15 Jahren fordert (§ 253 Abs. 2 HGB). Der Zinssatz wird monatlich von der Deutschen Bundesbank festgelegt. Damit verringert sich für die Zukunft der Umfang der Bildung stiller Reserven bei den Pensionsrückstellungen. Die Umstellung von 3 % auf 5,16 % führte zu einem um 1689 Tsd. € geringeren Wertansatz bei den Pensionsrückstellungen (teilweise Auflösung stiller Reserven) und damit zu einer Erhöhung des außerordentlichen Ergebnisses um eben diesen Betrag (Information aus dem Anhang).

Allein aus der Umstrukturierung der Aktiv- und Passivseite der Bilanz lassen sich erste Erkenntnisse gewinnen. Begründungen für die Veränderungen findet man dann im jeweiligen Geschäftsbericht für das betreffende Geschäftsjahr.

Die auf der Aktivseite abgebildete Gesamtvermögensentwicklung verlief uneinheitlich. War von 2008 auf 2009 ein Rückgang des Gesamtvermögens zu verzeichnen, erhöhte sich in 2010 das Gesamtvermögen um mehr als 50 Mio. €.

---

40 Ebd.

Bilanzanalyse

Abb. 53
Bilanzübersicht (Bilanzstrukturen), Paul Hartmann AG in Tsd. €

		in Tsd. €	
Aktiva	31.12.2010	31.12.2009	31.12.2008
Anlagevermögen (korrigiert)	361163	358173	364828
Vorräte	128923	84595	91224
In den Vorräten enthalten: Fertige Erzeugnisse und Waren	92353	57047	57001
Mittelfristig liquides Umlaufvermögen Anlage länger als 1 Jahr	65170	59848	63123
Kurzfristig liquides Umlaufvermögen Anlage kürzer als 1 Jahr	274409	232610	214139
Liquide Mittel	3616	2156	2042
Umlaufvermögen (korrigiert)	343195	294614	279304
Im Umlaufvermögen enthalten: Forderungen an verbundene und beteiligte Unternehmen			
Gesamtvermögen (korrigiert)	**704358**	**652787**	**644131**

Passiva	31.12.2010	31.12.2009	31.12.2008
Eigenkapital (korrigiert)	292380	263077	241364
Wirtschaftliches Eigenkapital	**344962**	**310722**	**287313**
Langfristiges Fremdkapital Fälligkeit nach 5 Jahren und später	500	1500	2500
Mittelfristiges Fremdkapital Fälligkeit zwischen 1–5 Jahren	188968	132728	211520
Kurzfristiges Fremdkapital Fälligkeit innerhalb 1 Jahres	169927	207887	142798
Gesamtes Fremdkapital (korrigiert)	**359395**	**342115**	**356818**
Im Fremdkapital enthalten: Verbindlichkeiten gegen verbundene und beteiligte Unternehmen	83807	90684	42995
Gesamtkapital (korrigiert)	**704357**	**652837**	**644131**

Die Ursachen dieser signifikanten Erhöhung sind leicht zu erkennen: Ein deutliches Aufstocken des Vorratsvermögens um etwa 44 Mio. € (diente der Sicherstellung der Lieferfähigkeit bei geplanten Produktionsverlagerungen und Produktionsumstellungen; außerdem führten Erhöhungen bei den Rohstoffpreisen sowie Anpassungen durch die erstmalige Anwendung des BilMoG zu erhöhten Bestandswerten) sowie eine Zunahme der Forderungen um etwa 7 Mio. € (im Wesentlichen ein Effekt des Umsatzanstiegs).

Auf der Passivseite fällt zunächst die Zunahme des Eigenkapitals um mehr als 30 Mio. € auf. Dies ist im Wesentlichen der Zuführung des größten Teils des Gewinns in die Gewinnrücklage (30 Mio. €) sowie auf die das Eigenkapital erhöhenden ergebnisneutralen Umbewertungsdifferenzen nach dem BilMoG geschuldet. Das Fremdkapital – die Verschuldung – nahm um etwa 17 Mio. € zu, wobei vor allem auch die Verschiebungen bei den Fristen von Bedeutung sind. Während das mittelfristige Fremdkapital um etwa 56 Mio. € zunahm, nahm im selben Zeitraum das kurzfristige Fremdkapital um 38 Mio. € ab. Insgesamt stiegen die Bankschulden um 24,6 Mio. €. Damit wurden vor allem höhere Investitionen und ein erhöhter Working-Capital-Bedarf aufgrund der Ausweitung des Umsatzes finanziert.

Die in dem Formblatt »Bilanzübersicht (Bilanzstrukturen)« (Abb. 32) enthaltenen korrigierten Bilanzwerte der Paul Hartmann AG sind also vor dem Hintergrund zu sehen, dass in dem Unternehmen nicht bezifferbare stille Reserven stecken. Das heißt, das Vermögen und das Eigenkapital der Paul Hartmann AG sind wesentlich größer, als dies auch nach der Korrektur der Bilanz zum Ausdruck kommt. Dies ist bei der später folgenden Kennzahlenrechnung im Hinterkopf zu behalten. An dieser Stelle wird aber auch deutlich, wie wichtig der Anhang mit seinen Ergänzungsinformationen zur Bilanz ist.

3. Aufgliederung der Gewinn- und Verlustrechnung

Von besonderem Interesse für die betrieblichen Interessenvertreter dürfte es sein zu wissen, wodurch in einem Unternehmen Gewinne bzw. Verluste entstanden sind. Die für Kapitalgesellschaften nach dem HGB vorgeschriebene Gliederung der GuV erlaubt es dem Betrachter ohne Mühe, eine grobe Aufspaltung des Unternehmensergebnisses vorzunehmen. Wie schon bei der Darstellung der GuV angesprochen, müssen in der GuV die Zwischensummen **Ergebnis der gewöhnlichen Geschäftstätigkeit** und **Außerordentliches Ergebnis** ausgewiesen werden. Das Ergebnis der gewöhnlichen Geschäftstätigkeit lässt sich wiederum sehr einfach in ein Betriebsergebnis und ein Finanzergebnis aufspalten.

Bilanzanalyse

Abb. 54
Aufgliederung der Gewinn- und Verlustrechnung

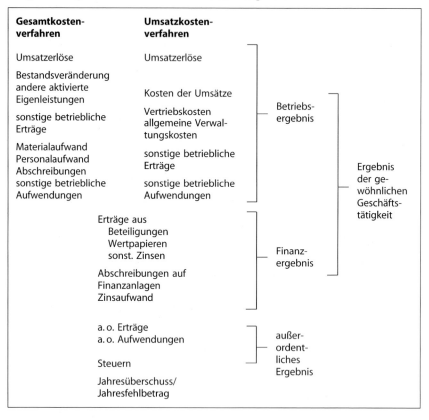

Sowohl beim Gesamtkosten- wie beim Umsatzkostenverfahren bilden die GuV-Positionen von »Umsatzerlöse« bis »sonstige betriebliche Aufwendungen« das sog. **Betriebsergebnis**. Die nach den »sonstigen betrieblichen Aufwendungen« folgenden und bis zur Zwischensumme »Ergebnis der gewöhnlichen Geschäftstätigkeit« reichenden Positionen bilden das sog. **Finanzergebnis** (siehe Abb. 33). Die Aufspaltung des Ergebnisses der gewöhnlichen Geschäftstätigkeit in ein Betriebs- und ein Finanzergebnis ist zwar nicht ganz exakt, da z. B. »Erträge aus der Veräußerung von Wertpapieren« unter der Position »Sonstige betriebliche Erträge« und damit im Betriebsergebnis und nicht im Finanzergebnis verbucht werden, doch dürfte diese Art von Erträgen in Produktionsbetrieben von nicht allzu großer Bedeutung sein. Anhand der GuV der Paul Hartmann AG (Abb. 55) soll nun beispielhaft das »Betriebsergebnis vor Steuern« ermittelt werden. Hierfür bietet es sich an, das **Formblatt »Aufschlüsselung der GuV – Betriebsergebnis«** zu verwenden (Abb. 56), weil sich auch so die wichtigen wirtschaftlichen Kennzahlen »Gesamtleistungen« und »Rohergebnis« leicht bilden lassen. Dieses Betriebsergebnis wird auch als »EBIT = Earnings Before Interest and Taxes« (Ergebnis vor Zinsen und Steuern) bezeichnet.

Abb. 55
Gewinn- und Verlustrechnung der Paul Hartmann AG (in Tsd. €)

	2010	2009	2008
Umsatzerlöse	719704	637602	619524
Veränderungen der Bestände an fertigen u. unfertigen Erzeugnissen	14018	932	426
Andere aktivierte Eigenleistungen	2251	2105	596
Gesamtleistung	**735973**	**640639**	**620546**
Sonstige betriebliche Erträge	69499	69306	74433
– davon Erträge aus Auflösung von Rückstellungen*	(2834)	(1974)	(10353)
– davon Erträge aus Abgang von Anlagevermögen*	(987)	(10099)	(1825)
Materialaufwendungen	472170	398682	394491
Personalaufwand	123208	123455	111353
– davon Löhne und Gehälter*	(104226)	(102417)	(91787)
– davon soziale Abgaben etc.*	(17635)	(16780)	(15788)
– davon Aufwendungen für Altersversorgung*	(1347)	(4258)	(3799)
Abschreibungen auf immaterielle Vermögensgegenstände und Sachanlagen	15356	14134	14714
– davon Abschreibungen Sachanlagen*			
Sonstige betriebl. Aufwendungen	156313	154928	156038
Finanzergebnis	17914	21703	4029
– davon Erträge aus Beteiligungen*	(26885)	(21457)	(22379)
– davon Zinsen und ähnliche Erträge*	(2842)	(3210)	(4461)
– davon Erträge aus Ergebnisabführungsverträgen*	(1758)	(20563)	(0)
– davon Zinsen und ähnliche Aufwendungen*	(8136)	(11366)	(10671)
– davon Abschreibungen auf Finanzanlagen*	(4675)	(4381)	(6709)
Ergebnis d. gewöhnlichen Geschäftstätigkeit	**56339**	**40449**	**22412**
+ Außerordentliche Erträge	488	0	0
– Außerordentliche Aufwendungen	2021	0	0
= **Außerordentliches Ergebnis**	**-1533**	**0**	**0**

Bilanzanalyse

	2010	2009	2008
Steuern von Einkommen und Ertrag	11 006	8989	5027
Sonstige Steuern	705	731	739
Jahresüberschuss	43 095	30 729	16 646
Entnahme(+) aus/Einstellung (-) in Gewinnrücklagen	-21 500	-12 500	-3000
Bilanzgewinn	21 595	18 229	13 646

* wurde dem Anhang entnommen

Durch das BilMoG wurden Änderungen in der Bewertung erforderlich. Diese Umbewertungsdifferenzen wurden entsprechend der gesetzlichen Regelung ergebniswirksam (hier als außerordentliches Ergebnis i. H. v. -1533T€ erkennbar) oder ergebnisneutral in den Gewinnrücklagen erfasst (siehe Jahresabschluss 2010, S. 7).

Zusätzliche Informationen aus dem Anhang:
Arbeitnehmer i. S. v. § 267 Abs. 5 HGB: 2008 1805; 2009 1866; 2010 1926
Gesamtbezüge des Vorstandes: 2008 3049 Tsd. € (davon variabel: 1819 Tsd. €); 2009 3049 Tsd. € (davon variabel: 1819 Tsd. €); 2010 3500 Tsd. € (davon variabel: 2033 Tsd. €).

Abb. 56
Aufschlüsselung der GuV, Paul Hartmann AG in Tsd. €

	2010	2009	2008
Umsatzerlöse (Netto)	719 704	637 602	619 524
+/- Bestandsveränderungen (Bei Abnahmen Minus!)	14 018	932	426
+ Aktivierte Eigenleistungen	2251	2105	596
= **Gesamtleistung**	**735 973**	**640 639**	**620 546**
+ Sonstige betriebliche Erträge	69 499	69 306	74 433
- Materialaufwand	472 170	398 682	394 491
= **Rohergebnis**	**333 302**	**311 263**	**300 488**
- Löhne und Gehälter	104 226	102 417	91 787
- Soziale Abgaben	17 635	16 780	15 788
- Aufwendungen für Altersversorgung	1347	4258	3779
- Sonstige betriebliche Aufwendungen	156 313	154 928	156 038
= EBITDA (Earnings Before Interest, Taxes, Depreciation and Amortisation)	**53 781**	**32 880**	**33 096**
- Abschreibungen auf Immaterielle Vermögensgegenstände und Sachanlagen	15 356	14 134	14 714
= **Betriebsergebnis vor Steuern/EBIT** (Earnings Before Interest and Taxes)	**38 425**	**18 746**	**18 382**

Abb. 57
Aufschlüsselung der GuV –»Ordentliches« Betriebsergebnis, Paul Hartmann AG in Tsd. €

	2010	2009	2008
Betriebsergebnis vor Steuern/EBIT	38425	18746	18382
– Erträge aus Auflösung Rückstellungen (in den sonstigen betrieblichen Erträgen; lt. Anhang)	2834	1974	10353
– Erträge aus Abgang Anlagevermögen (in den sonstigen betrieblichen Erträgen; lt. Anhang)	987	10099	1825
– Erträge aus der Ausgliederung bzw. dem Verkauf von Geschäftsfeldern (in den sonstigen betrieblichen Erträgen; lt. Anhang)	–	–	–
– Sonstige Erträge Vorjahre (in den sonstigen betrieblichen Erträgen; lt. Anhang)	936	929	1342
– Sonstige ungewöhnliche und periodenfremde Erträge			
+ Außerplanmäßige Abschreibungen auf Vermögensgegenstände des AV (in Abschreibungen auf immaterielle VG und Sachanlagen; lt. Anhang)	129	–	–
+ Verluste aus dem Abgang von Anlage- und Umlaufvermögen (in den sonstigen betrieblichen Aufwendungen lt. Anhang)	2239	1527	5542
+ Sonstige ungewöhnliche und periodenfremde Aufwendungen (Restrukturierungsaufwand in sonstigen betrieblichen Aufwendungen; lt. Anhang)	–	–	–
+ Sonstige ungewöhnliche und periodenfremde Aufwendungen (Umstellung der Pensionszusagen und Altersteilzeit in Personalaufwand; lt. Anhang)	–	–	–
+ Sonstige ungewöhnlichen und periodenfremde Aufwendungen	–	–	–
=»Ordentliches« Betriebsergebnis	36036	7271	10404

Da im Betriebsergebnis aber periodenfremde und außerhalb der eigentlichen Unternehmensaktivitäten anfallende Erträge und Aufwendungen enthalten sein können (in den Positionen »Sonstige betriebliche Erträge« und »Sonstige betriebliche Aufwendungen« sowie in den »Abschreibungen«) ist es sinnvoll, aus dem Betriebsergebnis ein sog. »Ordentliches« Betriebsergebnis abzuleiten. Hierzu kann man sich des Formblattes »Aufschlüsselung der GuV – Ordentliches Betriebsergebnis« bedienen (Abb. 57). Das »Ordentliche« Betriebsergebnis wird konkret ermittelt, in dem vom Betriebsergebnis zunächst

folgende in den »Sonstigen betrieblichen Erträgen« enthaltene Positionen abgezogen werden:
- »Erträge aus der Auflösung von Rückstellungen«
- »Erträge aus dem Abgang von Anlagevermögen«
- »Erträge aus dem Verkauf von Geschäftsfeldern, Markenrechten u. Ä.«
- »Sonstige ungewöhnliche und periodenfremde Erträge«

Danach werden dem Betriebsergebnis die in den »Abschreibungen auf immaterielle Vermögensgegenstände des Anlagevermögens und Sachanlagen« enthaltenen
- Außerplanmäßigen Abschreibungen

und die in den »Sonstigen betrieblichen Aufwendungen« enthaltenen
- »Verluste aus dem Abgang von Anlage- und Umlaufvermögen« sowie
- »Sonstigen ungewöhnlichen und periodenfremden Aufwendungen«

abgezogen. Die für die Ermittlung des »Ordentlichen« Betriebsergebnisses notwendigen Informationen findet man zu einem Teil im Anhang und detailliert im Prüfbericht (WP-Bericht).

Das anhand der Jahresabschlussdaten der Paul Hartmann AG ermittelte »Ordentliche« Betriebsergebnis vermittelt ein deutlich anderes Bild von der Ertragskraft des Unternehmens im Kerngeschäft. Das handelsrechtliche Betriebsergebnis (der EBIT) war in den Jahren 2008 und 2009 sehr stark von außergewöhnlichen Vorfällen geprägt: 2008 war es die Auflösung von Rückstellungen in der Größenordnung von 10 Mio. €, in 2009 der Verkauf von Gegenständen des Anlagevermögens in derselben Größenordnung. Sie bestimmten zu mehr als 50 % die Höhe des jeweiligen EBIT.

Das in der GuV der Paul Hartmann AG ausgewiesene Finanzergebnis gilt es anhand des Formblattes »**Aufschlüsselung der GuV – Finanzergebnis**« (Abb. 58) aufzuschlüsseln. Es ist nicht nur wichtig zu wissen, welche Beteiligungserträge bzw. Erträge aus Gewinngemeinschaften dem Unternehmen zufließen, das immerhin für die Anteile an verbundene Unternehmen über 281 Mio. € in seiner Bilanz 2010 ausweist. Darüber hinaus sagen die Abschreibungen auf Finanzanlagen (Anteile an verbundenen Unternehmen) auch etwas darüber aus, wie sinnvoll bestimmte Unternehmenskäufe in der Vergangenheit waren bzw. inwieweit damalige Kaufpreise überhöht waren.

Gut ein Drittel des EBIT in 2010 und über die Hälfte des EBIT 2009 entfällt auf das Finanzergebnis. Dabei sind die Beteiligungserträge der Haupttreiber. In 2009 gab es einen Sondereffekt i. H. v. über 20 Mio. € durch die erstmalige Anwendung der Beherrschungs- und Gewinnabführungsverträge mit der 100%-Tochter Hartmann Beteiligungs GmbH sowie zwei weiteren Tochtergesellschaften. Der Rückgang der Zinsaufwendungen resultiert aus dem Abbau der Bankschulden i. H. v. 70 Mio. € sowie dem niedrigen Zinsniveau.

Aufgliederung der Gewinn- und Verlustrechnung

Abb. 58
Aufschlüsselung der GuV – Finanzergebnis, Paul Hartmann AG in Tsd. €

	2010	2009	2008
Erträge aus Beteiligungen	26 855	21 457	22 379
+ Erträge aus Wertpapieren und Ausleihungen	–	–	–
+ Sonstige Zinsen und ähnliche Erträge	2842	3210	4461
+ Erträge aus Gewinngemeinschaften und Gewinnabführungsverträgen (wenn nicht bereits in den vorangegangenen Positionen enthalten)	1758	20 563	–
Erträge aus der Zuschreibung auf Finanzanlagen	–	3500	–
= **Finanzerträge**	**31 455**	**48 730**	**26 840**
Abschreibungen auf Finanzanlagen und Wertpapiere	4675	4381	6709
+ Zinsen und ähnliche Aufwendungen	8136	11 366	10 671
+ Aufwendungen aus Verlustübernahme (wenn nicht bereits in den vorangegangenen Positionen enthalten)	760	11 280	5431
= **Finanzaufwendungen**	**13 571**	**27 027**	**22 811**
= **Finanzergebnis vor Steuern**	**17 884**	**21 703**	**4029**

In das Formblatt »Aufgliederung des Unternehmensergebnisses« (Abb. 59) können nun das »Betriebsergebnis/EBIT« (zusätzlicher Ausweis des »Ordentliches Betriebsergebnisses«) und das »Finanzergebnis« (zusätzlicher Ausweis »Finanzerträge« und »Abschreibungen auf Finanzanlagen«) übertragen werden. »Betriebsergebnis« und »Finanzergebnis« bilden das in der GuV auszuweisende »Ergebnis der gewöhnlichen Geschäftstätigkeit«. Im Regelfall ist dies auch das »Ergebnis vor Steuern«. Wird ein »außerordentliches Ergebnis« in der GuV ausgewiesen, bildet dieses zusammen mit dem »Ergebnis der gewöhnlichen Geschäftstätigkeit« das »Ergebnis vor Steuern«. Vom »Ergebnis vor Steuern« werden die ertragsabhängigen Steuern (»Steuern vom Einkommen und Ertrag«) sowie die ertragsunabhängigen Steuern (»Sonstige Steuern«) abgezogen. Nach Abzug dieser Steuern kann man vom »Ergebnis nach Steuern« sprechen, das i.d.R. mit dem »Jahresüberschuss« bzw. »Jahresfehlbetrag« identisch ist. Lediglich wenn es sich um ein Unternehmen handelt, dessen Verluste von einem verbundenen Unternehmen übernommen werden oder das aufgrund eines Gewinnabführungsvertrags seine Gewinne abführen muss, ist das »Ergebnis nach Steuern« nicht mit dem »Jahresüberschuss« oder »Jahresfehlbetrag« identisch. Mit Hilfe des Formblattes »Aufgliederung des Unternehmensergebnisses« gelangt man also zu einer einfachen Übersicht, aus der zu ersehen ist, wo die Gewinn- und Verlustquellen im Unternehmen liegen.

Abb. 59
Aufgliederung des Unternehmensergebnisses, Paul Hartmann AG in Tsd. €

	2010	2009	2008
Betriebsergebnis vor Steuern (EBITDA)	**53 781**	**32 880**	**33 096**
(davon »Ordentliches« Betriebsergebnis)	36 036	7271	10 404
+ Finanzergebnis vor Steuern			
(Bei einem negativen Ergebnis »–«)	**17 914**	**21 703**	**4029**
(davon Abschreibungen Finanzanlagen)	(4675)	(4381)	(6709)
(davon Finanzerträge)	(31 455)	(48 730)	(26 840)
= Ergebnis der gewöhnlichen Geschäftstätigkeit	**56 339**	**40 449**	**22 411**
+ Außerordentliches Ergebnis			
(Bei einem Negativergebnis »–«)	**–1533**	**0**	**0**
= Ergebnis vor Steuern	**54 806**	**40 449**	**22 411**
– Steuern vom Einkommen und Ertrag (Bei einer			
Steuerrückerstattung »–«; wird dann addiert)	11 006	8989	5027
– Sonstige Steuern	705	731	739
= Ergebnis nach Steuern	**43 095**	**30 729**	**16 645**
+ Erträge aufgrund der Verlustübernahme durch			
ein verbundenes Unternehmen	–	–	–
– Abgeführter Gewinn aufgrund eines Gewinn-			
abführungsvertrags	–	–	–
= Jahresüberschuss/Jahresfehlbetrag (–)	**43 095**	**30 729**	**16 645**
– Anderen Gesellschaften zustehende Gewinne	–	–	–
+ Verlustanteil anderer Gesellschafter	–	–	–
+ Gewinnvortrag aus dem Vorjahr	–	–	–
– Verlustvortrag aus dem Vorjahr	–	–	–
+ Entnahmen aus den Rücklagen	–	–	–
– Einstellungen in die Rücklagen	21 500	12 500	3000
= Bilanzgewinn/Bilanzverlust (–)	**21 565**	**18 229**	**13 645**

Insgesamt zeigen die Bilanzgewinne, dass sich das Unternehmen bzw. der Konzern in wenig krisenanfälligen, robusten Märkten bewegt, die sich zudem durch starkes Wachstum auszeichnen.

4. Kennzahlen als Beurteilungshilfe

Die Aufgliederung der Bilanz wie der GuV verschafft dem Leser eines Jahresabschlusses schon einen groben Überblick über die wirtschaftliche Verfassung eines Unternehmens. Einige Zahlen, die man dem Jahresabschluss entnehmen oder durch Umgruppierung schnell ermitteln kann, kennzeichnen die wirtschaftliche Lage eines Unternehmens. Gemeint sind z. B. die Zu- und Abgänge bei den Sachanlagen, der Umsatz, die Gesamtleistung oder das Betriebsergebnis/EBIT. Diese absoluten Zahlen kann man aufgrund ihrer Aussagefähigkeit – auf die noch eingegangen wird – als Kennzahlen bezeichnen.

Für eine tiefergehende Bilanzanalyse ist es allerdings erforderlich, dass man einige absolute Zahlen des Jahresabschlusses in Bezug zu anderen Zahlen des Jahresabschlusses setzt. So sagen z. B. die gestiegenen Lohn- und Gehaltskosten für sich allein wenig aus – auch wenn manche Unternehmensleitungen gegenüber den Wirtschaftsausschüssen und den Arbeitnehmervertretern im Aufsichtsrat bevorzugt auf einen solchen Sachverhalt isoliert hinweisen.

Es gibt zur Erfassung der wirtschaftlichen Lage eines Unternehmens eine Reihe wichtiger Daten, die man sowohl der GuV wie auch der Bilanz und dem Anhang entnehmen kann. Es gilt, diese Daten, von denen manche für sich schon eine Kennzahl darstellen, richtig zueinander in Beziehung zu setzen, um relative Kennzahlen zu erhalten. Diese Vorgehensweise nennt man *Kennzahlenrechnung*, weil man einige Kennzahlen nicht unmittelbar ablesen kann, sondern selbst errechnen muss. Wenn man sich hierzu der folgenden Formblätter bedient, kann rechnerisch nicht viel schief gehen. Doch das Rechnen ist nur die eine Seite; viel entscheidender ist es zu wissen, was die so gebildeten Kennzahlen eigentlich aussagen.

Mit Hilfe der Formblätter zur Kennzahlenrechnung werden nur wenige Kennzahlen errechnet, da es in aller Regel vollkommen ausreicht, sich auf einige wenige aussagekräftige Kennzahlen zu beschränken. Die im Folgenden angesprochenen Kennzahlen sind u. E. die aussagefähigsten und auch diejenigen, mit denen ArbeitnehmervertreterInnen am häufigsten konfrontiert werden. Darüber hinaus sollten auch einige den Arbeitnehmervertretern bekannte soziale Daten – wie z. B. Beschäftigtenzahl oder geleistete Beschäftigungsstunden – in Relation zu wirtschaftlichen Daten gesetzt werden. Hieraus ließen sich z. B. Schlussfolgerungen hinsichtlich der Leistungsfähigkeit bzw. der Belastung der im Unternehmen beschäftigten Arbeitnehmer ziehen. Gleichwohl sollte man Kennzahlen nicht überbewerten, auch wenn es ein beliebtes Spiel – insbesondere von Unternehmensleitungen größerer Unternehmen – ist, den Arbeitnehmervertretern eine Menge Kennzahlen vorzusetzen und diese möglichst auch noch mit englischen Namen zu belegen. Durch solche Schaumschlägerei sollte

190 Bilanzanalyse

man sich nicht beeindrucken lassen und in jedem Fall, wenn man eine Kennzahl nicht kennt, nach deren Bedeutung fragen. Hinsichtlich der Aussagefähigkeit von Kennzahlen darf man nie vergessen, dass diese in aller Regel aus Daten des Jahresabschlusses gebildet werden und diese Daten nicht nur das Ergebnis von Ermessensspielräumen sind, sondern überdies vergangenheitsbezogen sind.

Umgekehrt können Kennzahlen gerade auch für ArbeitnehmervertreterInnen von großer Wichtigkeit sein, da sie bei genauer Beobachtung – z. B. auch der Sozialkennzahlen – bestimmte Trends rasch verdeutlichen können. In Verbindung mit *Plandaten* und betriebspolitischen Zielsetzungen können sie sich als nützliches Hilfsmittel einer gezielten Interessenvertretung erweisen[41].

4.1 Bilanzkennzahlen

4.1.1 Veränderungen im Anlagevermögen

Abgänge von Sachanlagen, die entweder auf der Aktivseite der Bilanz oder im Anhang ausgewiesen werden, können auf sog. *Sale-and-lease-back-Geschäfte* zurückzuführen sein. Bei diesen Geschäften werden Grundstücke und/oder Gebäude und Maschinen verkauft und im gleichen Zug vom neuen Eigentümer wieder angemietet. Auf der einen Seite können solche Transaktionen sicher dazu beitragen, Zahlungsengpässe zu überwinden. Auf der anderen Seite lassen sich durch solche Transaktionen stille Reserven bei unterbewertetem Anlagevermögen aufdecken, die dann zur »Bilanzverschönerung« eingesetzt werden können. Auch lassen sich durch solche Transaktionen innerhalb eines Konzerns stille Reserven von einem Unternehmen auf ein anderes übertragen. Zwar müssen die Belastungen, die sich aus Leasing-Geschäften ergeben, im Anhang einer Kapitalgesellschaft aufgeführt werden. Doch welcher Nutzen bzw. Schaden durch solche Sale-and-lease-back-Geschäfte für das Unternehmen entstanden ist, lässt sich hieraus nicht erkennen. Die Bilanz wie die GuV (auch durch die zukünftigen Mietbelastungen) lassen sich nachhaltig durch derartige Geschäfte beeinflussen. Abgänge bei den Sachanlagen stellen deshalb eine wichtige Bilanzkennzahl dar. Größere Sachanlageabgänge sollten die betrieblichen InteressenvertreterInnen zum Anlass nehmen, zu überprüfen, wie sich dies auf die GuV ausgewirkt hat (Erträge aus Anlageabgängen in den »Sonstigen betrieblichen Erträgen oder Aufwendungen aus Anlageabgängen in den »Sonstigen betrieblichen Aufwendungen«). Darüber hinaus sollte in diesem Zusammenhang nach der Unternehmensstrategie gefragt werden.

---

41 Zur Berechnungsmethode von Kennziffern (auch mit mathematischen Beispielen) und zur strategischen Nutzanwendung von Kennzahlen insgesamt vgl.: Laßmann/Rupp, S. 267 ff.

Aus dem Anlagespiegel kann man auch die Höhe der **Investitionen** (Zugänge) und **Abschreibungen** entnehmen. Da Investitionen im Bereich Technische Anlagen und Maschinen für ein Unternehmen allein schon deshalb erforderlich sind, um an technischen Weiterentwicklungen teilzunehmen, sind Investitionen lebenswichtig für ein Unternehmen. Da darüber hinaus Maschinen nicht nur veralten, sondern auch noch verschlissen werden, ist es sinnvoll, den Abschreibungen (und Abgängen) die Investitionen (Zugänge) gegenüberzustellen. Bleiben die Investitionen über mehrere Jahre unterhalb der Abschreibungen, so kann man davon reden, dass ein Unternehmen von der Substanz lebt. Die Ursache kann hierfür zum einen sein, dass dem Unternehmen keine Finanzmittel für erforderliche Investitionen zur Verfügung stehen. Zum anderen kann diese sog. Investitionszurückhaltung in dem mangelnden Interesse der Eigentümer begründet sein, da diese entweder keine Zukunftsperspektiven für das Unternehmen sehen oder ihnen andere Anlagemöglichkeiten rentabler erscheinen.

Man muss sich in diesem Zusammenhang vergegenwärtigen, dass Investitionen natürlich entsprechende Abschreibungen in den Folgejahren nach sich ziehen. Abschreibungen sind aber in der Systematik der GuV Aufwendungen, die das Jahresergebnis schmälern. Doch eine Investitionszurückhaltung führt nur zu kurzfristigen Ertragsverbesserungen. Ohne Investitionen in den Bereich Technische Anlagen und Maschinen verliert ein Unternehmen seine Wettbewerbsfähigkeit. Mittelfristig ist die Ertragslage eines solchen Unternehmens schlechter als die eines investierenden Unternehmens.

Abschreibungen und Investitionen sind also wichtige Kennzahlen. Sollten die Investitionen (Zugänge) bei technischen Anlagen und Maschinen über mehrere Jahre niedriger als die Abschreibungen und Abgänge sein, so sollten die betrieblichen Interessenvertreter nach den Gründen fragen.

Bei der Paul Hartmann AG betrugen nach den Angaben im jeweiligen Anlagespiegel die Investitionen im Sachanlagenbereich (Zugänge Sachanlagen) 2008: 7896 Tsd. €; 2009: 10625 Tsd. €; 2010: 18655 Tsd. €. Dem standen nach den jeweiligen Anlagenspiegeln Abschreibungen auf Sachanlagen i. H. v. 12 668 Tsd. € (2008), 11 263 Tsd. € (2009) und 11 928 € (2010) gegenüber. Während also in den Jahren 2008 und 2009 die Investitionen deutlich unter den Abschreibungen lagen, übertrafen die Investitionen im Jahr 2010 deutlich die Abschreibungen. Zwar gibt es derartige Investitionszyklen, jedoch geben die Daten der Jahre 2008 bis 2010 Anlass, das zukünftige Investitionsverhalten kritisch unter die Lupe zu nehmen.

4.1.2 Liquiditätskennzahlen

Auch für die ArbeitnehmerInnen ist die Antwort auf die Frage nach der Liquidität eines Unternehmens (Zahlungsfähigkeit eines Unternehmens) von besonderer Bedeutung. Denn Illiquidität, also die Unfähigkeit, fällige Schulden begleichen zu können, führt zur Insolvenz und gefährdet damit erheblich die Arbeitsplätze. Der Jahresabschluss ist deshalb nach Informationen zu durchforsten, die Hinweise auf die Zahlungsunfähigkeit des Unternehmens liefern. Bei der sog. Liquiditätsanalyse sind kurz- und längerfristige Aspekte zu beachten. So sind den kurzfristigen Zahlungsverpflichtungen die Vermögenswerte gegenüberzustellen, die dem Unternehmen auch innerhalb eines Jahres zur Verfügung stehen bzw. innerhalb eines Jahres zu Geld zu machen sind. In der Praxis werden häufig drei Liquiditätsgrade ermittelt, die im Folgenden als Liquidität 1., 2. und 3. Grades bezeichnet werden.

Liquidität 1. Grades (Barliquidität)
Die Liquidität 1. Grades ermittelt man, indem man die »liquiden Mittel« in Relation zum »kurzfristigen Fremdkapital« (kurzfristige Schulden) setzt. Zu den liquiden Mitteln zählen Kassenbestand, Bundesbankguthaben, Guthaben bei Kreditinstituten und Schecks. Diese sog. Barmittel sind auf der Aktivseite der Bilanz bereits in einer Position zusammengefasst. Das kurzfristige Fremdkapital setzt sich – wie schon im Abschnitt »Umstrukturierung der Bilanz« gezeigt – aus Positionen zusammen, die voraussichtlich innerhalb eines Jahres zum Abfluss von Zahlungsmitteln aus dem Unternehmen führen. Der Bruch (Quotient)

$$\frac{\text{liquide Mittel}}{\text{kurzfristiges Fremdkapital}}$$

wird mit 100 multipliziert, um zu einem Prozentergebnis zu kommen. Das Ergebnis sagt nun aus, wie viel Prozent die liquiden Mittel das kurzfristige Fremdkapital abdecken.

Liquidität 1. Grades (Barliquidität)	$\frac{\text{liquide Mittel}}{\text{kurzfristiges Fremdkapital}} \times 100 = \%$

Bei der Berechnung der Liquiditätskennzahlen für die Paul Hartmann AG kann man auf das Formblatt »Bilanzübersicht (Bilanzstrukturen)« (Abb. 53) zurückgreifen und mit den dort ausgewiesenen Zahlen arbeiten. Für die Paul Hartmann AG wurden zum 31.12.2010 liquide Mittel i.H.v. 3616 Tsd. € und kurzfristiges Fremdkapital i.H.v. 169 927 Tsd. € ausgewiesen. Der Bruch zur Ermittlung der Liquidität 1. Grades lautet so:

$$\frac{3616}{169927} \times 100 = 2{,}1\,\%$$

Das obige Ergebnis sagt nun aus, dass die liquiden Mittel das kurzfristige Fremdkapital zum 31.12.2010 zu 2,1 % abdeckten. Die Barliquidität des Unternehmens wird i.d.R. sehr gering sein, da mit Geld, das in der Kasse oder auf dem »normalen« Konto liegt, nichts verdient werden kann. Wenn man sich vergegenwärtigt, dass jedes Unternehmen auch mit Fremdkapital finanziert ist, wäre es betriebswirtschaftlich unsinnig, sich auf der einen Seite Fremdkapital zu leihen, für das man Zinsen zahlen muss, und auf der anderen Seite Geld in der Kasse zu haben, für das man nichts bekommt. Insofern ist eine geringe Barliquidität der Normalfall und nichts Beängstigendes. Außerdem handelt es sich um eine Stichtagsbetrachtung.

Eine hohe Barliquidität könnte dafür sprechen, dass ein Unternehmen seine »Kriegskasse« gefüllt hat und in nächster Zeit größere Ausgaben (z.B. Firmenübernahme, Sonderausschüttungen) plant. Der Grund für eine hohe Barliquidität sollte im Rahmen der Erläuterung des Jahresabschlusses erfragt werden.

Liquidität 2. Grades
Die Liquidität 2. Grades ist schon eine etwas aussagefähigere Kennzahl, da hier Vermögenswerte und Schulden gegenübergestellt werden, die innerhalb eines identischen Zeitraums verfügbar bzw. fällig werden. Konkret werden die »liquiden Mittel« und das »kurzfristig liquide Umlaufvermögen« (innerhalb eines Jahres verfügbar) dem »kurzfristigen Fremdkapital« (innerhalb eines Jahres fällig) gegenübergestellt.

$$\text{Liquidität 2. Grades} = \frac{\text{liquide Mittel} + \text{kurzfristig liquides Umlaufvermögen}}{\text{kurzfristiges Fremdkapital}} \times 100 = \%$$

Das kurzfristig liquide Umlaufvermögen setzt sich aus den Positionen »Forderungen aus Lieferungen und Leistungen« und »sonstige Vermögensgegenstände« – soweit diese nicht eine Restlaufzeit von mehr als einem Jahr haben – sowie aus der im Umlaufvermögen aufgeführten Position »Wertpapiere (ohne eigene Anteile)« zusammen.

Bei der Berechnung der Kennzahl Liquidität 2. Grades für die Paul Hartmann AG kann wiederum auf das Formblatt »Bilanzübersicht (Bilanzstrukturen)« (Abb. 53) zurückgegriffen werden. Für die Paul Hartmann AG wird dort zum 31.12.2010 neben liquiden Mitteln i.H.v. 3616 Tsd. € ein kurzfristig liquides Umlaufvermögen i.H.v. 274409 Tsd. € ausgewiesen. Das kurzfristige Fremdkapital beträgt 169 927 Tsd. €. Die Liquidität 2. Grades beträgt folglich:

$$\frac{(3616 + 274409)}{169927} \times 100 = 163,6\%$$

Zum 31.12.2010 waren also kurzfristige Schulden der Paul Hartmann AG durch kurzfristig dem Unternehmen zur Verfügung stehende Vermögensmittel zu 163,6% abgedeckt.

In den meisten Unternehmen dürfte sich als Ergebnis der ermittelten Liquidität 2. Grades herausstellen, dass die liquiden und kurzfristig liquiden Mittel die kurzfristigen Verbindlichkeiten nicht zu 100% abdecken. Wenn man auch sagen kann, dass ein Unternehmen bei einem Wert von 100% und mehr keine Liquiditätsprobleme hat, so kann man im Umkehrschluss nicht automatisch folgern, dass ein Unternehmen Liquiditätsprobleme hat, wenn die Liquidität 2. Grades unter 100% liegt. Es bestehen schließlich für ein Unternehmen innerhalb eines Jahres immer noch einige Möglichkeiten, Zahlungsmittel zu erhalten (z. B. neue Kredite, Verkauf von Anlagevermögen, Reduzierung des Vorratslagers). Sollte allerdings die Liquidität 2. Grades unter 50% liegen, dürften i. d. R. in der Folgezeit im Unternehmen Liquiditätsprobleme auftauchen.

Die Berechnung der Liquidität 2. Grades ist nicht nur deshalb sehr aufschlussreich, weil hier zeitgleiche Positionen (kurzfristiges Umlaufvermögen und kurzfristige Verbindlichkeiten) betrachtet werden, sondern auch, weil es sich hier um Positionen handelt, die der »Bilanzgestaltung« weitgehend entzogen sind.

Liquidität 3. Grades
Bei der Ermittlung der Liquidität 3. Grades – die wichtigste der drei Liquiditätskennzahlen – stellt man den kurzfristigen Verbindlichkeiten neben den Barmitteln und kurzfristig liquiden Vermögensgegenständen auch noch die Fertigerzeugnisse des Vorratsvermögens gegenüber. Sie ergibt sich aus folgender Bruchrechnung:

$$\text{Liquidität 3. Grades} = \frac{\text{liquide Mittel} + \text{kurzfristig liquides Umlaufvermögen} + \text{fertige Erzeugnisse}}{\text{kurzfristige Verbindlichkeiten}} \times 100 = \%$$

Hinsichtlich der Ermittlung dieser Kennzahl liegt die Überlegung zugrunde, dass zur Begleichung von Verbindlichkeiten auch noch die fertigen Erzeugnisse herangezogen werden können, da man davon ausgehen kann, dass diese innerhalb eines Jahres verkauft werden. Die Liquidität 3. Grades sollte deshalb über

100% liegen. Ist dies nicht der Fall, muss man damit rechnen, dass das Unternehmen zahlungsunfähig wird.

Legt man die Werte der Paul Hartmann AG zugrunde, so sieht die Berechnung der bis zum 31.12.2010 bestehenden Liquidität 3. Grades wie folgt aus:

$$\frac{(3616 + 274409 + 92353)}{169927} \times 100 = 218,0\%$$

Das heißt, zum 31.12.2010 decken liquide Mittel, kurzfristig liquides Umlaufvermögen und die fertigen Erzeugnisse des Vorratsvermögens das kurzfristige Fremdkapital zu 218,0% ab. Die Liquidität des Unternehmens kann damit in besonders hohem Maße als gesichert angesehen werden.

4.1.3 Strukturelle Finanzierungskennzahlen

Neben der kurz- und mittelfristigen Liquidität eines Unternehmens sind auch langfristige Aspekte in die Analyse eines Unternehmens einzubeziehen. Ein Unternehmen muss entsprechend seinen speziellen Risiken mit Eigenkapital ausgestattet sein. So erfordert z.B. die Betätigung in einer Branche, die durch schnelle Veränderungen, Produktinnovationen, raschen technischen Fortschritt gekennzeichnet ist, ein weitaus höheres Haftungskapital als etwa die Betätigung im Reinigungsgewerbe. Überdies gewährleistet ein hohes Eigenkapital im Verhältnis zur Bilanzsumme (Gesamtkapital) die Dispositionsfreiheit und weitgehende Unabhängigkeit des Unternehmens von Kreditgebern. Zudem führt eine hohe Eigenkapitelquote regelmäßig zu besseren Konditionen (z.B. Zinssatz, Disagio) bei der Aufnahme von Fremdkapital.

Eigenkapitalanteil
Der Eigenkapitalanteil (Eigenkapitalquote) drückt aus, wie viel Eigenkapital im Verhältnis zum Gesamtkapital des Unternehmens vorhanden ist. Die absolute Eigenkapitalhöhe wäre nämlich wenig aussagefähig, da entsprechend der Größe eines Unternehmens auch die Risiken und damit möglichen Verlustquellen steigen. Die Kennzahl Eigenkapitalanteil ist eine der bekanntesten und gebräuchlichsten, was sicherlich auch mit ihrer einfachen Berechnung zusammenhängt. Im Rahmen von Nebenvereinbarungen zu Kreditverträgen (sog. Convenants) gehört die Vereinbarung einer Mindesteigenkapitalquote zu den am häufigsten vereinbarten Kennzahlen.

Eigenkapitalanteil	$= \dfrac{\text{Eigenkapital}}{\text{Gesamtkapital}} \times 100 = \%$

196 Bilanzanalyse

Die Ermittlung des Eigenkapitals erfolgte bereits mit Hilfe des Formblattes »Umstrukturierung der Bilanz-Passivseite« (Abb. 52), und die ermittelten Werte waren auf das Formblatt »Bilanzübersicht (Bilanzstrukturen)« (Abb. 53) übertragen worden. Anhand der für die Paul Hartmann AG ermittelten Werte ergibt sich zum 31.12.2010 folgende Berechnung für den Eigenkapitalanteil:

$$\frac{293\,291}{705\,268} \times 100 = 41{,}5\,\%$$

Das heißt, zum 31.12.2010 hatte das Eigenkapital einen Anteil am Gesamtvermögen von 41,5 %.

Anteil des wirtschaftlichen Eigenkapitals
Wie bereits ausgeführt, bilden Eigenkapital und eigenkapitalähnliche Mittel das wirtschaftliche Eigenkapital. Setzt man dieses wirtschaftliche Eigenkapital in ein Verhältnis zum Gesamtkapital, so erhält man den Anteil des wirtschaftlichen Eigenkapitals. Die Rechenformel lautet wie folgt:

Anteil des wirtschaftlichen Eigenkapitals	=	$\dfrac{\text{Eigenkapital} + \text{eigenkapitalähnliche Mittel}}{\text{Gesamtkapital}} \times 100 = \%$

Anhand der Daten der Paul Hartmann AG, die man dem Formblatt »Bilanzübersicht (Bilanzstrukturen)« (Abb. 53) entnehmen kann, gelangt man für den 31.12.2010 zu folgender Berechnung:

$$\frac{(293\,291 + 52{,}582)}{705\,268} \times 100 = 49{,}0\,\%$$

Zum 31.12.2010 betrug der Anteil des wirtschaftlichen Eigenkapitals also 49,0 %. Dies ist ein sehr hoher Wert, da man in der deutschen Wirtschaft nur sehr wenige Unternehmen findet, die mit einer derartigen Eigenkapitalausstattung arbeiten. Ob der Anteil des wirtschaftlichen Eigenkapitals ein guter oder schlechter Wert ist, hängt nicht zuletzt von der Branche ab, in der das Unternehmen tätig ist. Doch je höher der Eigenkapitalanteil bzw. der Anteil des wirtschaftlichen Eigenkapitals am Gesamtvermögen ist, desto besser ist dies aus Sicht der Beschäftigten. Denn je größer der Eigenkapitalanteil, umso größer ist die Substanz, von der in wirtschaftlich schlechten Zeiten gezehrt werden kann.

Anlagenintensität
Interessant ist auch, sich die Vermögensstruktur eines Unternehmens anzuschauen. Setzt man das Anlagevermögen ins Verhältnis zum Gesamtvermögen, so weiß man nicht nur, in welchem Maße das eingesetzte Kapital längerfristig gebunden ist, sondern man kann auch in einem gewissen Maße Schlussfolgerungen hinsichtlich des wirtschaftlichen Einsatzes des Kapital ziehen. Werden nämlich die Produktionsanlagen in einem hohen Maße genutzt (Stichwort Kapazitätsauslastung), so führt dies i. d. R. dazu, dass das Umlaufvermögen steigt, da man mehr Vorräte benötigt und über den höheren Umsatz mehr Forderungen aus Lieferungen und Leistungen hat. Die Rechenformel für die Anlageintensität lautet wie folgt:

$$\text{Anlagenintensität} = \frac{\text{Anlagevermögen}}{\text{Gesamtkapital}} \times 100 = \%$$

Für die Paul Hartmann AG ergibt sich aufgrund der im Formblatt »Bilanzübersicht (Bilanzstrukturen)« (Abb. 53) festgehaltenen Werte folgende Berechnung zum 31. 12. 2010:

$$\frac{361\,162}{705\,268} \times 100 = 51{,}3\,\%$$

Diese Kennzahl ist allerdings zu hinterfragen. Zum einen sollte man sich die Entwicklung der Finanzanlagen anschauen und diese ggf. herausrechnen. Zum anderen kann die Anlagenintensität auch deshalb steigen, weil das Umlaufvermögen durch einen starken Abbau des Vorratsvermögens (z. B. durch Verlagerung der Vorratshaltung auf Vorlieferanten und durch Ausbau der Auftragsproduktion) gesunken ist. Die Veränderung der Anlagenintensität sollte also zum Anlass genommen werden, näher darauf zu schauen, was im Unternehmen passiert ist.

Deckungsgrade des Anlagevermögens
Die Frage, wie solide ein Unternehmen finanziert ist, ist nicht nur im Hinblick auf die Kapitalstruktur (Verhältnis: Eigenkapital/Fremdkapital) zu beantworten, sondern auch unter dem Gesichtspunkt der Mittelverwendung.
  In der Bilanz wird grundsätzlich unterschieden zwischen dem Anlagevermögen (»Langfristiges Vermögen«), das dazu bestimmt ist, langfristig oder dauernd dem Geschäftsbetrieb eines Unternehmens zu dienen, und dem Umlaufvermögen (»Kurzfristiges Vermögen«), das relativ schnell (siehe Liquiditätskennzahlen) zu Geld zu machen ist. Durch das Anlagevermögen werden finanzielle Mittel langfristig gebunden. Deshalb sollte dieses Anlagevermögen

Bilanzanalyse

möglichst auch mit langfristig zur Verfügung stehenden Mitteln finanziert werden. Grundsätzlich kann man annehmen, dass das Eigenkapital langfristig dem Unternehmen zur Verfügung steht. Deshalb sollte man das (korrigierte) Eigenkapital ins Verhältnis zum Anlagevermögen setzen.

$$\text{Deckungsgrad I Anlagevermögen} = \frac{\text{Eigenkapital}}{\text{Anlagevermögen}} \times 100 = \%$$

Da der Jahresüberschuss im Eigenkapital enthalten ist, kann man bei einer genaueren Berechnung geplante Gewinnausschüttungen an die Eigentümer vom Eigenkapital abziehen, da diese Mittel zum Stichtag der Bilanzstellung als Eigenkapital vorhanden waren, deren Abzug aus dem Eigenkapital sich aber im laufenden Geschäftsjahr vollzieht.

Neben dem Eigenkapital stehen aber auch andere Finanzierungsmittel dem Unternehmen langfristig zur Verfügung. Dies sind sowohl die Pensionsrückstellungen als auch die Verbindlichkeiten mit einer Restlaufzeit von über fünf Jahren. Bezieht man diese Finanzmittel in die Rechnung mit ein, so erhält man einen »Deckungsgrad II Anlagevermögen«.

$$\text{Deckungsgrad II Anlagevermögen} = \frac{\text{Wirtschaftliches Eigenkapital} + \text{langfristige Verbindlichkeiten}}{\text{Anlagevermögen}} \times 100 = \%$$

Ein Unternehmen ist umso solider finanziert, je höher die Anlagendeckung ist. Der Deckungsgrad II des Anlagevermögens sollte mindestens 100 % betragen, da andernfalls Teile des Anlagevermögens durch kurzfristiges Fremdkapital finanziert wären. In dieser Situation besteht für ein Unternehmen die Gefahr, dass unerwartete Rückforderungen oder Nichtverlängerungen kurzfristiger Kredite zu Zahlungsschwierigkeiten führen. Das Unternehmen könnte also gezwungen sein, Anlagevermögen zu verkaufen, um nicht wegen Illiquidität in Insolvenzgefahr zu geraten. Doch ein nicht geplanter Verkauf von Teilen des Anlagevermögens dürfte i. d. R. nur zu sehr schlechten Preisen möglich sein.

Die Berechnung der Anlagendeckung für die Paul Hartmann AG ist wiederum anhand der im Formblatt »Bilanzübersicht (Bilanzstrukturen)« (Abb. 53) festgehaltenen Werte durchzuführen. Die Rechnung für die Anlagendeckung 1. Grades sieht zum 31. 12. 2010 wie folgt aus:

$$\frac{292\,380}{361\,162} \times 100 = 81{,}0\,\%$$

Kennzahlen als Beurteilungshilfe 199

Das Anlagevermögen der Paul Hartmann AG war also zum 31.12.2010 zu 81,0 % mit Eigenkapital abgedeckt. Man kann also schon nach der Berechnung des Deckungsgrades I von einer soliden Finanzierung des Unternehmens sprechen. Die Berechnung des Deckungsgrades II bringt folgendes Ergebnis:

$$\frac{(344\,962 + 500)}{361\,162} \times 100 = 95,7\,\%$$

Die geringfügige Unterschreitung des Grenzwerts von 100 % ist nicht problematisch, weil das Unternehmen nur geringe langfristige Schulden hat und sein Kreditspielraum mit Sicherheit nicht ausgeschöpft ist.

4.1.4 Auswertung der Bilanzkennzahlen am Beispielfall Paul Hartmann AG

Zur Berechnung der dargestellten Bilanzkennzahlen sollte man sich des **Formblattes »Bilanzkennzahlen«** (Abb. 60) bedienen. Die einzelnen Rechenvorgänge zur Ermittlung der Kennzahlen sind auf diesem Formblatt vorgegeben, so dass Verwechslungsfehler eigentlich ausgeschlossen sein dürften. Allerdings könnte jemand, der in der Bilanzanalyse ungeübt ist, den Überblick darüber verlieren, was er eigentlich macht. In der Abb. 61 wird deshalb noch einmal graphisch die Berechnung der einzelnen Kennzahlen dargestellt. Will man sich in Erinnerung rufen, was eine bestimmte Bilanzkennzahl aussagt, so dürfte i. d. R. ein kurzer Blick in diese Graphik genügen.

Unter Zuhilfenahme der in dem Formblatt »Bilanzübersicht (Bilanzstrukturen)« (Abb. 53) aufbereiteten Bilanzdaten der Paul Hartmann AG ergeben sich die in Abb. 60 angegebenen Bilanzkennzahlen.

Man kann nun anhand des Kennzahlenbogens ablesen, wie sich die Liquidität der Paul Hartmann AG entwickelt hat. Über den üblichen Betrachtungszeitraum von drei Jahren haben sich alle drei Liquiditätskennzahlen gegenüber dem Ausgangsjahr 2008 verbessert; die Liquiditätslage des Unternehmens ist zum 31.12.2010 so gut, dass in den folgenden Geschäftsjahren nicht mit Liquiditätsengpässen zu rechnen ist. Ursächlich für die Verbesserung der Liquiditätskennzahlen waren die Zunahme des Vorratsvermögens und der Forderungen aus Lieferungen und Leistungen im Zusammenhang mit der deutlichen Umsatzausweitung sowie der deutliche Abbau der kurzfristigen Bankschulden (Rückzahlung von Fremdkapital). Hinsichtlich der Liquiditätslage ist allerdings zu berücksichtigen, dass es sich bei den (kurzfristigen) Forderungen der Paul Hartmann AG zu einem großen Teil um Forderungen handelt, die gegenüber Beteiligungsunternehmen und verbundenen Unternehmen bestehen. Damit wird deutlich, dass zur abschließenden Beurteilung der Liquidität der

Abb. 60
Bilanzkennzahlen, Paul Hartmann AG

Liquidität	31.12.2010	31.12.2009	31.12.2008
Liquidität 1. Grades (Barliquidität)			
$\dfrac{\text{Liquide Mittel}}{\text{Kurzfr. Fremdkapital}} \times 100 = \%$	2,1 %	1,0 %	1,4 %
Liquidität 2. Grades (kurzfristige Liquidität)			
$\dfrac{\text{Liquide Mittel} + \text{Kurzfr. liquides UV}}{\text{Kurzfr. Fremdkapital}} \times 100 = \%$	163,6 %	112,9 %	128,0 %
Liquidität 3. Grades (mittelfristige Liquidität)			
$\dfrac{\text{Liquide Mittel} + \text{Kurzfr. liquides UV} + \text{Fertige Erzeugnisse}}{\text{Kurzfr. Fremdkapital}} \times 100 = \%$	218,0 %	140,4 %	167,9 %
Kapital- und Vermögensstruktur			
Eigenkapitalanteil			
$\dfrac{\text{Eigenkapital}}{\text{Gesamtkapital}} \times 100 = \%$	41,5 %	40,3 %	37,5 %
$\dfrac{\text{Wirtschaftliches Eigenkapital}}{\text{Gesamtvermögen}} \times 100 = \%$	49,0 %	47,6 %	44,6 %
Anlagenintensität			
Anlageintensität Gesamtvermögen x 100 = %	51,3 %	54,9 %	59,7 %
Deckungsgrad I Anlagevermögen			
Eigenkapital Anlagevermögen x 100 = %	81,0 %	73,4 %	66,2 %
Deckungsgrad II Anlagevermögen			
Wirtschaftl. EK + Lgfr. FK Anlagevermögen x 100 = %	95,7 %	87,2 %	79,4 %

Kennzahlen als Beurteilungshilfe

Paul Hartmann AG auch noch eine Analyse des Konzernabschlusses erforderlich ist.

Die Eigenfinanzierung der Paul Hartmann AG kann man schon als sehr gut bezeichnen. Ein zum 31.12.2010 ausgewiesener Eigenkapitalanteil von über 40 % ist fast schon als exotisch in der deutschen Wirtschaft anzusehen. Die Unternehmen der deutschen Textilindustrie weisen im Durchschnitt einen Eigenkapitalanteil von 20 % bis 25 % aus. Berücksichtigt man dann noch, dass das »Wirtschaftliche Eigenkapital« zum 31.12.2010 49,0 % betrug, dann wird nicht nur die geringe Abhängigkeit des Unternehmens von Kreditgebern deutlich, sondern es wird auch offenbar, dass das Unternehmen über genügend Substanz verfügt, auch Verlustphasen durchzustehen. Wenn man zudem berücksichtigt, dass im Vermögen des Unternehmens nicht unerhebliche stille Reserven stecken, die bei Aufdeckung in entsprechender Größenordnung auch dem Eigenkapital zugeordnet werden müssten, dann ist der tatsächliche Eigenkapitalanteil sogar noch größer als in dem Formblatt »Bilanzkennzahlen« (Abb. 60) dargestellt.

Der geringe Anstieg des Eigenkapitalanteils im Jahr 2010 gegenüber dem Jahr 2009 ist trotz des hohen ausgewiesen Jahresüberschusses für das Geschäftsjahr 2010 darauf zurückzuführen, dass die Bilanzsumme der Paul Hartmann AG deutlich angestiegen ist. Die Anlagenintensität der Paul Hartmann AG erscheint auf den ersten Blick sehr hoch (51,3 % zum 31.12.2010). Wenn man sich allerdings das Anlagevermögen näher anschaut, zeigt sich, dass dieser hohe Wert darauf zurückzuführen ist, dass die Paul Hartmann AG die Mutter des Hartmannkonzerns ist: 78 % des Anlagevermögens der Paul Hartmann AG bestehen aus Finanzanlagen. Der Rückgang der Anlagenintensität ist eben auch das Resultat der Veränderungen der Finanzanlagen. Diese Veränderungen spiegeln sich auch im Finanzergebnis wider, das einen wesentlichen Beitrag zum Gesamtergebnis des Unternehmens leistet. Sicherlich als Folge der weltweiten Finanz- und Wirtschaftskrise ist der hohe Aufwand aus Verlustübernahmen und Abschreibung auf Finanzanlagen zu werten.

Die Deckung des Anlagevermögens der Paul Hartmann AG konnte sich angesichts des gestiegenen Eigenkapitals und der Reduzierung des Anlagevermögens zum 31.12.2010 wieder deutlich verbessern. Der Deckungsgrad II betrug zum 31.12.2010 95,7 %, so dass man von einer durchaus soliden Finanzierung sprechen kann.

Als Fazit der Auswertung der Bilanzkennzahlen kann man schlussfolgern, dass sich die wirtschaftliche und finanzielle Verfassung der Paul Hartmann AG in den analysierten letzten drei Geschäftsjahren stetig verbessert hat. Das Unternehmen ist vor allem auch sehr gut durch die globale Wirtschafts- und Finanzkrise gekommen, was nicht zuletzt auch an den robusten, krisenunabhängigen Märkten liegt, in denen das Unternehmen agiert. Im Zusammenhang mit

202 Bilanzanalyse

Abb. 61
Graphische Darstellung der Bilanzkennzahlen

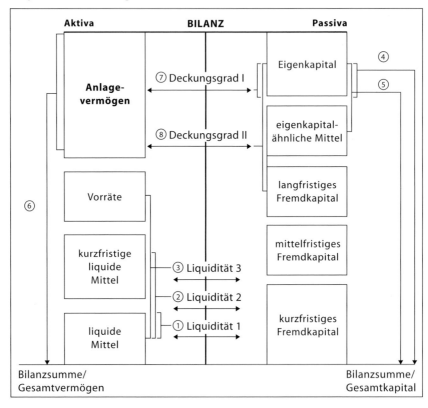

Aktiv- zur Passivseite
Aktiv-Positionen in % zu Passiv-Positionen
1 Liquidität 1. Grades
2 Liquidität 2. Grades
3 Liquidität 3. Grades

Passiv- zur Aktivseite
Passiv-Positionen in % zu Aktiv-Positionen
7 Deckungsgrad I Anlagevermögen
8 Deckungsgrad II Anlagevermögen

Passivseite
Passiv-Positionen in % zum Gesamtkapital
4 Eigenkapitalanteil
5 Anteil Wirtschaftliches Eigenkapital

Aktivseite
Aktiv-Position in % zum Gesamtvermögen
6 Anlagenintensität

den Liquiditäts- und den Deckungsgraden des Anlagevermögens kann man von sehr soliden finanziellen Verhältnissen sprechen. Der hohe Eigenkapitalanteil (kombiniert mit der Ertragskraft im operativen Bereich) und die geringe langfristige Verschuldung machen das Unternehmen überdies kreditwürdig.

4.2 Erfolgskennzahlen

Die GuV kann auch als Erfolgsrechnung eines Unternehmens bezeichnet werden, da das Endergebnis Jahresüberschuss bzw. Jahresfehlbetrag etwas über den Erfolg eines Unternehmens nach Beendigung eines Geschäftsjahres aussagt. Diesen Erfolg kann man wiederum aufspalten nach den Quellen, durch die er gespeist wurde. Wie bereits im Abschnitt »Aufgliederung der GuV« aufgezeigt, setzt sich der Jahresüberschuss bzw. Jahresfehlbetrag aus dem **Betriebsergebnis/EBIT** (darin enthalten operatives Ergebnis), dem **Finanzergebnis** und dem **außerordentlichen Ergebnis** zusammen. Diese Teilergebnisse stellen somit auch wichtige Kennzahlen dar, die etwas über das erfolgreiche wirtschaftliche Handeln in den verschiedenen Unternehmensbereichen aussagen.

Neben diesen Kennzahlen gibt es noch eine ganze Reihe weiterer, die Aussagen über Erfolg bzw. Misserfolg eines Unternehmens ermöglichen. Auch hier sollte man sich auf einige wenige Kennzahlen beschränken, und zwar auf die, die die Absatzlage (Umsatz), die Kostenstruktur (Anteil der wichtigsten Kostenblöcke an der Gesamtleistung des Unternehmens), die Rentabilität (Verzinsung des eingesetzten Kapitals), die Finanzkraft (Cashflow und Möglichkeiten der Innenfinanzierung) und den Stellenwert der ArbeitnehmerInnen im Unternehmen (Produktivität, Einkommen) näher beleuchten.

4.2.1 Umsatz/Gesamtleistung/EBITDA

Die Umsatzerlöse eines Unternehmens stellen eine wichtige Kennzahl hinsichtlich der Absatzlage eines Unternehmens dar. Sinkende Umsätze sind i. d. R. ein deutliches Anzeichen dafür, dass ein Unternehmen mit seinen Produkten Absatzschwierigkeiten hat. Zwar kann ein Rückgang der Umsatzerlöse auch auf einen Rückgang der Verkaufspreise zurückzuführen sein (ein Unternehmen verkauft *mengenmäßig* gleich viel oder mehr). Doch auch in diesem Fall kann man i. d. R. von Absatzschwierigkeiten ausgehen. Preiszugeständnisse sind eben nicht selten das Ergebnis von Absatzschwierigkeiten. Über diesen Weg will dann die Unternehmensleitung den mengenmäßigen Absatz fördern, damit die Lager nicht überquellen – was natürlich zu geringeren Deckungsbeiträgen führt.

In jenen Produktionsunternehmen, die mit Rohstoffen arbeiten, die sehr starken Preisschwankungen ausgesetzt sind, müssen allerdings Umsatzrückgänge nicht als Indiz für Absatzschwierigkeiten gewertet werden. Hier kann die Weitergabe von Preisveränderungen bei den Rohstoffen ursächlich für einen Umsatzrückgang oder auch eine Umsatzsteigerung sein. Dies bedeutet, die Kennzahl Umsatzerlöse ist zu hinterfragen. Um zu einer aussagefähigeren Einschätzung der Umsatzerlöse zu kommen, ist nachzufragen, in welchem Maße Preisveränderungen an den Veränderungen der Umsatzerlöse Anteil hatten und ob etwaige Änderungen der Verkaufspreise das Ergebnis der Weitergabe von Preisveränderungen im Rohstoffbereich sind. Entsprechende Erklärungen finden sich auch im Erläuterungsteil des Anhangs.

Zwar weisen die Umsatzerlöse auf die Absatzentwicklung hin, doch sagen die Umsatzerlöse eines Geschäftsjahres nichts über die Wirtschaftsleistung aus, die von einem Unternehmen innerhalb eines Geschäftsjahres erstellt wird. So kann rein theoretisch der gesamte Umsatz eines Geschäftsjahres mit Produkten getätigt werden, die aus den Vorjahren stammen (Abbau der Lagerbestände), während in dem Geschäftsjahr zur Umsatzerzielung nicht ein einziges Produkt erstellt wurde. Die Leistungserstellung eines Unternehmens innerhalb eines Geschäftsjahres ist aber eine wichtige Bezugsgröße für die innerhalb eines Geschäftsjahres angefallenen Aufwendungen. Nur so lässt sich etwas über die Bedeutung (Intensität) der einzelnen Kostenblöcke im Unternehmen aussagen.

So ist es bei einer GuV nach dem Gesamtkostenverfahren nicht sinnvoll, die Umsatzerlöse als Bezugsgröße für in der GuV enthaltene Aufwandspositionen heranzuziehen. Während nämlich die Umsatzerlöse mit Waren erzielt werden können, die bereits im Vorjahr erstellt wurden, handelt es sich bei den in der GuV enthaltenen Aufwendungen um Aufwendungen, die ausschließlich in dem ausgewiesenen Geschäftsjahr angefallen sind. Deshalb sollte man auch diesen Aufwendungen nur diejenige Leistung gegenüberstellen, die im gleichen Geschäftsjahr erwirtschaftet wurde. Die Umsatzerlöse sind also mit den GuV-Positionen »Erhöhung oder Verminderung des Bestandes an fertigen und unfertigen Erzeugnissen« sowie »aktivierte Eigenleistungen« zu verrechnen. Man erhält dann die sog. **Gesamtleistung**.

Wenn man das Formblatt »Aufschlüsselung der GuV – Betriebsergebnis« (Abb. 56) verwendet, ermittelt man automatisch die Gesamtleistung. Bei der GuV nach dem Umsatzkostenverfahren sind die Aufwendungen eines Geschäftsjahres den Umsatzerlösen eines Geschäftsjahres gegenüber zu stellen.

Mit dem »Betriebsergebnis vor Steuern/EBIT« verfügt man bereits über ein Unternehmensergebnis, das um die je nach Kapitalausstattung unterschiedliche Zinsbelastung, die Erträge und Aufwendungen aus Beteiligungen und die je nach Gesellschaftsform und Unternehmenspolitik gestaltbare Steuerbelastung korrigiert ist. Werden nun aus dem »EBIT« die »Abschreibungen auf immaterielle Vermögenswerte und Sachanlagen« herausgerechnet, so hat man ein

Ergebnis, das einerseits nicht durch die Abschreibungen auf Geschäfts- oder Firmenwerte (Goodwill) verzerrt wird und das andererseits nicht durch die Investitionspolitik und die gewählten Abschreibungsmethoden für Maschinen und Geschäftsausstattung beeinflussbar ist. Dieses sog. EBITDA = Earnings Before Interest, Taxes, Depreciation and Amortisation (Ergebnis vor Zinsen, Steuern, Abschreibungen auf Sachanlagen und Immaterielle Vermögensgegenstände) kann man im Zusammenhang mit der Ermittlung des Betriebsergebnisses (Formblatt »Aufschlüsselung der GuV – Betriebsergebnis«, Abb. 56) sehr leicht errechnen (als Zwischenergebnis beim Gesamtkostenverfahren oder durch Addition der Abschreibungen zum Betriebsergebnis beim Umsatzkostenverfahren). Man verfügt mit dem »EBITDA« ohne die schwierige und langwierige Berechnung eines »operativen Ergebnisses« über eine Kennzahl, die den wirtschaftlichen Erfolg eines Unternehmens im »Kerngeschäft« vergleichbar mit anderen Unternehmen macht und die etwas über die Finanzkraft eines Unternehmens aussagt. »Es ist sicherlich nicht zufällig, dass gerade Unternehmen, die sich erfolgswirtschaftlich in kritischen Situationen befinden, mit dem EBITDA gern nachweisen, dass sie (…) zumindest bezüglich ihrer Finanzkraft stark und damit (zunächst) überlebensfähig sind«.[42]

Aufgrund der einfachen Berechnung ist die Verwendung der Kennzahl »EBITDA« international weit verbreitet.

4.2.2 Intensitäts- bzw. Aufwandskennzahlen

Um die Bedeutung und den Einfluss einzelner Aufwandsarten (z. B. Personalaufwand, Materialaufwand, Abschreibungen) herauszustellen, sollte man sog. Intensitätskennzahlen bilden. Man kann sich den Begriff Intensitätskennzahl dadurch erklären, dass mit dieser Kennzahl angegeben werden soll, wie intensiv ein Kostenblock, gemessen an der gesamten Leistung, ins Gewicht gefallen ist. Stellt man sich z. B. ein Kleid zu einem Fabrikabgabepreis von 50 € vor, so setzt sich dieser Preis aus verschiedenen Kostenblöcken sowie aus dem Gewinn zusammen. Zum Beispiel:

Materialaufwand	25 € =	50 %
Personalaufwand	14 € =	28 %
Abschreibungen	5 € =	10 %
sonstige Aufwendungen	5 € =	10 %
Gewinn	1 € =	2 %
Fabrik-Verkaufspreis	50 € =	100 %

---

42 Gräfer/Schneider, S. 183.

Bilanzanalyse

Materialaufwandsquote
Die Materialaufwandsquote ermittelt man, indem man dem Materialaufwand die Gesamtleistung (Ermittlung der Gesamtleistung siehe oben) gegenüberstellt. Die so ermittelte Kennzahl sagt aus, wie viel Prozent der Gesamtleistung für Materialaufwendungen aufgebracht werden müssen.

$$\text{Materialaufwandsquote} = \frac{\text{Materialaufwand}}{\text{Gesamtleistung}} \times 100 = x\%$$

Eine Veränderung der Materialaufwandsquote gegenüber dem Vorjahr kann verschiedene Gründe haben. Eine Veränderung der Materialaufwandsquote sollte deshalb von den Arbeitnehmervertretern hinterfragt werden, da sich hier Schwierigkeiten des Unternehmens offenbaren können.

Gründe für eine Veränderung der Materialaufwandsquote können sein:
- Verteuerung oder Verbilligung der Roh- Hilfs- und Betriesstoffe sowie bezogener Fertigwaren;
- Bildung oder Auflösung von stillen Reserven im Vorratsvermögen (vor allem bei erstmaliger Anwendung des BilMoG);
- Veränderung des Einsatzvolumens von LeiharbeitnehmerInnen (sind in den Aufwendungen für bezogene Leistungen enthalten, dort aber nicht separat ausgewiesen). Hier handelt es sich um versteckte Personalkosten.

Für die Paul Hartmann AG ergibt sich für das Jahr 2010 eine Materialaufwandsquote von 64,2 %. Zu diesem Wert gelangt man, wenn man die Gesamtleistung und die Materialaufwendung dem Formblatt »Aufschlüsselung der GuV – Betriebsergebnis« entnimmt (Abb. 56) und wie folgt rechnet:

$$\frac{472\,170}{735\,973} \times 100 = 64,2\%$$

Personalaufwandsquote
Zur Errechnung der Personalaufwandsquote wird der Personalaufwand eines Unternehmens ins Verhältnis zur Gesamtleistung gesetzt. Der Personalaufwand besteht aus den Einzelpositionen
- Löhne und Gehälter,
- soziale Abgaben und
- Aufwendungen für Altersversorgung und Unterstützung.

Mit diesen Teil-Personalaufwendungen können natürlich auch Kennzahlen gebildet werden, um die Entwicklung einzelner Personalaufwendungen gemessen an der Gesamtleistung besser verfolgen zu können.

$$\text{Personalaufwandsquote} = \frac{\text{Personalaufwand}}{\text{Gesamtleistung}} \times 100 = x\%$$

Absolut gestiegene Personalaufwendungen mögen zwar mancher Unternehmensleitung als Beleg dafür dienen, dass die von den Gewerkschaften durchgesetzten Tariferhöhungen »wieder einmal viel zu hoch« waren, doch erst im Verhältnis zur Gesamtleistung kann man sich ernsthaft mit der angeblichen Belastung durch diesen Aufwandsblock auseinandersetzen. So können z. B. Personalaufwendungen in einem Unternehmen allein deshalb gestiegen sein, weil das Unternehmen mehr produziert hat und deshalb von der Belegschaft mehr Überstunden abverlangt wurden und/oder mehr Arbeitnehmer zur Bewältigung der erhöhten Produktion beschäftigt wurden.

Die gesamte Personalaufwandsquote für die Paul Hartmann AG betrug für das Jahr 2010 16,7 %. Der Personalaufwand, der sich aus Lohn- und Gehaltsaufwendungen, sozialen Abgaben und Aufwendungen für die Altersversorgung zusammensetzt, wird durch die Gesamtleistung geteilt.

$$\frac{123\,208}{735\,973} \times 100 = 16,7\,\%$$

Abschreibungsaufwandsquote
Neben den Material- und Personalaufwendungen bilden die Abschreibungen einen größeren Kostenblock im Unternehmen. Die Abschreibungsaufwandsquote ermittelt man wie folgt:

$$\text{Abschreibungsaufwandsquote} = \frac{\text{Abschreibungen}}{\text{Gesamtleistung}} \times 100 = x\,\%$$

Für die Paul Hartmann AG ergibt sich für das Geschäftsjahr 2010 folgende Rechnung:

$$\frac{15\,356}{735\,973} \times 100 = 2,1\,\%$$

Das heißt, im Geschäftsjahr 2010 hatten die Abschreibungen einen Anteil von 2,1 % an der Gesamtleistung.

Zinsaufwandsquote
Die Zinsen und ähnliche Aufwendungen stellen für manches Unternehmen aufgrund ihrer Finanzierungsstruktur einen beachtlichen Kostenblock dar. Die Berechnung dieser Kennzahl sieht wie folgt aus:

$$\text{Zinsaufwandsquote} = \frac{\text{Zinsaufwand}}{\text{Gesamtleistung}} \times 100 = x\,\%$$

Bilanzanalyse

Für das Geschäftsjahr 2010 ergibt sich für die Paul Hartmann AG folgende Rechnung: Bei Zinsaufwendungen i. H. v. 8136 Tsd. € (siehe Formblatt »Aufschlüsselung der GuV – Finanzergebnis«, Abb. 58) und einer Gesamtleistung von 735973 Tsd. € beträgt die Zinsaufwandsquote 1,1%.

$$\frac{8136}{735973} \times 100 = 1,1\%$$

4.2.3 Rentabilitätskennzahlen

Ziel aller Unternehmen in einem privatwirtschaftlich organisierten Wirtschaftssystem ist es, Gewinne zu erwirtschaften oder letztlich im Konkurrenzkampf unterzugehen. Die Höhe der Gewinne – und zwar bezogen auf das eingesetzte Kapital – bildet die Grundlage für die Entscheidungen der Unternehmensleitungen, der Anteilseigner und auch der Gläubiger.

Das prozentuale Verhältnis des in einem Geschäftsjahr erzielten Gewinns zum eingesetzten Kapital nennt man Rentabilität. Der Gewinn wird als Verzinsung des eingesetzten Kapitals betrachtet. Die Rentabilitätsanalyse ist aussagefähiger als die Betrachtung der absoluten Gewinnsumme. Denn nur durch die Relativierung des Erfolges, wie er in der Rentabilität zum Ausdruck kommt, ist es möglich, einen Branchenvergleich vorzunehmen. Die Anteilseigner werden die Verzinsung ihres im Unternehmen eingesetzten Kapitals immer mit anderen Anlagemöglichkeiten und der dort möglichen Verzinsung vergleichen und mittelfristig die Anlageform wählen, die die höhere Rendite verspricht.

Eigenkapitalrentabilität

Die Eigenkapitalrentabilität setzt den Gewinn in Beziehung zum (korrigierten) Eigenkapital. Da manche Unternehmensleitungen glauben, es spräche für eine höhere fachliche Kompetenz, wenn man sich angelsächsischer Fachbegriffe bedient, ist statt des Begriffs »Eigenkapitalrentabilität« immer häufige die Rede von »Return on Equity«. Als Gewinn sollte man das Unternehmensergebnis vor Ertragssteuern (EBIT) heranziehen (Jahresüberschuss + Steuern vom Einkommen und Ertrag). Dies ist allein deshalb sinnvoll, weil sich die Steuerbelastung aus der sog. Steuerbilanz ergibt, was bei einem Vergleich von Unternehmensergebnissen zu Verzerrungen führen kann. Darüber hinaus sollte man nicht übersehen, dass es sich z. B. bei den von den Banken veröffentlichten Zinssätzen für alternative Geld-Anlageformen ebenfalls um Brutto-Renditen handelt, da auf Zinserträge ebenfalls Steuern zu zahlen sind. Aber auch die Bildung der Kennzahl »Brutto-Eigenkapitalrentabilität« ist nicht unproblematisch. So kann die Höhe des Jahresüberschusses durch die Bildung oder Auflösung »stiller Reserven« gestaltet werden. Ist dies für externe »Bilanzanalytiker« erkennbar (z. B. bei Auflösung eines größeren Sonderpostens mit Rücklageanteil), empfiehlt es sich, auch eine Kennzahl mit einem entsprechend korrigierten Jahresüberschuss zu ermitteln.

Bei der genauen Berechnung der Eigenkapitalrentabilität müsste man eigentlich nicht das am Ende des Geschäftsjahres ausgewiesene Eigenkapital als Bezugsgröße heranziehen, sondern das durchschnittlich im Geschäftsjahr eingesetzte Eigenkapital. Da sich dieser Durchschnittswert für Außenstehende nicht ermitteln lässt, muss man mit dieser Ungenauigkeit leben.

$$\text{Eigenkapitalrentabilität} = \frac{\text{Jahresüberschuss* + Steuern vom Einkommen und Ertrag}}{\text{Eigenkapital}} \times 100 = x\%$$

* bei einem Gewinnabführungsvertrag (Jahresüberschuss = 0): »Ergebnis nach Steuern«

Ist ein Jahresfehlbetrag angefallen, der höher als die Ertragssteuern ist, so kann man auf die Berechnung der Eigenkapitalrentabilität verzichten.

Für das Geschäftsjahr 2010 sieht die Berechnung unter Zuhilfenahme der Formblätter »Bilanzübersicht (Bilanzstrukturen)« (Abb. 53) und »Aufgliederung des Unternehmensergebnisses« (Abb. 59) wie folgt aus:

$$\frac{(43\,095 + 11\,006)}{292\,380} \times 100 = 18{,}5\,\%$$

Die so ermittelte Brutto-Eigenkapitalrendite beträgt somit rund 18,5 %. Oder anders: Das eingesetzte Eigenkapital wurde im Geschäftsjahr 2010 mit 18,5 % verzinst.

Gesamtkapitalrentabilität
Während die Eigenkapitalrentabilität geeignet ist, um Vergleiche mit alternativen Kapitalanlageformen anzustellen, ist diese Kennzahl für Unternehmensvergleiche weniger geeignet, da die Unternehmen unterschiedliche Kapitalstrukturen aufweisen. So führt ein hoher Fremdkapitalanteil, der auf Krediten beruht, zu Zinsbelastungen, die wiederum je nach Zinsniveau den Gewinn mehr oder weniger schmälern. Für Unternehmensvergleiche ist es also sinnvoller eine Kennzahl zu bilden, die die Verzinsung des gesamten im Unternehmen eingesetzten Kapitals ausdrückt. Diese sog. Gesamtkapitalrentabilität wird wie folgt ermittelt:

Bilanzanalyse

$$\text{Gesamtkapitalrentabilität} = \frac{\text{Jahresüberschuss* + Zinsaufwendungen + Ertragssteuern}}{\text{Eigenkapital}} \times 100 = x\%$$

* bei einem Gewinnabführungsvertrag (Jahresüberschuss = 0): »Ergebnis nach Steuern«

Die Gesamtkapitalrentabilität ist aber nicht nur für Unternehmensvergleiche geeignet, sondern kann darüber hinaus mit als Entscheidungsgrundlage dienen, ob es sinnvoll ist, weiteres Fremdkapital für ein Unternehmenswachstum aufzunehmen. Ist nämlich die Gesamtkapitalrentabilität höher als der Fremdkapitalzinssatz, kann man daraus schließen, dass eine weitere Aufnahme von Fremdkapital zu Gewinnsteigerungen und damit zur Erhöhung der Eigenkapitalrentabilität führt. Voraussetzung hierfür ist allerdings, dass das zusätzlich aufgenommene Fremdkapital im Unternehmen genau so profitabel eingesetzt werden kann wie das bisher eingesetzte Kapital (so könnte z. B. die Ausweitung der Produktion zu höheren Aufwendungen und/oder geringeren Erträgen führen). Der Effekt, dass die Eigenkapitalrentabilität mit der Aufnahme von Fremdkapital steigt (sog. Leverage-Effekt), kann theoretisch auch durch Substituierung (Austausch) von Eigenkapital durch Fremdkapital erfolgen.

Für die Paul Hartmann AG errechnet sich die Gesamtkapitalrentabilität für das Geschäftsjahr 2010 wie folgt:

$$\frac{43095 + 8136 + 11006}{705268} \times 100 = 8,8\%$$

Für das Geschäftsjahr 2010 betrug also die Brutto-Gesamtkapitalrendite des Unternehmens 8,8 %; oder anders: Das im Unternehmen eingesetzte Kapital hat sich im Jahr 2010 brutto mit 8,8 % verzinst. Daraus folgt: Solange eine Kreditaufnahme weniger als 8,8 % an Zinsen kostet, ist eine Finanzierung mit Fremdkapital günstiger als mit Eigenkapital.

Umsatzrentabilität
Die Umsatzrentabilität gibt in etwa die Gewinnspanne an, die durchschnittlich bei jedem verkauften Produkt während eines Geschäftsjahres erzielt wurde. Der Jahresüberschuss oder das »Ergebnis der gewöhnlichen Geschäftstätigkeit« wird bei der Ermittlung der Umsatzrentabilität in ein Verhältnis zu den Umsatzerlösen gesetzt. Den Jahresüberschuss zieht man bei Berechnung der Umsatzrendite heran, wenn bei einem Unternehmensvergleich nur dieser häufig von den Unternehmen selbst publizierte Wert bekannt ist. Kennt man hingegen das »Ergebnis der gewöhnlichen Geschäftstätigkeit«, ist dieser Wert vorzuziehen, da in ihm das (i. d. R. einmalige) »Außerordentliche Ergebnis« und der

z. T. nicht geschäftsjahrbezogene Steueraufwand (Steuerertrag) nicht enthalten sind. Die Umsatzrentabilität ist sehr schnell zu bilden und wird deshalb häufig bei Unternehmensvergleichen herangezogen.

$$\text{Umsatzrentabilität} = \frac{\text{Ergebnis der gewöhnlichen Geschäftstätigkeit}}{\text{Umsatzerlöse}} \times 100 = x\%$$

Wird ein Fehlbetrag erwirtschaftet, so kann man auch eine negative Umsatzrendite errechnen. Diese sagt aus, welcher durchschnittliche Verlust bei jedem verkauften Produkt entstanden ist.

Der durchschnittliche Gewinn- bzw. Verlustanteil je verkauftem Produkt wird ausnahmsweise mit dem angelsächsischen Begriff »Return on Sale« (Rückfluss aus Verkauf) besser auf den Punkt gebracht als mit dem deutschen Begriff »Umsatzrentabilität« oder »Umsatzrendite«.

Die Umsatzrendite der Paul Hartmann AG für das Geschäftsjahr 2010 betrug 7,8 % und errechnet sich aus dem »Ergebnis der gewöhnlichen Geschäftstätigkeit« 56 339 Tsd. € (siehe Abb. 59) und einem Umsatz von 719 704 Tsd. € (siehe Abb. 56).

$$\frac{56\,309 \times 100}{719\,704} = 7,8\,\%$$

4.2.4 Sozialkennzahlen

Ganz ohne Zweifel resultieren aus der wirtschaftlichen Lage eines Unternehmens unternehmenspolitische Entscheidungen, die Auswirkungen auf die Beschäftigungs- und Arbeitssituation der im Unternehmen Beschäftigten haben. Neben den wichtigsten Daten bzw. Kennzahlen zur wirtschaftlichen Entwicklung eines Unternehmens brauchen die betrieblichen InteressenvertreterInnen deshalb Informationen über Beschäftigung, Einkommen und Arbeitsbedingungen der im jeweiligen Unternehmen Beschäftigten, um die Auswirkungen unternehmenspolitischer Entscheidungen auf die ArbeitnehmerInnen besser erkennen und darstellen zu können.

Schon seit langem fordern die im DGB zusammengeschlossenen Gewerkschaften im Zusammenhang mit dem Jahresabschluss eine »gesellschaftsbezogene Berichterstattung« der Unternehmen, in der diese sowohl auf die gesellschaftsbezogenen Wirkungen ihrer Tätigkeit wie auch auf die Beschäftigungs- und Arbeitsbedingungen der bei ihnen Beschäftigten eingehen sollen. Trotz der vielen Gesetzesänderungen seit dem Bilanzrichtliniengesetz von 1985 ist es nicht zu einer besseren Sozialberichterstattung im Zusammenhang mit dem

212 Bilanzanalyse

Jahresabschluss gekommen. Für den Gesetzgeber standen bei allen Gesetzesänderungen der Anlegerschutz und in diesem Zusammenhang eine Informationsverbesserung für die Investoren im Vordergrund. Zwar müssen mittelgroße und große Kapitalgesellschaften die durchschnittliche Zahl der während des Geschäftsjahres beschäftigten ArbeitnehmerInnen getrennt nach Gruppen im Anhang aufführen. Doch die Betriebsräte verfügen auf Grundlage des Betriebsverfassungsgesetzes (§ 92 Abs.2 BetrVG) über weit detailliertere Personalinformationen.

Der Wirtschaftsausschuss ist ebenfalls nach dem BetrVG (§ 106 Abs.2) rechtzeitig und umfassend über die aus der wirtschaftlichen Lage sich ergebenden Auswirkungen auf die Personalplanung zu informieren. Das heißt, Betriebsräte und Wirtschaftsausschussmitglieder verfügen i.d.R. neben den personellen Bestandsdaten, wie sie auch im Anhang einer mittelgroßen und großen Kapitalgesellschaft aufzuführen sind, auch über *personelle Plandaten*. Darüber hinaus müssten Betriebsräte und Wirtschaftsausschussmitglieder über eine Reihe weiterer Sozialdaten aus »ihrem« Unternehmen Kenntnis haben. So dürften z.B. dem Betriebsrat und dem Wirtschaftsausschuss der *Krankenstand*, die *Überstunden* und die sog. *freiwilligen Sozialleistungen* bekannt sein. Er hat unter Hinweis auf die §§ 80 Abs.2, 92 Abs.1 und 106 Abs.2 und 3 BetrVG einen Rechtsanspruch darauf, diese Daten zu erfahren.

Diese Sozialdaten sollte man nicht isoliert betrachten, sondern zu wirtschaftlichen Daten in Beziehung setzen. Steigende Absatzzahlen vor dem Hintergrund eines gestiegenen Überstundenvolumens bei gleichzeitig stagnierender oder gar abnehmender Beschäftigtenzahl geben jedem Betriebsrat auch wirtschaftliche Argumente für weitere Personaleinstellungen an die Hand. Ein hoher Krankenstand, der häufig den Arbeitnehmervertretern von der Unternehmensleitung als unerträgliche Kostenbelastung verkauft wird, resultiert nicht selten aus steigenden Belastungen für die Arbeitnehmer (Überstunden, Einführung bzw. Erweiterung von Schichtsystemen, Kürzung der Vorgabezeiten).

Für die wirtschaftliche Argumentation der Arbeitnehmervertreter lassen sich auch einige *Sozialkennzahlen* aus dem Jahresabschluss bilden. Eine Kennzahl ist die bereits behandelte Personalaufwandsquote. Dem unternehmerischen Argument angeblich steigender Personalbelastungen kann häufig schon durch die Errechnung der Personalaufwandsquote begegnet werden. Dabei kann man mit Hilfe des Jahresabschlusses den Personalaufwendungen noch etwas tiefer auf den Grund gehen. Geben große und mittelgroße Kapitalgesellschaften die Gesamtbezüge der Geschäftsführung im Anhang an, dann sollte man diese zusätzliche Information auch nutzen. Da diese Bezüge in der GuV in der Position Personalaufwendungen enthalten sind, ist es durchaus sinnvoll, die Bezüge der Geschäftsführung von den Personalaufwendungen der »normalen« Belegschaft abzuziehen. Diese »bereinigten Personalaufwendungen«, in ein Verhältnis zur Gesamtleistung gesetzt, kann man **bereinigte Personalaufwandsquote** nennen.

$$\text{Bereinigte Personalintensität} = \frac{\text{Gesamter Personalaufwand} - \text{Bezüge Unternehmensleitung}}{\text{Gesamtleistung}} \times 100 = \%$$

Die Bezüge des Vorstands der Paul Hartmann AG betrugen lt. den Anhängen der jeweiligen Jahresabschlüsse 2008 2007 Tsd. €, 2009 3049 Tsd. € und 2010 3500 Tsd. €. Die Rechnung sieht demnach für das Geschäftsjahr 2010 wie folgt aus:

$$\frac{123\,208 - 3500}{735\,973} = 16{,}3\,\%$$

Die bereinigte Personalaufwandsquote von 16,3 % ist also um 0,4 Prozentpunkte niedriger als die unbereinigte. Bei großen (Konzern)Unternehmen ist der Abstand zwischen beiden Quoten i. d. R. gering, da selbst extrem hohe Bezüge für den Vorstand bzw. für die Geschäftsführung (meist 3–5 Personen) gegenüber den Personalaufwendungen von Tausenden im Verhältnis zur Unternehmensleitung relativ schlecht bezahlten Beschäftigten nicht sehr stark ins Gewicht fallen. Die Kenntnis der Höhe der Bezüge der Unternehmensleitung ist für Betriebsräte aber immer dann sehr aufschlussreich, wenn die Unternehmensleitung mit Vorschlägen zur Personalkostenreduzierung aufwartet. In diesem Zusammenhang kann dann auf die Steigerungsrate bei den Geschäftsführergehältern (z. B. von 14,8 % in 2010 im Vergleich zu 2009) sowie auf die Leistungen bei der Altersversorgung hingewiesen werden. Eine Aufschlüsselung der Bilanzposition Pensionsrückstellungen wird häufig zeigen, dass ein Großteil auf die Geschäftsführung entfällt.

Aus dem Jahresabschluss lässt sich überdies die Produktivität des Faktors Arbeit ermitteln. Teilt man nämlich die Wertschöpfung eines Geschäftsjahres (bei einer GuV nach dem Gesamtkostenverfahren: Gesamtleistung – Materialaufwendungen; bei einer GuV nach dem Umsatzkostenverfahren: Umsatzerlöse – Herstellungskosten) durch die Zahl der durchschnittlich in diesem Geschäftsjahr Beschäftigten, so erhält man den Wert, der im Durchschnitt im Unternehmen von einem Beschäftigten erstellt wurde. Diese sog. Wirtschaftsleistung je Beschäftigten (auf Basis von Vollzeitstellen) kann man nun mit den Vorjahren und mit Konkurrenzunternehmen vergleichen. Diese Kennzahl kann allerdings nur eine grobe Hilfsgröße bei der Beurteilung der Produktivität der Arbeitnehmer sein. Kommt es nämlich zu Preiserhöhungen beim eingesetzten Material und können diese Preiserhöhungen nicht mit den Verkaufs-

214 Bilanzanalyse

preisen weitergegeben werden, sinkt die Wertschöpfung, ohne dass die Leistung der Beschäftigten gesunken wäre und umgekehrt. Bei einer korrekten Berechnung der **Arbeitsproduktivität** muss vielmehr die produzierte Menge in ein Verhältnis zu den für die Erstellung dieser Menge aufgewendeten Arbeitsstunden (unter Berücksichtigung eingesetzter Leiharbeitnehmer) gesetzt werden:

$$\text{Arbeitsproduktivität} = \frac{\text{produzierte Menge}}{\text{aufgewendete Arbeitsstunden}}$$

Zwar sind Produktionsmengen- oder Umsatzmengenangaben im Jahresabschluss nicht vorgeschrieben – wenngleich z. B. Brauereien die verkauften und/ oder produzierten Biermengen i.d.R. in ihrem Jahresabschluss angeben –, doch der Wirtschaftsausschuss könnte unter Berufung auf § 106 Abs.3 Ziffer 2 BetrVG die mengenmäßige Produktion in Erfahrung bringen. Problematisch wird allerdings die Mengenangabe bei Unternehmen, deren Produktpalette sich von Jahr zu Jahr verändert oder bei denen sich die einzelnen Produkte so verändern, dass dies zu einer Änderung des Arbeitsaufwandes führt. Dies ist z. B. in der Bekleidungsindustrie der Fall. Deren Arbeitnehmervertreter müssen also je nach den betrieblichen Gegebenheiten entscheiden, ob die mengenmäßige Berechnung der Arbeitsproduktivität für »ihr« Unternehmen sinnvoll ist.

In den veröffentlichten Jahresabschlüssen bzw. Geschäftsberichten der Paul Hartmann AG werden keine Produktionsmengen ausgewiesen. Es muss deshalb auf die wertmäßige Produktivitätsberechnung zurückgegriffen werden. Für das Geschäftsjahr 2010 ergibt sich auf Unternehmensebene bei einer Gesamtleistung i. H. v. 735 973 Tsd. €, bei Materialaufwendungen i. H. v. 472 170 Tsd. € und bei jahresdurchschnittlich 1896 Beschäftigten (ohne Auszubildende) folgende Rechnung:

$$\frac{735\,973 - 472\,170}{1896} = 139{,}1 \text{ Tsd } €$$

Im Geschäftsjahr 2010 erbrachte also jeder/jede Beschäftigte eine Wirtschaftsleistung von 139,1 Tsd. €. Diese Zahl ist allerdings nur aussagefähig, wenn man sie mit den Vorjahren vergleicht, bzw. wenn man sie zu Vergleichen mit Unternehmen heranzieht, die die gleiche Produktpalette haben. (In Deutschland gibt es allerdings kein Unternehmen, dessen Produktpalette mit der der Paul Hartmann AG vergleichbar wäre.)

Interessant ist auch festzustellen, wie »teuer« einem Unternehmen denn die »lieben Mitarbeiter« wirklich waren. Hierzu braucht man nur die Lohn- und Gehaltsaufwendungen eines Jahres (siehe GuV) durch die durchschnittlichen im Geschäftsjahr beschäftigten ArbeitnehmerInnen (siehe Anhang) teilen. Es empfiehlt sich auch bei dieser Rechnung, die etwas untypischen Gehälter des Vorstands oder der Geschäftsführung aus den gesamten Personalaufwendungen – soweit bekannt – herauszurechnen:

$$\frac{\text{Gesamter Personalaufwand} - \text{Bezüge Unternehmensleitung}}{\varnothing \text{ Zahl der Beschäftigten}} = \text{€} \quad \varnothing \text{ Bruttoeinkommen je ArbeitnehmerIn}$$

Für die Paul Hartmann AG sieht für das Geschäftsjahr 2010 die Berechnung des durchschnittlichen **Bruttoeinkommens je Beschäftigtem** bei Ausklammerung der Vorstandsbezüge wie folgt aus (vgl. Abb. 55).

$$\frac{123\,208 - 3500}{1896} = 52{,}3 \text{ Tsd. €}$$

Das durchschnittliche Brutto-Jahreseinkommen eines Arbeitnehmers betrug also 2010 in der Paul Hartmann AG 52,3 Tsd. €.

4.2.5 Auswertung der Erfolgskennzahlen im Beispielfall der Paul Hartmann AG für die Geschäftsjahre 2008–2010

Durch die Auswertung der GuV und die Bildung einiger Kennzahlen können zwar Schlussfolgerungen dahingehend gezogen werden, wie erfolgreich ein Unternehmen innerhalb eines Geschäftsjahres gearbeitet hat. Doch diese Schlussfolgerungen lassen sich nicht aus einer isolierten Betrachtung einzelner Jahres-Kennzahlen gewinnen. Man muss vielmehr die Kennzahlen mehrerer Geschäftsjahre miteinander vergleichen, häufig Erfolgskennzahlen zueinander in Beziehung setzen und manchmal auch noch einen zusätzlichen Blick auf die Bilanzkennzahlen richten. Für die Paul Hartmann AG ergibt sich auf Grundlage der Jahresabschlüsse 2008–2010 folgendes Bild:
- Die Umsatzerlöse entwickelten sich in den Jahren 2008 bis 2010 äußerst positiv. Sie sind im Geschäftsjahr 2010 um 12,9 % und in 2009 um 3,2 % jeweils gegenüber dem Vorjahr gestiegen. Noch positiver sieht die Entwicklung aus, wenn man die Gesamtleistung betrachtet. Sie stieg in 2009 zwar nur um 2,9 % an, aber in 2010 um 14,9 % jeweils gegenüber dem Vorjahr. Im Lagebericht heißt es dazu, dass sich »trotz der Sparanstrengungen in den nationalen Gesundheitsmärkten (…) der Markt für Medizinprodukte weiterhin positiv (entwickelt). Der demographische Wandel, die steigende Zahl chronischer Erkrankungen und ein wachsendes Hygienebewusstsein infolge

der Zunahme von Krankenhausinfektionen führten im Berichtsjahr zu interessanten Steigerungsraten in unseren medizinischen Kernsegmenten«.[43]
In den Kern-Geschäftsfeldern »Wundmanagement«, »Inkontinenzmanagement« und »OP-Management« hat die Paul Hartmann AG seine Marktposition gehalten. Die positive Umsatzentwicklung entspricht in etwa dem Marktwachstum der einzelnen Segmente. Der überdurchschnittliche Umsatzanstieg in 2010 ist einem Sondereffekt geschuldet, nämlich die Integration des nationalen Vertriebs der Tochtergesellschaft BODE in die Paul Hartmann AG. Ohne diesen Sondereffekt hätte das organische Wachstum 4,9 % betragen. Insgesamt lässt sich feststellen, dass das Unternehmen in robusten Marktsegmenten agiert, denen auch die globale Wirtschafts- und Finanzkrise nichts anhaben konnte.

- Die bereits 2004 eingeleitete strategische Neuausrichtung der Paul Hartmann AG auf medizinische Systemangebote war wirtschaftlich sehr erfolgreich; das zeigt sich deutlich an der Entwicklung des Unternehmensergebnisses der Jahre 2008 bis 2010. Wie dem **Formblatt »Aufgliederung des Unternehmensergebnisses«** (Abb. 59) zu entnehmen ist, weist die Paul Hartmann AG für das Geschäftsjahr 2010 ein positives »Ergebnis vor Steuern« von 54,8 Mio. € aus. In 2009 lag das Ergebnis bei 40,4 Mio. € und 2008 bei 22,4 Mio. €. Schlüsselt man das »Ergebnis vor Steuern« auf, zeigt sich, dass das »Ergebnis vor Steuern« maßgeblich auch vom Finanzergebnis positiv beeinflusst ist. Dabei ist aber zu berücksichtigen, dass im Finanzergebnis die abgeführten Gewinne der Tochtergesellschaften, in denen überwiegend das operative Geschäft der Unternehmensgruppe abgewickelt wird, enthalten sind. Die Paul Hartmann AG fungiert als Management-Holding, »in der die wesentlichen organisatorischen Einheiten zusammengefasst sind, die die Konzernaktivitäten steuern«.[44]

Die Aufwands- und Rentabilitätskennzahlen lassen sich für die Paul Hartmann AG sehr einfach mit Hilfe des **Formblatts »Erfolgskennzahlen«** (Abb. 62) ermitteln und übersichtlich festhalten.

- Die Materialaufwandsquote hat sich im Betrachtungszeitraum leicht erhöht. Als Ursache werden im Geschäftsbericht steigende Beschaffungspreise bei den Rohstoffen genannt.[45]
- Personalaufwandquote (gemessen an der Gesamtleistung) hat sich in den drei Jahren unterschiedlich entwickelt. Im Geschäftsjahr 2008 lag sie bei 17,9 %; stieg dann in 2009 auf 19,3 % und sank in 2010 auf 16,7 %. Da in diesem Zeitraum die Beschäftigung kontinuierlich angestiegen ist – von 1805 (in 2008),

---

43 Paul Hartmann AG, Geschäftsbericht 2010, Lagebericht S. 31.
44 Ebd., S. 29.
45 Ebd., S. 35

Abb. 62
Erfolgskennzahlen, Paul Hartmann AG Tsd. €

Aufwandskennzahlen	2010	2009	2008
Materialaufwandsquote			
$\dfrac{\text{Materialaufwand}}{\text{Gesamtleistung*}} \times 100 = \%$	64,2%	62,2%	63,6%
Personalaufwandsquoten			
$\dfrac{\text{Personalaufwand insgesamt}}{\text{Gesamtleistung*}} \times 100 = \%$	16,7%	19,3%	17,9%
$\dfrac{\text{Löhne und Gehälter}}{\text{Gesamtleistung*}} \times 100 = \%$	14,2%	16,0%	14,8%
$\dfrac{\text{Soziale Abgaben}}{\text{Gesamtleistung*}} \times 100 = \%$	2,4%	2,6%	2,5%
$\dfrac{\text{Altersversorgung}}{\text{Gesamtleistung*}} \times 100 = \%$	0,2%	0,7%	0,6%
Abschreibungsaufwandsquote			
$\dfrac{\text{Abschreibungen auf immat. Vermögen u. Sachanlagen}}{\text{Gesamtleistung*}} \times 100 = \%$	2,1%	2,2%	2,4%
Zinsaufwandsquote			
$\dfrac{\text{Zinsaufwand}}{\text{Gesamtleistung*}} \times 100 = \%$	1,1%	1,8%	1,7%
Rentabilitätskennzahlen			
Eigenkapitalrentabilität (Brutto) – Return on Equity			
$\dfrac{\text{Ergebnis nach Steuern + Ertragssteuern}}{\text{Eigenkapital}} \times 100 = \%$	18,5%	15,1%	9,0%
Gesamtkapitalrentabilität (Brutto)			
$\dfrac{\text{Ergebnis nach Steuern + Zinsaufwand + Ertragssteuern}}{\text{Gesamtkapital}} \times 100 = \%$	8,8%	7,8%	5,0%
Umsatzrentabilität – Return on Sales			
$\dfrac{\text{Ergebnis der gewöhnlichen Geschäftstätigkeit}}{\text{Umsatzerlöse}} \times 100 = \%$	7,8%	6,3%	3,6%

* beim Umsatzkostenverfahren statt Gesamtleistung Umsatzerlöse

über 1866 (in 2009) auf 1926 (in 2010) –, erklärt sich die Verringerung der Personalaufwandsquote mit den überproportional gestiegenen Umsatzerlösen.
- Angesichts einer schon seit einigen Jahren anhaltenden Zurückhaltung bei Investitionen ist es nicht verwunderlich, dass die Abschreibungsaufwandsquote relativ niedrig ausfällt. Da das operative Geschäft in den Tochtergesellschaften abgewickelt wird, wird dies auch in Zukunft so bleiben.
- Vor dem Hintergrund des hohes Grades der Eigenfinanzierung ist es nicht verwunderlich, dass der Zinsaufwand relativ gesehen, d. h. bezogen auf die Gesamtleistung, kaum ins Gewicht fällt (Zinsaufwandsquote im Jahr 2010: 1,1 %).
- Die Paul Hartmann AG hat in den Geschäftsjahren 2008 bis 2010 – und auch davor – steigende Gewinne erwirtschaftet. Diese Gewinne waren bezogen auf das eingesetzte Kapital so hoch, dass man von einer sehr guten Rendite sprechen kann. So konnte die Paul Hartmann AG im Geschäftsjahr 2010 eine Brutto-Eigenkapitalrentabilität von 18,5 % ausweisen. Eine Eigenkapitalrendite von 18,5 % ist kein schlechter Wert, wenn man ihn mit der Verzinsung von festverzinslichen Wertpapieren vergleicht. Selbst eine von Anteilseignern beanspruchte »Risikoprämie« dürfte durch eine derartige Rendite mehr als abgedeckt sein.
- Die Brutto-Gesamtkapitalrendite der Paul Hartmann AG liegt mit 8,8 % deutlich über dem aktuellen Niveau der Kreditzinssätze für »erstklassige« Schuldner (zu denen die Paul Hartmann AG nicht zuletzt aufgrund ihrer Bilanzstruktur gehört). Das heißt, bei einer gleichbleibenden Verzinsung des eingesetzten Kapitals führen kreditfinanzierte Investitionen zu einer Erhöhung der Eigenkapitalrendite (Leverage-Effekt).
- Die Umsatzrentabilität der Paul Hartmann AG ist mit 7,8 % im Vergleich zu anderen Industrieunternehmen außerordentlich gut. Einschränkend muss man allerdings sagen, dass bei einer Materialaufwandsquote von über 65,6 % bereits eine Preissteigerung der Rohstoffe und Vormaterialien i. H. v. 12 % die Gewinnspanne von 7,8 % völlig aufzehren würde, wenn es nicht möglich ist, die gestiegenen Rohstoffpreise über entsprechende Preissteigerungen an die Kunden weiterzugeben.

Die sog. Sozialkennzahlen, die sich ja auch auf die Erfolgsrechnung GuV beziehen, lassen sich für die Paul Hartmann AG mit Hilfe des **Formblatts »Sozialkennzahlen«** (Abb. 63) ermitteln und übersichtlich festhalten.
- Im Geschäftsjahr 2010 ist die durchschnittliche Wirtschaftsleistung je Beschäftigtem mit 137,0 Tsd. € gegenüber dem Vorjahr mit 129,7 Tsd. € deutlich angestiegen.
- Was nun das durchschnittliche Bruttoeinkommen je Beschäftigtem anbelangt, zeigt sich, dass dieses sich im Geschäftsjahr 2010 bei der Paul Hart-

mann AG mit 52,3 Tsd. € gegenüber 53,3 Tsd. € in 2009 geringfügig verschlechtert hat. Vermutlich ist diese Entwicklung der Ungenauigkeit der verwendeten Zahlen (vor allem durchschnittliche Zahl der Beschäftigten) geschuldet. Während die durchschnittliche Vergütung pro Beschäftigtem also stagnierte, hat sich im selben Zeitraum die Vergütung der Geschäftsführung um 14,8 % erhöht.
Insgesamt lässt sich aufgrund der Erfolgskennzahlen sagen, dass es sich bei der Paul Hartmann AG um ein hoch profitables Unternehmen handelt, dessen Bilanz und Kostenstruktur keinerlei Anlass zu Beunruhigung bietet.

Abb. 63
Sozialkennzahlen, Paul Hartmann AG

	2010	2009	2008
Beschäftigte im Jahresdurchschnitt (ohne Auszubildende, lt. Anhang)	1926	1866	1805
Bezüge Unternehmensleitung in Tsd. € (lt. Anhang)	3500	3049	2070
Produktivität (Wirtschaftsleistung je Beschäftigten)			
$\frac{\text{Gesamtleistung* – Materialaufwand}}{\text{Beschäftigte (Jahresdurchschnitt)}} = \text{Tsd. €}$	137,0	129,7	125,2
$\frac{\text{Produzierte Menge}}{\text{Beschäftigte (Jahresdurchschnitt)}} = \text{t/l/Stück}$			
Bruttoeinkommen je ArbeitnehmerIn			
$\frac{\text{Löhne und Gehälter – Bezüge Unternehmensleitung}}{\text{Beschäftigte (Jahresdurchschnitt)}} = \text{Tsd. €}$	52,3	53,3	49,2
Bereinigte Personalaufwandsquote			
$\frac{\text{Personalaufwand insgesamt – Bezüge Unternehmensleitung}}{\text{Gesamtleistung*}} \times 100 = \%$	16,3 %	18,8 %	17,5 %

* beim Umsatzkostenverfahren statt Gesamtleistung Umsatzerlöse

4.3 Dynamische finanzwirtschaftliche Kennzahlen

Für die Beurteilung der Finanzlage eines Unternehmens ist die statische Liquiditätsanalyse – d. h., die zu einem Bilanzstichtag vorgenommene Gegenüberstellung von Vermögenswerten und Schulden (Liquiditätskennzahlen) – nicht ausreichend. Sie lässt nämlich nicht erkennen, »... in welchem Maße die Unternehmung in der Lage ist, aus eigener Kraft – also ohne Zuführung von außenstehenden Eigenkapital- oder Kreditgebern – finanzielle Mittel zu erwirtschaften«.[46]

Die Finanzkraft eines Unternehmens ist auch nicht aus der Gegenüberstellung der Erträge und Aufwendungen (wie es in der GuV geschieht) zu erkennen, da Erträge nicht immer zu Einzahlungen und Aufwendungen nicht immer zu Auszahlungen führen. Für die Beurteilung der Finanzlage eines Unternehmens ist deshalb auch die Gegenüberstellung von Ein- und Auszahlungen eines Geschäftsjahres erforderlich. So kann man die »Finanzkraft« eines Unternehmens beurteilen.

4.3.1 Cashflow und Cashflow-Kennzahlen

Der sog. »Cashflow« ist eine Kennzahl, die den Überschuss der laufenden (operativen) Einzahlungen über die laufenden (operativen) Auszahlungen eines Unternehmens beschreibt. Da diese direkte Ermittlung eines »Cashflow« für externe Analysten nicht möglich ist, wird hilfsweise der »Cashflow« aus der GuV abgeleitet. Konkret heißt dies, dass die Erfolgskennzahl »Jahresüberschuss« (»Jahresfehlbetrag«) um alle nichtzahlungswirksamen Erträge und Aufwendungen korrigiert und damit in eine Finanzkennzahl umgewandelt wird.

> Jahresüberschuss
> – Erträge, die nicht zu Einzahlungen geführt haben
> + Aufwendungen, die nicht zu Auszahlungen geführt haben
> = Cashflow

Diese relativ einfache Definition eines »Cashflows« kann allerdings in der konkreten Umsetzung zu einer Vielzahl von Varianten führen. Soweit Unternehmen gem. § 297 Abs. 1 Satz 2 HGB verpflichtet sind, eine Kapitalflussrechnung zu erstellen, sollte auf diese zurückgegriffen werden.[47] Die um die

---

46 Gräfer/Schneider, S. 133.
47 Vgl. auch Abschn. 2.3.3 und 4.3.3.

Kennzahlen als Beurteilungshilfe 221

Vereinheitlichung von Unternehmens-Kennzahlen bemühte »Deutsche Vereinigung für Finanzanalyse und Anlageberatung/Schmalenbach-Gesellschaft für Betriebswirtschaft« (DVFA/SG) empfiehlt folgendes Ermittlungsschema für einen nachhaltig zu erwartenden Cashflow:

Jahresüberschuss
+ Abschreibungen Anlagevermögen
− Zuschreibungen Anlagevermögen
+/− Veränderungen »Sonderposten mit Rücklageteil«
+/− Veränderungen »Pensionsrückstellungen«
+/− Veränderung der langfristigen Rückstellungen
+/− andere nicht zahlungswirksame Aufwendungen und Erträge von wesentlicher Bedeutung
+/− ungewöhnliche zahlungswirksame Aufwendungen und Erträge
= Cashflow

Der »Cashflow« beschreibt also die Finanzkraft eines Unternehmens und damit das »Innenfinanzierungspotenzial« für Investitionen, Schuldentilgung oder Ausschüttung. Der Cashflow erlaubt somit auch Schlüsse, inwieweit ein Unternehmen in der Lage sein wird, zum Wachstum notwendige Investitionen, Forschungs- und Entwicklungsarbeiten zu finanzieren. Für Kreditinstitute ist der Cashflow schon seit langem eine entscheidende Kennzahl für die Beurteilung der Kreditfähigkeit eines Unternehmens. Die Kreditinstitute sind »... weniger an der Kennzahl Jahresüberschuss, der den Eigentümern zusteht, interessiert als an dem finanziellen Überschuss, aus dem sie Tilgung und Zinsen erwarten (können)«.[48]

Bei all dem darf allerdings nicht verdrängt werden, dass der Cashflow nicht beschreibt, ob eine Liquidität vorhanden ist. Denn die durch den Cashflow dargestellten Mittel sind i. d. R. bereits verbraucht. Der Cashflow zeigt also lediglich die Existenz und die Höhe eines selbst erwirtschafteten Zahlungsmittelüberschusses an, von dem man annimmt, er könne auch in der Zukunft erreicht werden.

Um besser einschätzen zu können, in welchem Maße ein Unternehmen in Lage ist, seine Investitionen aus den selbst erwirtschaften Finanzierungsmitteln zu finanzieren, wird der Cashflow ins Verhältnis zu den Investitionen gesetzt (»Innenfinanzierungsgrad«). Ob man zu den Investitionen nur die Zugänge an immateriellen Vermögensgegenständen und Sachanlagen zählt oder zusätzlich auch noch die Zugänge an Finanzanlagen, wird man im Einzelfall entscheiden

---

48 Ebd. S. 135.

müssen. Bei einem Konzernabschluss, in dem die Finanzanlagen im Wesentlichen aus Wertpapieren und langfristigen Ausleihungen bestehen, sollte man sich auf die Zugänge an immateriellen Vermögensgegenständen und Sachanlagen beschränken, da diese Zugänge Investitionen i. S. v. Zukunftsvorsorge darstellen. Bei einem Einzelabschluss eines Unternehmens (wie bei der Paul Hartmann AG) sollte man allerdings die gesamten Zugänge im Anlagevermögen als Investitionen betrachten, da Firmenkäufe ja auch als Alternative zum Aufbau von Produktionskapazitäten im Konzernmutter-Unternehmen betrachtet werden können.

$$\text{Innenfinanzierungsgrad:} \quad \frac{\text{Cashflow}}{\text{Investitionen}} \times 100 = \%$$

Im Anlagespiegel der Paul Hartmann AG werden für das Geschäftsjahr 2010 Zugänge im Anlagevermögen i. H. v. 26 509 Tsd. € ausgewiesen. Diesem Investitionsvolumen steht für das Geschäftsjahr 2010 ein Cashflow i. H. v. 63 062 Tsd. € gegenüber.[49] Der sog. Innenfinanzierungsgrad errechnet sich demnach wie folgt:

$$\frac{63\,062}{26\,509} \times 100 = 249{,}1\,\%$$

Bei einem Innenfinanzierungsgrad von über 249,1 % wäre demnach die Paul Hartmann AG im Geschäftsjahr 2010 theoretisch in der Lage gewesen, alle Investitionen aus dem Cashflow zu finanzieren.

Darüber hinaus kann der Cashflow auch als Indikator für die Verschuldungsfähigkeit eines Unternehmens dienen. Man muss sich in diesem Zusammenhang vorstellen, dass alle Schulden eines Unternehmens letztlich nur mit selbsterwirtschafteten Mitteln getilgt werden können. Zieht man von den Schulden eines Unternehmens (gesamtes Fremdkapital ohne Pensionsrückstellungen) die liquiden Mittel (und evtl. noch die schnell zu Geld zu machenden Wertpapiere des Umlaufvermögens) ab, so erhält man die Schulden, die aus den selbst erwirtschafteten Mitteln zu tilgen sind. Stellt man diesen Schulden den gesamten Cashflow gegenüber, dann weiß man, wie viele Jahre es bei gleichbleibender Ertragskraft dauern würde, bis alle Schulden getilgt sein würden (sog. dynamischer Verschuldungsgrad). Dies ist allerdings nur eine theoretische Annahme, da nicht nur davon ausgegangen wird, dass der Cashflow gleichbleibend hoch ist, sondern weil auch unterstellt wird, dass der gesamte

---

49 Hinsichtlich der Ermittlung des Cashflows für die Paul Hartmann AG siehe Punkt 4.3.3.

Cashflow zur Schuldentilgung verwandt wird. Der sog. dynamische Verschuldungsgrad hat also nur im zeitlichen Vergleich und im Vergleich zwischen Unternehmen einen gewissen Aussagewert.

$$\text{Dynamischer Verschuldungsgrad} = \frac{\text{Fremdkapital (ohne Pensionsrückstellungen)} - \text{liquide Mittel}}{\text{Cashflow}} = \text{Jahre}$$

Für die Paul Hartmann AG ergibt sich für das Geschäftsjahr 2010 folgende Rechnung:

$$\frac{359\,395 - 3616}{63\,062^*} = 5{,}6\ \textit{Jahre}$$

* Hinsichtlich der Ermittlung des Cashflow für die Paul Hartmann AG siehe Punkt 4.3.3

Vorausgesetzt der Cashflow bliebe in den Folgejahren gleich hoch und würde ausschließlich für die Schuldentilgung eingesetzt, so bräuchte die Paul Hartmann AG für die Begleichung ihrer Schulden theoretisch 5,6 Jahre. Hinsichtlich der Beurteilung dieses Ergebnisses findet man in der Praxis z. T. deutlich unterschiedliche Beurteilungsskalen.

So ist für Peter Kralicek eine Schuldentilgungsdauer von unter 3 Jahren als »sehr gut«, 3–5 Jahren als »gut«, 5–12 Jahren als »befriedigend« und 12–30 Jahren als »schlecht« anzusehen. Bei einer Schuldentilgungsdauer von über 30 Jahren wäre ein Unternehmen »insolvenzgefährdet«.[50]

Auch wenn es keine einheitlichen Standards gibt, kann eine kontinuierliche Verlängerung der Schuldentilgungsdauer als Indikator für kommende Finanzierungsprobleme angesehen werden. Darüber hinaus ermöglicht diese Kennzahl einen Unternehmensvergleich hinsichtlich der Verschuldungs- und Finanzierungsspielräume.

Der Cashflow ist aber nicht nur eine Finanzkennzahl, sondern auch ein Erfolgsindikator. Den aus der GuV entwickelten Erfolgskennzahlen »Jahresüberschuss«/»Jahresfehlbetrag«, »Betriebsergebnis«/»EBIT« oder »Operatives Ergebnis« haftet trotz evtl. Korrekturen der Mangel an, dass sie bewertungsabhängig und damit bilanzpolitisch gestaltbar sind. In diesem Zusammenhang sei nur an die Bilanzierungsspielräume bei den Positionen Abschreibungen und Rückstellungen gedacht. Die Funktion des Cashflows als Erfolgsindikator wird an folgenden Beispielen deutlich:

---

50 Vgl. Kralicek, S. 54.

Bilanzanalyse

- Ein steigender Cashflow bei einem gestiegenem, konstantem oder sogar gesunkenem »EBIT« lässt vermuten, dass »stille Reserven« gebildet oder Zukunftsinvestitionen getätigt wurden. Die aus größeren Zukunftsinvestitionen resultierenden Abschreibungen belasten zwar zunächst das »EBIT«, würden sich aber zukünftig positiv auf das »EBIT« auswirken. Ein hoher Cashflow sollte aber auch nicht zur alleinigen Grundlage der Gewinnausschüttung eines Unternehmens gemacht werden. »So führt eine Orientierung der Ausschüttung am Cashflow in schlechten Jahren, in denen er hauptsächlich aus Abschreibungen gespeist wird, zu einer Substanzaushöhlung des Unternehmens, wenn infolge der Cashflow-Orientierung Abschreibungswerte ausgeschüttet werden, die für Reinvestitionen nötig sind.«[51]
- Umgekehrt lässt ein sinkender Cashflow bei einem konstanten oder steigenden »EBIT« vermuten, dass im Rahmen der Bilanzpolitik über eine zu niedrige Abschreibungs- und Rückstellungsbemessung ein besseres Unternehmensergebnis präsentiert werden sollte. Wenn Unternehmensleitungen plötzlich keine Risiken mehr erkennen oder erkennen wollen, um den Gewinnausweis zu verbessern, dann müssen bei den ArbeitnehmervertreterInnen die Alarmsirenen schrillen, steht doch zu befürchten, dass Gewinne, die lediglich »erbucht« wurden, ausgeschüttet werden sollen.

4.3.2 Kapitalflussrechnung

Nach den IAS/IFRS ist die Erstellung einer Kapitalflussrechnung ein obligatorischer Teil der finanziellen Berichterstattung (IAS 7). Das heißt, Konzernabschlüsse, die nach den IAS/IFRS aufgestellt werden, haben eine Kapitalflussrechnung zu erstellen (vgl. hierzu auch Abschn. 2.3.3). Mit dem BilReG wurde aber Ende 2004 die Kapitalflussrechnung als verpflichtender Bestandteil für alle nach dem HGB aufgestellten Konzernabschlüsse vorgeschrieben (§ 297 Abs. 1 Satz 2 HGB).

Die Kapitalflussrechnung gibt Information über zugeflossene und verausgabte Finanzmittel, und zwar über
- *den Mittelzufluss (-abfluss) aus laufender Geschäftstätigkeit*
  (Zufluss aus Umsatzerlösen, Veränderung des »Working Capital« = Zu- bzw. Abnahme des Umlaufvermögen sowie der Rückstellungen und Verbindlichkeiten),
- *den Mittelzufluss(-abfluss) aus Investitionstätigkeit*
  (Kauf und Verkauf von Anlagevermögen)

---

51 Gräfer/Schneider, S. 141.

Kennzahlen als Beurteilungshilfe 225

- *Mittelzufluss (-abfluss) aus Finanzierungstätigkeit*
  (Dividenden, Eigenkapitalzuführungen, Zinsen, Kreditaufnahme und -rückzahlung);
  und wird ermittelt über die
- *direkte Methode*
  (Auszahlungen – Einzahlungen; nach IAS/IFRS empfohlen, aber in Deutschland nicht üblich),
- *indirekte Methode*
  (Ableitung aus der GuV).

Man kann bei der Kapitalflussrechnung also durchaus von einer erweiterten Cashflow-Berechnung sprechen (siehe Abb. 64). Am Ende einer Kapitalflussrechnung steht allerdings nicht ein Cashflow (im Rahmen der Kapitalflussrechnung wird als Zwischensumme ein »operativer Cashflow« ermittelt), sondern der tatsächliche Mittelzufluss bzw. Mittelabfluss innerhalb eines Geschäftsjahres. Wird dieser Wert mit dem Anfangsbestand der in der Bilanz aufgeführten Finanzmittel addiert, dann erhält man den in einer Bilanz ausgewiesenen Zahlungsmittelbestand. (Beim IAS/IFRS-Abschluss ist dies die Aktiv-Position »Zahlungsmittel«; beim HGB-Abschluss ist dies die Aktiv-Position »Schecks, Kassenbestand, Guthaben bei Kreditinstituten.«)

Anhand der Kapitalflussrechnung werden also die Finanzströme innerhalb eines Geschäftsjahres aufgezeigt. Im Rahmen der Analyse eines Unternehmensabschlusses kann die Kapitalflussrechnung dazu dienen, relativ schnell zu erkennen, durch welche Maßnahmen die vorhandene Liquidität sichergestellt wurde. Dies unterscheidet sich deutlich von der Analyse der GuV, bei der es darum geht, zu erkennen, durch welche Maßnahmen der Ergebnisausweis beeinflusst wurde.

Die Kapitalflussrechnung ist aber auch für spekulative Anleger (z. B. sog. Private Equity-Fonds oder Hedge-Fonds) sehr interessant., lässt sich doch aus ihr erkennen, welche Finanzmittel man aus einem Unternehmen herausziehen könnte. In diesem Zusammenhang spielt der im Rahmen der Kapitalflussrechnung als Zwischensumme ermittelte »Free-Cashflow« eine besondere Rolle. Der »Free-Cashflow«, der aus dem »Mittelzufluss/-abfluss aus betrieblicher Tätigkeit« und dem »Mittelzufluss/-abfluss aus Investitionstätigkeit« gebildet wird, stellt das Volumen dar, das das Unternehmen an Finanzmitteln erwirtschaftet und das für die Bedienung des Fremdkapitals (Zinszahlung und Kredittilgung), aber auch für die Auszahlung an die Eigentümer (sogen. »recaps«) herangezogen werden kann.[52]

---

[52] Vgl. Rupp, Übernahme durch Finanzinvestoren, Bund-Verlag Frankfurt a. M. 2010, S. 36f.

Abb. 64
Aufbau einer Kapitalflussrechnung (indirekte Methode)*

		Ergebnis nach Steuern
	+	Abschreibungen auf das Anlagevermögen
	–	Zuschreibungen auf das Anlagevermögen
	+	Zinsaufwendungen
	–	Zinserträge
	+/–	Verlust (+)/Gewinn (–) aus dem Abgang von Gegenständen des AV
	+/–	Abnahme (+)/Zunahme (–) der Vorräte
	+/–	Abnahme (+)/Zunahme (–) Forderungen und sonstige Vermögensgegenstände
	+/–	Zunahme (+)/Abnahme (–) Rückstellungen
	+/–	Zunahmen (+)/Abnahme (–) der Verbindlichkeiten (ohne Finanzverbindlichkeiten)
(1)	**=**	**Mittelzufluss/-abfluss aus betrieblicher Tätigkeit (operativer Cashflow)** (normalerweise positiv)
		Einzahlungen bei Abgang von Anlagevermögen
	–	Auszahlungen für Investitionen in Anlagevermögen
(2)	**=**	**Mittelzufluss/-abfluss aus Investitionstätigkeit** (normalerweise negativ)
(1) + (2)	**=**	**Free-Cashflow**
		Einzahlungen aus der Aufnahme von Finanzschulden
	–	Auszahlungen durch die Tilgung von Finanzschulden
	–	Auszahlungen durch Zahlung von Dividenden
	–	Auszahlungen für Zinsen
(3)	**=**	**Mittelzufluss/-abfluss aus Finanzierungstätigkeit** (positiv oder negativ)
(1) + (2) + (3)	**=**	**Mittelzufluss/-abfluss insgesamt**
	+	Finanzmittelbestand am Anfang des Geschäftsjahrs
	=	**Finanzmittelbestand am Ende des Geschäftsjahr** (muss mit Werten in der Bilanz übereinstimmen)

* Anmerkung: Die dargestellte Kapitalflussrechnung orientiert sich an der von der Paul Hartmann AG im Rahmen des Konzernabschlusses aufgestellten Kapitalflussrechnung.[53]

---

53 Vgl. Paul Hartmann AG: Konzerngeschäftsbericht 2010, S. 48.

4.3.3 Auswertung der finanzwirtschaftlichen Kennzahlen im Beispielfall der Paul Hartmann AG

Der »Cashflow«, der »Innenfinanzierungsgrad« und der »Dynamische Verschuldungsgrad« lassen sich für die Paul Hartmann AG mit Hilfe des **Formblatts »Dynamische Finanzkennzahlen«** ermitteln.

Bei der Berechnung des »Cashflow« gibt es das Problem, dass es »Außenstehenden« anhand der im Jahresabschluss veröffentlichten Daten kaum möglich ist, neben der Veränderung der Pensionsrückstellungen die Veränderung der langfristigen Rückstellungen zu ermitteln, da auch aus dem Anhang nicht genau deutlich wird, welcher Anteil der Rückstellungen langfristigen Charakter hat. Bei der Berechnung eines »Cashflow nach DVFA/SG« sollen überdies ungewöhnliche zahlungswirksame Aufwendungen und Erträge herausgerechnet werden, da diese nicht dauerhaft auftreten und damit bei der Beleuchtung der langfristigen Ertragskraft eines Unternehmens ausgeblendet werden sollen. Aber auch bei diesem Punkt gibt es ein »Ermittlungsproblem«, da anhand der Jahresabschlussdaten nur schwer zwischen ungewöhnlichen und gewöhnlichen zahlungswirksamen Aufwendungen und Erträgen abzugrenzen ist. Darüber hinaus stellt sich die Frage, ob eine Herausrechnung der ungewöhnlichen Aufwendungen und Erträge bei der Cashflow-Ermittlung überhaupt sinnvoll ist. Will man wissen, was in einem bestimmten Geschäftsjahr an finanziellen Mitteln erwirtschaftet wurde, dann sind zahlungswirksame Aufwendungen dem Cashflow nicht hinzuzurechnen und zahlungswirksame Erträge nicht vom Cashflow abziehen, auch wenn man sie als »ungewöhnlich« einstufen kann.

Für die Praxis bietet sich deshalb das in der Abb. 65 für die Paul Hartmann AG verwandte Cashflow-Ermittlungsschema an. Dem »Unternehmensergebnis nach Steuern« werden alle bekannten (nicht zahlungswirksamen) Abschreibungen hinzugerechnet und alle (nicht zahlungswirksamen) Zuschreibungen abgezogen. Dem »Unternehmensergebnis nach Steuern« wird dann die Zunahme der Pensionsrückstellungen gegenüber dem Vorjahr hinzugerechnet, da die Aufstockung der Pensionsrückstellungen ja zu keinen Mittelabfluss geführt hat. (Hätten die Pensionsrückstellungen gegenüber dem Vorjahr abgenommen, dann wäre der Betrag der Abnahme abgezogen worden.) Genau so verhält es sich mit der Position »Sonderposten mit Rücklageanteil«, der allerdings in den Bilanzen der Paul Hartmann AG nur im Geschäftsjahr 2009 angefallen ist. Korrigiert man also das »Unternehmensergebnis nach Steuern« um »Abschreibungen«, »Zuschreibungen«, Veränderungen des »Sonderpostens mit Rücklageanteil« und Veränderungen der »Pensionsrückstellungen«, dann erhält man einen Cashflow, den man »Cashflow im engeren Sinne« bezeichnen kann. Rechnet man zu diesem noch die Veränderungen aller weiteren (nicht zahlungswirksa-

228 Bilanzanalyse

men) Rückstellungen hinzu, dann erhält man einen Wert, den man durchaus als Innenfinanzierungsspielraum eines Geschäftsjahres betrachten kann und der in dem vorliegenden Cashflow-Ermittlungsschema »Cashflow« genannt wird.

Die Cashflow-Werte der Paul Hartmann AG spiegeln die in den Jahren 2008 bis 2010 gestiegene Finanzkraft des Unternehmens wider (siehe Abb. 65).

Abb. 65
Vereinfachter Cashflow, Paul Hartmann AG Tsd. €

	2010	2009	2008
Unternehmensergebnis nach Steuern (GuV)	43 095	30 729	16 646
+ Abschreibungen immaterielle Vermögensgegenstände und Sachanlagen (GuV)	15 356	14 134	14 714
+ Abschreibungen auf Finanzanlagen (GuV)	4 675	4 381	6 709
− Zuschreibungen auf das Anlagevermögen (Anlagespiegel/Anhang)	−	−	−
− Zuschreibungen auf das Umlaufvermögen (Anhang)	−	−	−
+/− Veränderung des Sonderpostens mit Rücklageanteil; Zunahme +/Abnahme − (Bilanz)	−	5 250	−
+/− Veränderung Pensionsrückstellungen; Zunahme +/Abnahme − (Bilanz)	4 937	1 696	2 393
= Cashflow im engeren Sinne	**68 063**	**56 190**	**40 462**
+/− Veränderung Steuerrückstellungen; Zunahme +/Abnahme − (Bilanz)	2 195	164	4 115
+/− Veränderung »Sonstige Rückstellungen«; Zunahme +/Abnahme − (Bilanz)	−7 196	7 716	−8 191
= Cashflow	**63 062**	**64 070**	**36 385**

Der nun für das Geschäftsjahr 2010 ermittelte »Cashflow« gibt weitaus realistischer die Finanzkraft der Paul Hartmann AG in diesem Geschäftsjahr wider und erlaubt auch einen besseren Vergleich mit den Vorjahren. Da eine Kapitalflussrechnung für den Einzelabschluss eines Unternehmens nicht vorgeschrieben ist, hat auch die Paul Hartmann AG diese nicht freiwillig aufgestellt, zumal eine Kapitalflussrechnung auf Konzernebene zu veröffentlichen war. Allerdings lassen sich noch mit dem in der Abb. 65 ermittelten »Cashflow« der »Innenfinanzierungsgrad« und der »Dynamische Verschuldungsgrad« ermitteln (siehe Abb. 66).

Der »Innenfinanzierungsgrad« des Geschäftsjahres 2010 beträgt für die Paul Hartmann AG über 237,9 %, d. h. man kann davon ausgehen, dass die Paul Hartmann AG auch zukünftig in der Lage sein wird, notwendige Investitionen – wenn nötig – mit Eigenmitteln zu finanzieren. Auffällig ist das hohe Investitionsvolumen im Geschäftsjahr 2008. Vom Gesamtvolumen i. H. v. 90 168 T€ entfielen 76 177 T€ auf Finanzanlagen, mithin den Erwerb von Anteilen an verbundenen Unternehmen. Dagegen hat sich die Hartmann AG im Jahr 2009 einen »Sparkurs« auferlegt, was sich nicht zuletzt am hohen Innenfinanzierungsgrad zeigt.

Der »Dynamische Verschuldungsgrad« für das Geschäftsjahr 2010 mit 5,6 Jahren wird auf alle Fälle von den kreditgebenden Banken als »gut« angesehen, was damit zu einer Einstufung der Paul Hartmann AG als Kunden mit nur geringen Kreditrisiken führen dürfte.

Abb. 66
Dynamische Finanzkennzahlen, Paul Hartmann AG

	2010	2009	2008
Investitionen in Tsd. € (Zugänge Anlagevermögen; lt. Anlagespiegel)	26 509	14 398	90 168
Innenfinanzierungsgrad			
$\dfrac{\text{Cashflow}}{\text{Investitionen}} \times 100\%$	237,9 %	445,0 %	40,4 %
Dynamischer Verschuldungsgrad			
$\dfrac{\text{Fremdkapital* – Liquide Mittel}}{\text{Cashflow}} = \text{Jahre}$ * ohne Pensionsrückstellungen	5,6	5,3	9,8

VII. Schlussbetrachtung

Die Hoffnung, dass nach den vielen Bilanzrechtsreformen den Arbeitnehmervertretern alle Informationen zur Beurteilung »ihres« Unternehmens zur Verfügung stehen, hat sich nicht erfüllt. Das Fehlen einer Sozialberichterstattung der Unternehmen im Rahmen des Jahresabschlusses sei hier nur am Rande erwähnt. Durch das BilMoG wurden allerdings die Bilanzierungsspielräume der Unternehmen deutlich eingeschränkt.

Jahresabschlüsse sind zudem nach bestimmten Regeln aufgestellte, stichtagsbezogene Zwischenabrechnungen. Die für die Kapitalgesellschaften geltende Generalnorm, nach der der Jahresabschluss ein den tatsächlichen Verhältnissen entsprechendes Bild der Vermögens-, Finanz- und Ertragslage vermitteln soll, erzwingt allerdings Erklärungen und Hinweise in Anhang und Lagebericht.

Damit wird aber auch deutlich, dass der Anhang nicht ein Anhängsel zur Bilanz und GuV ist, sondern als dritter, gleichwertiger Teil des Jahresabschlusses zu betrachten ist. Allerdings lässt sich auch anhand eines kompletten Jahresabschlusses und in Kenntnis der im Abschlussprüferbericht enthaltenen Zusatzinformationen das durch die Ausnutzung der – allerdings deutlich eingeschränkten – bilanzpolitischen Spielräume verursachte Ausmaß der Veränderung von Bilanz- und GuV-Positionen nicht exakt beziffern. Die im Text dargestellte »Bilanzverkürzung« um all jene Bilanzpositionen, die nur »heiße« Luft enthalten, ist zwar ein Weg, sich den realen Vermögenswerten eines Unternehmens zu nähern – und mit Hilfe der dargestellten Formblätter zudem ein vergleichsweise einfacher Weg –, doch kann hierdurch nur eine geringfügige Bilanzkorrektur vorgenommen werden.

Die GuV erschließt sich dem Betrachter auf den ersten Blick scheinbar sehr schnell. So lässt sich das Gesamtergebnis der GuV problemlos nach Erfolgsquellen aufgliedern. Das Gesamtergebnis kann in die drei Teilergebnisse »Betriebsergebnis«, »Finanzergebnis« und »außerordentliches Ergebnis« aufgespalten werden. Allerdings werden die außerordentlichen Erträge und Aufwendungen so eng gefasst, dass viele Unternehmen gar kein außerordentliches Ergebnis ausweisen. Und damit beginnen für denjenigen, der es wirklich genau mit der Ertragslage wissen will, die Schwierigkeiten. Der/die »Bilanzanalyti-

Schlussbetrachtung 231

ker/in muss unter Zuhilfenahme der im Anhang enthaltenen Informationen aus dem Betriebsergebnis ein »Ordentliches« Betriebsergebnis ableiten. Nur so ist zu erkennen, ob ein Unternehmen im unmittelbaren Produktionsbereich erfolgreich gearbeitet hat oder nicht.

Durch die »Kennzahlenanalyse« lassen sich messbare Unternehmenstatbestände erkennen und zusammengefasst wiedergeben. In diesem Zusammenhang ist es wichtig, die Daten des Jahresabschlusses durch weitere wirtschaftliche und soziale Daten des Unternehmens zu ergänzen, um diese in die Kennzahlenanalyse einzubeziehen. Der Wert von Kennzahlen liegt darin, dass sie Sachverhalte verdeutlichen und komplexe Zusammenhänge durch Verdichtung auf einige wenige Zahlen komprimiert beschreiben. Auf diese Weise erhöhen sie Transparenz und helfen, die Situation eines Unternehmens auch im Vergleich zu anderen Unternehmen der Branche zu beurteilen.

Der hohe Informationsgehalt von Kennzahlen könnte allerdings verlorengehen, wenn der/die sog. Bilanzanalytiker/in die Übersicht verliert. Mit Hilfe der dargestellten Formblätter werden ja nur die sich aus dem Jahresabschluss ergebenden Kennzahlen ermittelt. Daneben gibt es aber weitere wirtschaftliche und soziale Daten, die kennzeichnend für ein Unternehmen sind, und die – soll die Bilanzanalyse kein Selbstzweck sein – mit einzubeziehen sind. Deshalb sollten die für die betrieblichen Interessenvertreter wichtigsten Informationen auf einem übersichtlichen **Kennzahlenbogen** zusammengefasst werden. Ein Kennzahlenbogen, auf dem alle wesentlichen Informationen zusammengefasst sind, ermöglicht es auch, diejenigen Betriebsratsmitglieder, die nicht mit der Bilanzanalyse befasst waren, umfassend zu informieren und in Diskussionen einzubeziehen.

Der nachstehende Kennzahlenbogen (Abb. 67) kann nur ein Muster sein, an dem man sich orientieren kann. Dieser Musterbogen kann für die konkrete betriebliche Praxis nicht einfach übernommen werden, da jeder Betriebsrat, Wirtschaftsausschuss bzw. die ArbeitnehmerInnen im Aufsichtsrat aufgrund der bei ihnen bestehenden betrieblichen Verhältnisse sich selbst darüber im Klaren sein müssen, welche Zahlen für »ihr« Unternehmen wichtig sind und welche nicht. Allerdings sollte man die Anzahl der Kennzahlen der Übersichtlichkeit halber nicht wesentlich ausweiten.

Da man die wirtschaftliche Lage eines Unternehmens z. T. nur aus dem Zeitablauf erkennen kann, ist es wichtig, den Kennzahlenbogen kontinuierlich fortzuführen. Man sollte bei seiner Einführung nicht unbedingt versuchen, die letzten Geschäftsjahre aufzuarbeiten – und dann mittendrin wegen des großen Arbeitsumfanges abbrechen –, sondern vielmehr mit dem jeweils letzten abgeschlossenen Geschäftsjahr beginnen und dann in Zukunft damit fortfahren.

Schlussbetrachtung

Abb. 67
Kennzahlenbogen für Betriebsräte, Wirtschaftsausschüsse und ArbeitnehmervertreterInnen in Aufsichtsräten

Kennzahlen		Periode (Jahr/Quartal)			
I.	**Investitionen**				
	1. Zugänge Sachanlagen/AV (Tsd. €)				
	2. Abgänge Sachanlagen/AV (Tsd. €)				
	3. Abschreibungen Sachenanlagen/AV (Tsd. €)				
II.	**Kapitalstruktur**				
	4. Eigenkapitalanteil (%)				
	5. Anteil wirtschaftliches Eigenkapital (%)				
III.	**Finanzlage**				
	6. Liquidität 3. Grades (%)				
	7. Cashflow (Tsd. €)				
	8. Dynamischer Verschuldungsgrad (Jahre)				
	9. Innenfinanzierungsgrad (%)				
IV.	**Umsatz/Produktion**				
	10. Umsatz (Tsd. €)				
	11. Gesamtleistung (Tsd. €)				
	12. Materialaufwandsquote (%)				
	13. Auftragsbestand (Menge/€)				
	14. Kapazitätsauslastung (%)				
V.	**Personal**				
	15. Beschäftigte insgesamt – ArbeiterInnen – Angestellte				
	16. Personalaufwandsquote (%)				
	17. Bruttoeinkommen je Beschäftigten (Tsd. €)				
	18. Geleistete Beschäftigtenstunden (Std.)				
	19. Wirtschaftsleistung je Beschäftigten (Tsd. €)				
VI.	**Ertragslage**				
	20. Unternehmensergebnis nach Steuern (Tsd. €)				
	21. Betriebsergebnis (EBIT) (Tsd. €)				
	22. »Ordentliches« Betriebsergebnis (Tsd. €)				
	23. Finanzergebnis (Tsd. €)				
	24. Außerordentliches Ergebnis (Tsd. €)				
	25. EBITDA (Tsd. €)				
	26. Umsatzrentabilität (%)				
	27. Brutto-Eigenkapitalrendite (%)				

Schlussbetrachtung 233

Größere Unternehmen erstellen normalerweise auch während eines laufenden Geschäftsjahres Zwischenabschlüsse (monatlich oder vierteljährlich). Man sollte, soweit diese Zwischenabschlüsse erstellt werden, auch diese auswerten und in einem Kennzahlenbogen festhalten. Denn je frühzeitiger die ArbeitnehmervertreterInnen über Entwicklungen im Unternehmen informiert sind, umso eher können sie handeln. Das Gleiche gilt für Plandaten. Jedes Unternehmen verfügt über eine mehr oder weniger entwickelte Unternehmensplanung. Diese wirtschaftlichen und personellen Planungen, die entweder als *Soll-Daten* oder *Budget* bezeichnet werden, lassen sich – soweit vorhanden – ebenfalls im Kennzahlenbogen festhalten.

So hilfreich ein Kennzahlenbogen auch ist, um die wirtschaftliche Entwicklung eines Unternehmens schnell zu erfassen, so darf man nicht übersehen, dass seine Aussagefähigkeit begrenzt ist. Begrenzt muss die Kennzahlenanalyse deshalb sein, weil man mit Daten arbeitet, die unter Wahrnehmung von Bilanzierungsspielräumen zustande gekommen und nur begrenzt zu korrigieren sind. Auch sind Unternehmens- und Branchenvergleiche durch die Zulässigkeit zweier unterschiedlicher Verfahren der GuV eingeschränkt. Darüber hinaus erschwert die beim Umsatzkostenverfahren vorgeschriebene Gliederung nach dem Kostenstellenprinzip (Herstellungskosten, Vertriebskosten, allgemeine Verwaltungskosten) den Unternehmensvergleich selbst zwischen den Unternehmen, die das Umsatzkostenverfahren anwenden. Denn der Schlüssel, nach dem die Verteilung der Kosten auf die einzelnen Bereiche erfolgt, ist aus dem Jahresabschluss nicht erkennbar.

ArbeitnehmervertreterInnen in Aufsichtsräten wie Mitgliedern in Betriebsräten und Wirtschaftsausschüssen werden also durch die Umstrukturierung der Bilanz und GuV, sowie durch die Ermittlung von Kennzahlen und deren Interpretation nicht davon befreit, Fragen zur Bilanzpolitik an die Unternehmensleitung zu stellen. Die Fragen dürften aber mit der in diesem Buch dargestellten Methode der Bilanzanalyse (die eigentlich eine Jahresabschlussanalyse ist) zielgerichteter sein. Neben diesem Aspekt sollte bei allen Einschränkungen hinsichtlich der Genauigkeit der dargestellten Jahresabschlussanalyse nicht verkannt werden, dass mit Hilfe der Jahresabschlussanalyse im Regelfall schon die wirtschaftliche Entwicklung eines Unternehmens zu erkennen ist. Und genau deshalb sollten die InteressenvertreterInnen der ArbeitnehmerInnen an dieser Informationsquelle nicht vorbeigehen.

Anhang

Gliederung der Aktivseite der Bilanz in englischer/amerikanischer Sprache

AKTIVSEITE	A. Fixed assets
A. Anlagevermögen	I. Intangible assets
I. Immaterielle Vermögensgegenstände	1. Concessions, industrial and similar rights and assets and licences in such rights and assets
1. Konzessionen, gewerbliche Schutzrechte und ähnliche Rechte und Werte sowie Lizenzen an solchen Rechten und Werten	2. Excess of purchase price over fair value of net assets of businesses acquired
2. Geschäfts- oder Firmenwert	3. Prepayments of intangible assets
3. Geleistete Anzahlungen	II. Tangible Assets
II. Sachanlagen	1. Land, land rights and building including buildings on third party land
1. Grundstücke, grundstücksgleiche Rechte und Bauten einschl. der Bauten auf fremden Grundstücken	2. Technical equipment and machines
2. Technische Anlagen und Maschinen	3. Other equipment, factory and office equipment
3. Andere Anlagen, Betriebs- und Geschäftsausstattung	4. Prepayments on tangible assets and construction in progress
4. Geleistete Anzahlungen und Anlagen im Bau	III. Financial assets
III. Finanzanlagen	1. Shares in affiliated companies
1. Anteile an verbundenen Unternehmen	2. Loans to affiliated companies
2. Ausleihungen an verbundene Unternehmen	3. Participations
3. Ausleihungen an Unternehmen, mit denen ein Beteiligungsverhältnis besteht	4. Loans to companies in which participations are held
4. Wertpapiere des Anlagevermögens	5. Long term investments
	6. Other loans

B. Umlaufvermögen
  I. Vorräte
    1. Roh-, Hilfs- und Betriebsstoffe
    2. Unfertige Erzeugnisse, unfertige Leistungen
    3. Fertige Erzeugnisse und Waren
    4. Geleistete Anzahlungen
  II. Forderungen und sonstige Vermögensgegenstände
    1. Forderungen aus Lieferungen und Leistungen
    2. Forderungen gegen verbundene Unternehmen
    3. Forderungen gegen Unternehmen, mit denen ein Beteiligungsverhältnis besteht
    4. Sonstige Vermögensgegenstände
  III. Wertpapiere
    1. Anteile an verbundenen Unternehmen
    2. Eigene Anteile
    3. Sonstige Wertpapiere
  IV. Schecks, Kassenbestand, Bundesbank und Postgiroguthaben, Guthaben bei Kreditinstituten
C. Rechnungsabgrenzungsposten
Assets
	B. Current assets
	  I. Inventories
	    1. Raw materials and supplies
	    2. Work in process
	    3. Finished goods and merchandise
	    4. Prepayment on inventories
	  II. Receivables and other assets
	    1. Trade receivables
	    2. Receivables from affiliated companies
	    3. Receivables from companies in which participations are held
	    4. Other assets
	  III. Securities
	    1. Shares in affiliated companies
	    2. Treasury stock
	    3. Other short term investments
	  IV. Cash
	C. Prepaid expenses

Gliederung der Passivseite der Bilanz in englischer/amerikanischer Sprache

PASSIVSEITE	EQUITY AND LIABILITIES
A. Eigenkapital	A. Equity
I. Gezeichnetes Kapital	I. Subscribed capital
II. Kapitalrücklage	II. Capital reserve
III. Gewinnrücklagen	III. Revenue reserve
1. Gesetzliche Rücklage	1. Legal reserve
2. Rücklage für eigene Anteile	2. Reserve for own shares
3. Satzungsmäßige Rücklage	3. Statutory reserves
4. Andere Gewinnrücklagen	4. Other revenue reserves
IV. Gewinnvortrag/Verlustvortrag	IV. Retained profits/accumulated losses brought forward
V. Jahresüberschuss/Jahresfehlbetrag	V. Net income/net loss for the year
B. Rückstellungen	B. Accruals
1. Rückstellungen für Pensionen und ähnliche Verpflichtungen	1. Accruals for pensions and similar obligations
2. Steuerrückstellungen	2. Tax accruals
3. Sonstige Rückstellungen	3. Other accruals
C. Verbindlichkeiten	C. Liabilities
1. Anleihen, davon konvertibel	1. Loans of which Euro … convertible
2. Verbindlichkeiten gegenüber Kreditinstituten	2. Liabilities to banks
3. Erhaltene Anzahlungen auf Bestellungen	3. Payments received on account of orders
4. Verbindlichkeiten aus Lieferungen und Leistungen	4. Trade payables
5. Verbindlichkeiten aus der Annahme gezogener Wechsel und der Ausstellungen eigener Wechsel	5. Liabilities on bills accepted and drawn
6. Verbindlichkeiten gegenüber verbundenen Unternehmen	6. Payable to affiliated companies
7. Verbindlichkeiten gegenüber Unternehmen, mit denen ein Beteiligungsverhältnis besteht	7. Payable to companies in which participations are held

8. Sonstige Verbindlichkeiten davon aus Steuern davon im Rahmen der sozialen Sicherheit	8. Other liabilities:
	     a. Of which Euro … Taxes
	     b. Of which Euro … relating to social security and similar obligations

D. Rechnungsabgrenzungsposten	D. Deffered income

Gewinn- und Verlustrechnung in englischer/amerikanischer Sprache (Umsatzkostenverfahren)

1. Umsatzerlöse 2. Herstellungskosten der zur Erzielung der Umsatzerlösung erbrachten Leistungen 3. Bruttoergebnis vom Umsatz 4. Vertriebskosten 5. Allgemeine Verwaltungskosten 6. Sonstige betriebliche Erträge 7. Sonstige betriebliche Aufwendungen 8. Erträge aus Beteiligungen davon aus verbundenen Unternehmen 9. Erträge aus anderen Wertpapieren und Ausleihungen des Finanzanlagevermögens davon aus verbundenen Unternehmen 10. Sonstige Zinsen und ähnliche Erträge davon aus verbundenen Unternehmen 11. Abschreibungen auf Finanzanlagen und auf Wertpapiere des Umlaufvermögens 12. Zinsen und ähnliche Aufwendungen davon aus verbundenen Unternehmen 13. Ergebnis der gewöhnlichen Geschäftstätigkeit 14. Außerordentliche Erträge 15. Außergewöhnliche Aufwendungen 16. Außerordentliches Ergebnis 17. Steuern vom Einkommen und vom Ertrag 18. Sonstige Steuern 19. Jahresüberschuss/Jahresfehlbetrag	1. Sales 2. Costs 3. Gross profit on sales 4. Selling expenses 5. General administration expenses 6. Other operating income 7. Other operating expenses 8. Income from participations, of which (… €) affiliated companies 9. Income from other investments and long term loans, of which (… €) relating to affiliated companies 10. Other interest and similar income, of which (… €) from affiliated companies 11. Write down on financial assets and short term investments 12. Interest and similar expenses, of which (… €) to affiliated companies 13. Result of ordinary activities 14. Extraordinary income 15. Extraordinary expense 16. Extraordinary result 17. Taxes on income 18. Other taxes 19. Net income/net loss for the year

Musterbogen für die Bilanzanalyse von HGB-Abschlüssen

Musterbogen für die Bilanzanalyse von HGB-Abschlüssen

Umstrukturierung der Bilanz-Aktivaseite (HGB-Abschluss)   in Tsd. €

Aktiva			
Immaterielle Vermögensgegenstände − Geschäfts- oder Firmenwert			
I. Immaterielle Vermögensgegenstände (bereinigt)			
II. Sachanlagen			
III. Finanzanlagen			
A Anlagevermögen − korrigiert (I. + II. + III.)			
I. Vorräte *davon fertige Erzeugnisse*			
Forderungen Restlaufzeit länger als 1 Jahr + Sonstige Vermögensgegenstände Restlaufzeit länger als 1 Jahr			
II. Mittelfristig liquides Umlaufvermögen			
Forderungen − Forderungen Restlaufzeit länger als 1 Jahr + Sonstige Vermögensgegenstände − Sonstige Vermögensgegenstände Restlaufzeit länger als 1 Jahr + Wertpapiere des UV insgesamt − Eigene Anteile			
III. Kurzfristig liquides Umlaufvermögen			
IV. Liquide Mittel (Kasse, Bank etc.)			
B Umlaufvermögen − korrigiert (I. + II. + III. + IV.)			
Gesamtvermögen − korrigiert (A + B)			

Umstrukturierung der Bilanz-Passivaseite (HGB-Abschluss)　　　in Tsd. €

Passiva			
Eigenkapital (Summe aus der Bilanz) − Ausstehende Einlagen − Aufwendungen Ingangsetzung und 　Erweiterung Geschäftsbetrieb − Geschäfts- oder Firmenwert − Eigene Anteile 　(in Position Wertpapiere im UV) − Rechnungsabgrenzungsposten (Aktiva) − Aktivische latente Steuern 　(auf der Aktivaseite offen ausgewiesen) + Passivische latente Steuern 　(auf der Passivaseite offen ausgewiesen) + Passivische latente Steuern 　(in den Steuerrückstellungen enthalten) + $^2/_3$ Sonderposten mit Rücklageanteil)			
I. Eigenkapital (korrigiert)			
II. Eigenkapitalähnliche Mittel 　(Pensionsrückstellungen)			
A. Wirtschaftl. Eigenkapital (I. + II.)			
I. Langfristiges Fremdkapital 　Verbindlichkeiten > 5 Jahre Laufzeit			
Verbindlichkeiten insgesamt − Verbindlichkeiten > 5 Jahre Laufzeit − Verbindlichkeiten bis 1 Jahr Laufzeit + $^1/_4$ Sonstige Rückstellungen + $^1/_3$ Sonderposten mit Rücklageanteil			
II. Mittelfristiges Fremdkapital			
Verbindlichkeiten bis 1 Jahr Laufzeit + Steuerrückstellungen + Passivische latente Steuern 　(wenn in Steuerrückstellungen enthalten) + $^3/_4$ Sonstige Rückstellungen + Rechnungsabgrenzungsposten (Passiva)			
III. Kurzfristiges Fremdkapital			
B. Fremdkapital − korrigiert (I. + II. + III. + IV.)			
Gesamtkapital − korrigiert (A + B)			

Bilanzübersicht/Bilanzstruktur (HGB-Abschluss) in Tsd. €

Aktiva			
Anlagevermögen			
Vorräte *In den Vorräten enthalten:* *Fertige Erzeugnisse und Waren*			
Mittelfristig liquides Umlaufvermögen Anlage länger als 1 Jahr			
Kurzfristig liquides Umlaufvermögen Anlage kürzer als 1 Jahr			
Liquide Mittel			
Übriges Umlaufvermögen			
Umlaufvermögen (korrigiert)			
Im Umlaufvermögen enthalten: *Forderungen an verbundene und beteiligte* *Unternehmen*			
Gesamtvermögen (korrigiert)			

Passiva			
Eigenkapital (korrigiert)			
Wirtschaftliches Eigenkapital			
Langfristiges Fremdkapital Fälligkeit nach 5 Jahren und später			
Mittelfristiges Fremdkapital Fälligkeit zwischen 1–5 Jahren			
Kurzfristiges Fremdkapital Fälligkeit innerhalb 1 Jahres			
Fremdkapital (korrigiert)			
Im Fremdkapital enthalten: *Verbindlichkeiten gegen verbundene und* *beteiligte Unternehmen*			
Gesamtkapital (korrigiert)			

Anhang

Bilanzkennzahlen (HGB-Abschluss)

Liquidität			
Liquidität 1. Grades (Barliquidität) $\dfrac{\text{Liquide Mittel}}{\text{Kurzfr. Fremdkapital}} \times 100 = \%$			
Liquidität 2. Grades (kurzfristige Liquidität) $\dfrac{\text{Liquide Mittel} + \text{Kurzfr. liquides UV}}{\text{kurzfr. Fremdkapital}} \times 100 = \%$			
Liquidität 3. Grades (mittelfristige Liquidität) $\dfrac{\text{Liquide Mittel} + \text{Kurzfr. liquides UV} + \text{Fertige Erzeugnisse}}{\text{Kurzfr. Fremdkapital}} \times 100 = \%$			
Kapital- und Vermögensstruktur			
Eigenkapitalanteil $\dfrac{\text{Eigenkapital}}{\text{Gesamtkapital}} \times 100 = \%$ $\dfrac{\text{Wirtschaftliches Eigenkapital}}{\text{Gesamtkapital}} \times 100 = \%$			
Anlagenintensität $\dfrac{\text{Fremdkapital}}{\text{Gesamtkapital}} \times 100 = \%$			
Deckungsgrad I Anlagevermögen $\dfrac{\text{Eigenkapital}}{\text{Anlagevermögen}} \times 100 = \%$			
Deckungsgrad II Anlagevermögen $\dfrac{\text{Wirtschaftl. EK} + \text{Lgfr. FK}}{\text{Anlagevermögen}} \times 100 = \%$			

Musterbogen für die Bilanzanalyse von HGB-Abschlüssen

Aufschlüsselung der GuV/Betriebsergebnis (HGB-Abschluss)
– GuV nach Gesamtkostenverfahren in Tsd. €

Umsatzerlöse (Netto) +/– Bestandsveränderungen (Bei Abnahmen Minuszeichen eingeben!) + Aktivierte Eigenleistungen				
= **Gesamtleistung** + Sonstige betriebliche Erträge – Materialaufwand				
= **Rohergebnis** – Löhne und Gehälter – Soziale Abgaben – Aufwendungen für Altersversorgung – Sonstige betriebliche Aufwendungen				
= **EBITDA** (**E**arnings **B**efore **I**nterest, **T**axes, **D**epreciation and **A**mortisation) – Abschreibungen auf Immaterielle Vermögensgegenstände und Sachanlagen				
= **Betriebsergebnis vor Steuern/EBIT** (**E**arnings **B**efore **I**nterest and **T**axes)				

Aufschlüsselung der GuV/Betriebsergebnis (HGB-Abschluss)
– GuV nach Umsatzkostenverfahren

in Tsd. €

Umsatzerlöse (Netto) – Herstellungskosten der zur Erzielung des Umsatzes erbrachten Leistungen			
= **Bruttoergebnis vom Umsatz** + Sonstige betriebliche Erträge			
= **Rohergebnis** – Vertriebskosten – Allgemeine Verwaltungskosten – Sonstige betriebliche Aufwendungen			
= **Betriebsergebnis vor Steuern/EBIT** (**E**arnings **B**efore **I**nterest and **T**axes) + Abschreibungen auf Immaterielle Vermögensgegenstände und Sachanlagen (Anlagespiegel)			
= **EBITDA** (**E**arnings **B**efore **I**nterest, **T**axes, **D**epreciation and **A**mortisation)			

Musterbogen für die Bilanzanalyse von HGB-Abschlüssen 245

Aufschlüsselung der GuV/»Ordentliches« Betriebsergebnis
(HGB-Abschluss)

in Tsd. €

Betriebsergebnis vor Steuern/EBIT − Erträge aus Auflösung Rückstellungen (in den sonstigen betrieblichen Erträgen; lt. Anhang) − Erträge aus Abgang Anlagevermögen (in den sonstigen betrieblichen Erträgen; lt. Anhang) − Sonstige ungewöhnliche und periodenfremde Erträge − Sonstige ungewöhnliche und periodenfremde Erträge − Sonstige ungewöhnliche und periodenfremde Erträge + Außerplanmäßige Abschreibungen auf Vermögensgegenstände des AV (in Abschreibungen auf immaterielle VG und Sachanlagen; lt. Anhang) + Verluste aus dem Abgang von Anlage- und Umlaufvermögen (in den sonstigen betrieblichen Aufwendungen; lt. Anhang) + Sonstige ungewöhnliche und periodenfremde Aufwendungen + Sonstige ungewöhnliche und periodenfremde Aufwendungen + Sonstige ungewöhnliche und periodenfremde Aufwendungen			
= »Ordentliches« Betriebsergebnis			

Anhang

**Aufschlüsselung der GuV/Finanzergebnis
(HGB-Abschluss)**   in Tsd. €

Erträge aus Beteiligungen + Erträge aus Wertpapieren und Ausleihungen + Sonstige Zinsen und ähnliche Erträge + Erträge aus Gewinngemeinschaften und Gewinnabführungsverträgen (wenn nicht bereits in den vorangegangenen Positionen enthalten)			
= **Finanzerträge**			
Abschreibungen auf Finanzanlagen und Wertpapiere + Zinsen und ähnliche Aufwendungen + Aufwendungen aus Verlustübernahme (wenn nicht bereits in den vorangegangenen Positionen enthalten)			
= **Finanzaufwendungen**			
= **Finanzergebnis vor Steuern**			

Musterbogen für die Bilanzanalyse von HGB-Abschlüssen

**Aufgliederung des Unternehmensergebnisses
(HGB-Abschluss)**

in Tsd. €

Betriebsergebnis vor Steuern/EBIT *(EBITDA)* *(davon »Ordentliches Betriebsergebnis«)*			
+ **Finanzergebnis vor Steuern** (Bei einem Negativergebnis »–«) *(davon Abschreibungen Finanzanlagen)* *(davon Finanzerträge)*			
= **Ergebnis der gewöhnlichen Geschäftstätigkeit** + **Außerordentliches Ergebnis** (Bei einem Negativergebnis »–«)			
= **Ergebnis vor Steuern** – Steuern vom Einkommen und Ertrag (Bei Steuerrückerstattung »–«; wird dann addiert) – Sonstige Steuern			
= **Ergebnis nach Steuern** + Erträge aufgrund der Verlustübernahme durch ein verbundenes Unternehmen – Abgeführter Gewinn aufgrund eines Gewinnabführungsvertrages			
= **Jahresüberschuss/Jahresfehlbetrag (–)** – Anderen Gesellschaftern zustehende Gewinne + Verlustanteil anderer Gesellschafter + Gewinnvortrag aus dem Vorjahr – Verlustvortrag aus dem Vorjahr + Entnahmen aus den Rücklagen – Einstellungen in die Rücklagen			
= **Bilanzgewinn/Bilanzverlust (–)**			

Anhang

Dynamische Finanzkennzahlen (HGB-Abschluss) in Tsd. €

Unternehmensergebnis nach Steuern (GuV) **Beim Gesamtkostenverfahren:** + Abschreibungen immaterielle Vermögensgegenstände und Sachanlagen (GuV) **Beim Umsatzkostenverfahren:** + Abschreibungen, die in den Herstellungs-, Vertriebs- und Verwaltungskosten enthalten sind (erfragen!) + Abschreibungen auf Finanzanlagen (GuV) − Zuschreibungen auf das Anlagevermögen (Anlagespiegel/Anhang) − Zuschreibungen auf das Umlaufvermögen (Anhang) +/− Veränderung des Sonderpostens mit Rücklageanteil; Zunahme + / Abnahme − (Bilanz) +/− Veränderung Pensionsrückstellungen; Zunahme + / Abnahme − (Bilanz)			
= **Cashflow im engeren Sinne** +/− Veränderung Steuerrückstellungen; Zunahme + / Abnahme − (Bilanz) +/− Veränderung »sonstige Rückstellungen«; Zunahme + / Abnahme − (Bilanz)			
= **Cashflow**			

Investitionen in Tsd. € (Zugänge Anlagevermögen; lt. Anlagespiegel)			
Innenfinanzierungsgrad $\dfrac{\text{Cashflow}}{\text{Investitionen}} \times 100 = \%$			
Dynamischer Verschuldungsgrad $\dfrac{\text{Fremdkapital* − Liquide Mittel}}{\text{Cashflow}} = \text{Jahre}$ * ohne Pensionsrückstellungen			

Musterbogen für die Bilanzanalyse von HGB-Abschlüssen 249

Erfolgskennzahlen (HGB-Abschluss)
– GuV nach Gesamtkostenverfahren

Aufwandskennzahlen			
Materialaufwandsquote $\frac{\text{Materialaufwand}}{\text{Gesamtleistung}} \times 100 = \%$			
Personalaufwandsquoten $\frac{\text{Personalaufwand insgesamt}}{\text{Gesamtleistung}} \times 100 = \%$ $\frac{\text{Löhne und Gehälter}}{\text{Gesamtleistung}} \times 100 = \%$ $\frac{\text{Soziale Abgaben}}{\text{Gesamtleistung}} \times 100 = \%$ $\frac{\text{Altersversorgung}}{\text{Gesamtleistung}} \times 100 = \%$			
Abschreibungsaufwandsquote $\frac{\text{Abschreibungen*}}{\text{Gesamtleistung}} \times 100 = \%$ * auf immaterielle Vermögenswerte und Sachlangen			
Zinsaufwandsquote $\frac{\text{Zinsaufwand}}{\text{Gesamtleistung}} \times 100 = \%$			
Rentabilitätskennzahlen			
Eigenkapitalrentabilität (Brutto) **– Return on Equity** $\frac{\text{Ergebnis nach Steuern} + \text{Ertragssteuern}}{\text{Eigenkapital}} \times 100 = \%$			
Gesamtkapitalrentabilität (Brutto) $\frac{\text{Ergebnis nach Steuern} + \text{Zinsaufwand} + \text{Ertragssteuern}}{\text{Gesamtkapital}} \times 100 = \%$			
Umratzrentabilität **– Return on Sales** $\frac{\text{Ergebnis der gewöhnlichen Geschäftstätigkeit}}{\text{Umsatzerlöse}} \times 100 = \%$			

250 Anhang

Erfolgskennzahlen (HGB-Abschluss)
– GuV nach Umsatzkostenverfahren

Aufwandskennzahlen			
Materialaufwand in Tsd. € (Anhang oder erfragen)			
Materialaufwandsquote $\frac{\text{Materialaufwand}}{\text{Umsatzerlöse}} \times 100 = \%$			
Personalaufwand gesamt in Tsd. € (Anhang oder erfragen)			
Löhne und Gehälter in Tsd. € (Anhang oder erfragen)			
Soziale Abgaben in Tsd. € (Anhang oder erfragen)			
Aufwendungen Altersversorgung in Tsd. € (Anhang oder erfragen)			
Personalaufwandsquoten $\frac{\text{Gesamter Personalaufwand}}{\text{Umsatzerlöse}} \times 100 = \%$ $\frac{\text{Löhne und Gehälter}}{\text{Umsatzerlöse}} \times 100 = \%$ $\frac{\text{Soziale Abgaben}}{\text{Umsatzerlöse}} \times 100 = \%$ $\frac{\text{Altersversorgung}}{\text{Umsatzerlöse}} \times 100 = \%$			
Abschreibungsaufwandsquote $\frac{\text{Abschreibungen*}}{\text{Umsatzerlöse}} \times 100 = \%$ * auf immaterielle Vermögenswerte und Sachlangen			
Zinsaufwandsquote $\frac{\text{Zinsaufwand}}{\text{Umsatzerlöse}} \times 100 = \%$			
Rentabilitätskennzahlen			
Eigenkapitalrentabilität (Brutto) **– Return on Equity** $\frac{\text{Ergebnis nach Steuern} + \text{Ertragssteuern}}{\text{Eigenkapital}} \times 100 = \%$			
Gesamtkapitalrentabilität (Brutto) $\frac{\text{Ergebnis nach Steuern} + \text{Zinsaufwand} + \text{Ertragssteuern}}{\text{Gesamtkapital}} \times 100 = \%$			
Umsatzrentabilität **– Return on Sales** $\frac{\text{Ergebnis der gewöhnlichen Geschäftstätigkeit}}{\text{Umsatzerlöse}} \times 100 = \%$			

Musterbogen für die Bilanzanalyse von HGB-Abschlüssen

Sozial-Kennzahlen (HGB-Abschluss)

Beschäftigte im Jahresdurchschnitt (ohne Auszubildende, lt. Anhang)			
Bezüge Unternehmensleitung in Tsd. €			
Produktivität (Wirtschaftsleistung je Beschäftigten) Gesamtkostenverfahren: $\frac{\text{Gesamtleistung* – Materialaufwand}}{\text{Beschäftigte (Jahresdurchschnitt)}} = \text{Tsd. €}$ * beim Umsatzkostenverfahren statt Gesamtleistung Umsatzerlöse $\frac{\text{Produzierte Menge}}{\text{Beschäftigte}} = \text{t / l / Stck.}$			
Bruttoeinkommen je ArbeitnehmerIn Löhne und Gehälter $\frac{-\text{ Bezüge Unternehmensleitung}}{\text{Beschäftigte (Jahresdurchschnitt)}} = \text{Tsd. €}$			
Bereinigte Personalaufwandsquote Personalaufwand insgesamt $\frac{-\text{ Bezüge Unternehmensleitung}}{\text{Gesamtleistung*}} \times 100 = \%$ * beim Umsatzkostenverfahren statt Gesamtleistung Umsatzerlöse			

Musterbogen für die Bilanzanalyse von IAS/IFRS-Abschlüssen

Musterbogen für die Bilanzanalyse von IAS/IFRS-Abschlüssen

Umstrukturierung der Bilanz-Aktivaseite (IAS/IFRS-Abschluss)

in Tsd. €

Aktiva			
I. Sachanlagen			
Immaterielle Vermögensgegenstände − Goodwill			
II. Immaterielle Vermögensgegenstände (bereinigt)			
III. Finanzanlagen			
IV. Ausleihungen			
A Langfristiges Vermögen − korrigiert (I. + II. + III. + IV.)			
Forderungen und sonstige Vermögenswerte (langfristiges Vermögen) + Forderungen und sonstige Vermögenswerte (kurzfristiges Vermögen, länger als 1 Jahr)			
B Mittelfristiges Vermögen			
C Vorräte *davon fertige Erzeugnisse und Waren*			
Forderungen und sonstige Vermögenswerte des kurzfristigen Vermögens − Aktive Rechnungsabgrenzung (in Forderungen und sonstige Vermögenswerte des kurzfristigen Vermögens enthalten) − Forderungen und sonstige Vermögenswerte (kurzfristiges Vermögen, länger als 1 Jahr) + Erstattungsansprüche aus Ertragssteuer			
I. Forderungen und sonstige Vermögenswerte (korrigiert)			
II. Zur Veräußerung verfügbare finanzielle Mittel			
III. Liquide Mittel			
D Kurzfristiges Vermögen − korrigiert (I. + II. + III.)			
Gesamtvermögen − Total assets − korrigiert (A+B+C+D)			

Umstrukturierung der Bilanz-Passivaseite (IAS/IFRS-Abschluss) in Tsd. €

Passiva			
Eigenkapital (Equity) (Summe aus der Bilanz) − Goodwill − Aktive Rechnungsabgrenzung (in Forderungen und sonstige Vermögenswerte des kurzfristigen Vermögens enthalten) − Aktive latente Steuern (auf der Aktivseite offen ausgewiesen) + Anteile Minderheitsgesellschafter (wenn nicht im Eigenkapital enthalten) + Passive latente Steuern (auf der Passivseite offen ausgewiesen)			
I.	**Eigenkapital (korrigiert)**		
II.	**Eigenkapitalähnliche Mittel** (Pensionsrückstellungen in langfr. Schulden)		
A	**Wirtschaftl. Eigenkapital (I. + II.)**		
Langfristige Finanzverbindlichkeiten (ohne Leasing) > 5 Jahre Laufzeit + Verbindlichkeit aus Finanzierungsleasing > 5 Jahre Laufzeit + Sonstige Schulden > 5 Jahre Laufzeit			
I.	**Langfristiges Fremdkapital**		
Mittelfristige Finanzverbindlichkeiten (ohne Leasing) 1–5 Jahre Laufzeit + Verbindlichkeit aus Finanzierungsleasing 1–5 Jahre Laufzeit + Rückstellungen (Inanspruchnahme später als 1 Jahr (langfristige Schulden) + Sonstige Schulden 1–5 Jahre Laufzeit + Verbindlichkeiten aus Lieferungen und Leistungen nach 1 Jahr fällig			
II.	**Mittelfristiges Fremdkapital**		
Verbindlichkeiten aus Lieferungen und Leistungen und Sonstige Schulden − Verbindlichkeiten aus Lieferungen und Leistungen nach 1 Jahr fällig + Steuerverbindlichkeiten für Einkommen- und Ertragssteuern + Steuerverbindlichkeiten für sonstige Steuern + Kurzfristige Finanzverbindlichkeiten innerhalb 1 Jahres fällig + Sonstige Rückstellungen (inkl. kurzfristiger Pensionsrückstellungen)			
III.	**Kurzfristiges Fremdkapital**		
B	**Fremdkapital − korrigiert (I. + II. + III.)**		
Gesamtkapital − Total liabilities − korrigiert (A + B)			

Musterbogen für die Bilanzanalyse von IAS/IFRS-Abschlüssen

Bilanzübersicht/Bilanzstruktur (IAS/IFRS-Abschluss) in Tsd. €

Aktiva			
Langfristiges Vermögen (korrigiert)			
Mittelfristiges Vermögen Anlage länger als 1 Jahr			
Vorräte In den Vorräten enthalten: Fertige Erzeugnisse und Waren			
Kurzfristiges Vermögen (korrigiert) Anlage kürzer als 1 Jahr			
Gesamtvermögen **– Total assets (korrigiert)**			
Im Umlaufvermögen enthalten: Forderungen an Unternehmen mit Beteiligungsverhältnis			

Passiva			
Eigenkapital (korrigiert)			
Wirtschaftliches Eigenkapital			
Langfristiges Fremdkapital Fälligkeit nach 5 Jahren und später			
Mittelfristiges Fremdkapital Fälligkeit zwischen 1–5 Jahren			
Kurzfristiges Fremdkapital Fälligkeit innerhalb 1 Jahres			
Fremdkapital (korrigiert)			
Gesamtkapital **– Total liabilities (korrigiert)**			
Im Fremdkapital enthalten: Verbindlichkeiten gegen Unternehmen mit Beteiligungsverhältnis			

Bilanzkennzahlen (IAS/IFRS-Abschluss)

Liquidität			
Liquidität 1. Grades (Barliquidität) $\dfrac{\text{Liquide Mittel}}{\text{Kurzfr. Fremdkapital}} \times 100 = \%$			
Liquidität 2. Grades (Liquidität auf kurze Sicht) $\dfrac{\text{Kurzfristiges Vermögen}}{\text{Kurzfristiges Fremdkapital}} \times 100 = \%$			
Liquidität 3. Grades (Liquidität auf mittlerer Sicht) $\dfrac{\text{Kurzfr. Vermögen} + \text{Fertige Erzeugnisse}}{\text{Kurzfr. Fremdkapital}} \times 100 = \%$			
Kapital- und Vermögensstruktur			
Eigenkapitalanteil $\dfrac{\text{Eigenkapital}}{\text{Gesamtkapital}} \times 100 = \%$ $\dfrac{\text{Wirtschaftliches Eigenkapital}}{\text{Gesamtkapital}} \times 100 = \%$			
Anlagenintensität $\dfrac{\text{Langfristiges Vermögen}}{\text{Gesamtvermögen}} \times 100 = \%$			
Deckungsgrad I Anlagevermögen $\dfrac{\text{Eigenkapital}}{\text{Langfristiges Vermögen}} \times 100 = \%$			
Deckungsgrad II Anlagevermögen $\dfrac{\text{Wirtschaftl. EK} + \text{Langfr. FK}}{\text{Langfristiges Vermögen}} \times 100 = \%$			

Musterbogen für die Bilanzanalyse von IAS/IFRS-Abschlüssen

Aufschlüsselung der GuV/Betriebsergebnis (IAS/IFRS-Abschluss)
– GuV nach Gesamtkostenverfahren

in Tsd. €

	Umsatzerlöse (Netto) +/– Bestandsveränderungen (Bei Abnahmen Minuszeichen) + Aktivierte Eigenleistungen			
=	**Gesamtleistung** + Sonstige betriebliche Erträge – Materialaufwand			
=	**Rohergebnis** – Löhne und Gehälter – Soziale Abgaben – Aufwendungen für Altersversorgung und andere Leistungen an Arbeitnehmer – Sonstige betriebliche Aufwendungen			
=	**EBITDA** (**E**arnings **B**efore **I**nterest, **T**axes, **D**epreciation and **A**mortisation) – Abschreibungen auf Immaterielle Vermögens- gegenstände und Sachanlagen			
=	**Betriebsergebnis vor Steuern/EBIT** (**E**arnings **B**efore **I**nterest and **T**axes)			

Aufschlüsselung der GuV/Betriebsergebnis (IAS/IFRS-Abschluss)
– GuV nach Umsatzkostenverfahren

in Tsd. €

Umsatzerlöse (Netto) – Herstellungskosten der zur Erzielung des Umsatzes erbrachten Leistungen			
= **Bruttoergebnis vom Umsatz** – **Gross profit on sales** + Sonstige betriebliche Erträge			
= **Rohergebnis** – Forschungs- und Entwicklungskosten – Vertriebskosten – Allgemeine Verwaltungskosten – Sonstige betriebliche Aufwendungen			
= **Betriebsergebnis vor Steuern/EBIT** (**E**arnings **B**efore **I**nterest and **T**axes) + Abschreibungen auf Immaterielle Vermögensgegenstände und Sachanlagen (Anlagespiegel oder erfragen!)			
= **EBITDA** (**E**arnings **B**efore **I**nterest, **T**axes, **D**epreciation and **A**mortisation)			

Musterbogen für die Bilanzanalyse von IAS/IFRS-Abschlüssen

Aufschlüsselung der GuV/»Ordentliches« Betriebsergebnis (IAS/IFRS-Abschluss)

in Tsd. €

Betriebsergebnis vor Steuern/EBIT
− Erträge aus Auflösung Rückstellungen
  (in den sonstigen betrieblichen Erträgen;
  lt. Anhang)
− Erträge aus Abgang Anlagevermögen
  (in den sonstigen betrieblichen Erträgen;
  lt. Anhang)
− Sonstige ungewöhnliche und periodenfremde Erträge
− Sonstige ungewöhnliche und periodenfremde Erträge
− Sonstige ungewöhnliche und periodenfremde Erträge
+ Außerplanmäßige Abschreibungen imm. Vermögenswerte und Sachanlagen
  − ohne außerplanmäßige Abschreibungen auf Goodwill − (lt. Anhang)
+ Außerplanmäßige Goodwill-Abschreibung lt. Anhang)
+ Buchverluste im Anlagevermögen
  (z. B. bei Verkauf von Unternehmensbeteiligungen, lt. Anhang)
+ Buchverluste im Umlaufvermögen
  (z. B. Abschreibungen von Darlehen; lt. Anhang)
+ Sonstige ungewöhnliche oder periodenfremde Aufwendungen
+ Sonstige ungewöhnliche oder periodenfremde Aufwendungen			

= »Ordentliches« Betriebsergebnis			

Die Daten sind dem Anhang bzw. dem WP-Bericht zu entnehmen oder zu erfragen.

Anhang

**Aufschlüsselung der GuV/Finanzergebnis
(IAS/IFRS-Abschluss)**   in Tsd. €

Erträge aus Beteiligungen und Ergebnis assoziierter Unternehmen + Zinsertrag von beteiligten und assoziierten Unternehmen + Zinsertrag aus Wertpapieren und Ausleihungen + Sonstige Zinsen und ähnliche Erträge			
= **Finanzerträge**			
Abschreibungen auf Finanzanlagen und Wertpapiere + Abschreibungen auf Beteiligungen + Zinsen und ähnliche Aufwendungen + Zinsaufwand an beteiligte und assoziierte Unternehmen + Sonstige Finanzaufwendungen			
= **Finanzaufwendungen**			
= **Finanzergebnis vor Steuern**			

Musterbogen für die Bilanzanalyse von IAS/IFRS-Abschlüssen

Aufgliederung der Unternehmensergebnisse (IAS/IFRS-Abschluss) in Tsd. €

Betriebsergebnis vor Steuern/EBIT *(EBITDA)* *(davon »Ordentliches« Betriebsergebnis)*			
+ **Finanzergebnis vor Steuern** (Bei einem Negativergebnis abziehen) *(davon Finanzabschreibungen)* *(davon Finanzerträge)*			
= **Ergebnis der gewöhnlichen Geschäftstätigkeit** + **Außerordentliches Ergebnis** (Bei einem Negativergebnis »–«!)			
= **Ergebnis vor Steuern** – Steuern vom Einkommen und Ertrag (Bei einer Steuerrückerstattung »–«; wird dann addiert)			
= **Ergebnis nach Steuern/Konzernergebnis** – Anderen Gesellschaftern zustehende Gewinne + Verlustanteil anderer Gesellschafter – Einstellungen in die Rücklagen + Entnahme aus den Rücklagen			
= **Konzernbilanzgewinn/ Konzernbilanzverlust (–)**			

Anhang

Dynamische Finanzkennzahlen (IAS/IFRS-Abschluss) in Tsd. €

Ergebnis nach Steuern/ Konzernergebnis (GuV) **Beim Gesamtkostenverfahren:** + Abschreibungen immaterielle Vermögenswerte und Sachanlagen (GuV) **Beim Umsatzkostenverfahren:** + Abschreibungen, die in den Herstellungs-, Vertriebs- und Verwaltungskosten enthalten sind (erfragen!) + Abschreibungen auf Finanzanlagen (GuV) – Zuschreibungen auf das Anlagevermögen (Anlagespiegel/Anhang) – Zuschreibungen auf das Umlaufvermögen (Anhang) +/– Veränderung der »Pensionsrückstellungen in langfristige Schulden«; Zunahme + / Abnahme – (Bilanz) +/– Veränderungen der »Rückstellungen/ langfristige Schulden«; Zunahme + / Abnahme – (Bilanz)			
= **Cashflow im engeren Sinne** +/– Veränderung »Sonstige Rückstellungen (inkl. kurzfr. Pensionsrückstellungen) in kurzfristige Schulden«; Zunahme + / Abnahme – (Bilanz)			
= **Cashflow**			

Investitionen in Tsd. € (Zugänge Anlagevermögen; lt. Anlagespiegel)			
Innenfinanzierungsgrad $\dfrac{\text{Cashflow}}{\text{Investitionen}} \times 100 = \%$			
Dynamischer Verschuldungsgrad $\dfrac{\text{Fremdkapital* – Liquide Mittel}}{\text{Cashflow}} =$ Jahre * ohne Pensionsrückstellungen			

Musterbogen für die Bilanzanalyse von IAS/IFRS-Abschlüssen

Erfolgskennzahlen (IAS/IFRS-Abschluss)
– GuV nach Gesamtkostenverfahren –

Aufwandskennzahlen			
Materialaufwandsquote $\dfrac{\text{Materialaufwand}}{\text{Gesamtleistung}} \times 100 = \%$			
Personalaufwandsquoten $\dfrac{\text{Gesamter Personalaufwand}}{\text{Gesamtleistung}} \times 100 = \%$ $\dfrac{\text{Löhne und Gehälter}}{\text{Gesamtleistung}} \times 100 = \%$ $\dfrac{\text{Soziale Abgaben}}{\text{Gesamtleistung}} \times 100 = \%$ $\dfrac{\text{Altersversorgung}}{\text{Gesamtleistung}} \times 100 = \%$			
Abschreibungsaufwandsquote $\dfrac{\text{Abschreibungen*}}{\text{Gesamtleistung}} \times 100 = \%$ * auf immaterielle Vermögenswerte und Sachanlagen			
Zinsaufwandsquote $\dfrac{\text{Zinsaufwand}}{\text{Gesamtleistung}} \times 100 = \%$			
Rentabilitätskennzahlen			
Eigenkapitalrentabilität (Brutto) **– Return on Equity –** $\dfrac{\text{Ergebnis vor Steuern} + \text{Ertragssteuern}}{\text{Eigenkapital}} \times 100 = \%$			
Gesamtkapitalrentabilität (Brutto) $\dfrac{\text{Ergebnis vor Steuern} + \text{Zinsaufwand}}{\text{Gesamtkapital}} \times 100 = \%$			
Umratzrentabilität **– Return on Sales –** $\dfrac{\text{Ergebnis der gewöhnlichen Geschäftstätigkeit}}{\text{Umsatzerlöse}} \times 100 = \%$			

Anhang

Erfolgskennzahlen (IAS/IFRS-Abschluss)
– GuV nach Umsatzkostenverfahren

Aufwandskennzahlen			
Materialaufwand in Tsd. € (Anhang oder erfragen)			
Materialaufwandsquote $\dfrac{\text{Materialaufwand}}{\text{Umsatzerlöse}} \times 100 = \%$			
Personalaufwand gesamt in Tsd. € (Anhang oder erfragen)			
Löhne und Gehälter in Tsd. € (Anhang oder erfragen)			
Soziale Abgaben in Tsd. € (Anhang oder erfragen)			
Altersversorgung in Tsd. € (Anhang oder erfragen)			
Personalaufwandsquoten $\dfrac{\text{Personalaufwand insgesamt}}{\text{Umsatzerlöse}} \times 100 = \%$ $\dfrac{\text{Löhne und Gehälter}}{\text{Umsatzerlöse}} \times 100 = \%$ $\dfrac{\text{Soziale Abgaben}}{\text{Umsatzerlöse}} \times 100 = \%$ $\dfrac{\text{Altersversorgung}}{\text{Umsatzerlöse}} \times 100 = \%$			
Abschreibungsaufwandsquote $\dfrac{\text{Abschreibungen*}}{\text{Umsatzerlöse}} \times 100 = \%$ * auf immaterielle Vermögenswerte und Sachlangen			
Zinsaufwandsquote $\dfrac{\text{Zinsaufwand}}{\text{Umsatzerlöse}} \times 100 = \%$			
Rentabilitätskennzahlen			
Eigenkapitalrentabilität (Brutto) – Return on Equity $\dfrac{\text{Ergebnis vor Steuern}}{\text{Eigenkapital}} \times 100 = \%$			
Gesamtkapitalrentabilität (Brutto) $\dfrac{\text{Ergebnis vor Steuern} + \text{Zinsaufwand}}{\text{Gesamtkapital}} \times 100 = \%$			
Umratzrentabilität – Return on Sales $\dfrac{\text{Ergebnis der gewöhnlichen Geschäftstätigkeit}}{\text{Umsatzerlöse}} \times 100 = \%$			

Musterbogen für die Bilanzanalyse von IAS/IFRS-Abschlüssen

Sozial-Kennzahlen (IAS/IFRS-Abschluss)

Beschäftigte im Jahresdurchschnitt (ohne Auszubildende)			
Bezüge Unternehmensleitung in Tsd. €			
Produktionsvolumen in t/l/Stück			
Wertschöpfungsproduktivität (Wirtschaftsleistung je Beschäftigten) $\dfrac{\text{Gesamtleistung*} - \text{Materialaufwand}}{\text{Beschäftigte (Jahresdurchschnitt)}} = \text{Tsd. }€$ * beim Umsatzkostenverfahren statt Gesamtleistung Umsatzerlöse $\dfrac{\text{Produzierte Menge}}{\text{Beschäftigte}} = t\,/\,l\,/\,\text{Stck.}$			
Bruttoeinkommen je ArbeitnehmerIn $\dfrac{\text{Löhne und Gehälter} - \text{Bezüge Unternehmensleitung}}{\text{Beschäftigte (Jahresdurchschnitt)}} = \text{Tsd. }€$			
Bereinigte Personalaufwandsquote $\dfrac{\text{Gesamter Personalaufwand} - \text{Bezüge Unternehmensleitung}}{\text{Gesamtleistung*}} \times 100 = \%$ * beim Umsatzkostenverfahren statt Gesamtleistung Umsatzerlöse			

Glossar

Abschreibungen (linear/degressiv)	Die Abschreibung ist ein Verfahren, mit dem die Ausgaben für einen Vermögensgegenstand (z. B. eine Maschine) über eine angenommene Nutzungsdauer verteilt werden. Der entweder im Rahmen einer linearen Abschreibung (gleichbleibender Betrag über die angenommene Nutzungsdauer) oder einer degressiven Abschreibung (gleichbleibender prozentualer Abschreibungssatz vom Rest*buchwert*) ermittelte Abschreibungsbetrag wird in der Gewinn- und Verlustrechnung als Aufwand gebucht.
Assets	Lt. *IAS/IFRS* Ressourcen, über die ein Unternehmen in Folge vergangener Ereignisse verfügen kann und aus denen es in Zukunft erwartet, wirtschaftlichen Nutzen zu ziehen. Bei den Assets handelt sich also um die auf der Aktivseite der Bilanz aufgeführten Vermögenswerte.
Assoziierte Unternehmen	Unternehmen, auf die der Anteilseigner maßgeblichen Einfluss ausüben kann, die aber weder ein Tochterunternehmen noch ein Gemeinschaftsunternehmen darstellen. Dass es sich bei einem Unternehmen um ein assoziiertes handelt, kann bei einem Besitz von mindestens 20 % und höchstens 50 % der Stimmrechte einer Gesellschaft vermutet werden.
Buchwert	Der Wert, der sich aus den Anschaffungs- bzw. Herstellungskosten und den ggf. folgenden *Abschreibungen* ergibt. Bilanzwerte sind Buchwerte.
Cashflow	Zu- und Abfluss von Zahlungsmitteln (in einer Periode/Geschäftsjahr). Der Cashflow ermöglicht eine Beurteilung der Selbstfinanzierungskraft eines Unternehmens und gilt somit als wesentlicher Indikator zur Beurteilung der Finanz- und Ertragskraft eines Unternehmens.

Glossar 267

Cashflow aus betrieblicher Tätigkeit (operativer Cashflow)	Zu- und Abfluss von Zahlungsmitteln aus allen Tätigkeiten, die nicht den Investitions- und Finanzierungstätigkeiten zuzuordnen sind. Der operative Cashflow wird als Zwischensumme im Rahmen der *Kapitalflussrechnung* gebildet.
Disagio	Betrag, um den der Ausgabebetrag eines Darlehens geringer ist als der Rückzahlungsbetrag.
EBIT (Earnings Before Interest and Taxes)	Ergebnis vor Zinsen und Steuern. In der Regel werden aus dem Unternehmensergebnis vor Ertragssteuern nicht nur die Zinsaufwendungen und -erträge, sondern die gesamten Finanzaufwendungen und -erträge herausgerechnet (Finanzergebnis). In diesem Fall ist das EBIT identisch mit dem Betriebsergebnis.
EBITDA (Earnings Before Interest, Taxes, Depreciation and Amortisation)	Ergebnis vor Zinsen, Steuern und Abschreibungen. Dem *EBIT* (Betriebsergebnis) werden die Abschreibungen auf immaterielle Vermögensgegenstände und Sachanlagen hinzugerechnet. Da die Abschreibungen z. T. gestaltbar sind und darüber hinaus nicht zu Zahlungsabflüssen führen, erhält man mit dem EBITDA eine relativ leicht zu ermittelnde Kennzahl, die etwas über die Ertragskraft eines Unternehmens im operativen Bereich aussagt.
Equity-Methode	Im Zusammenhang mit der Erstellung eines Konzernabschlusses verwandte Methode zur Bewertung von Beteiligungen an assoziierten Unternehmen mit deren anteiligem Eigenkapital und anteiligem Jahresüberschuss.
Fair Value	Wird nach *IFRS* als Oberbegriff aller marktnahen Wertansätze verwendet. Das heißt, der Wert eines Vermögensgegenstandes oder einer Verbindlichkeit entspricht dem »Fair Value«, wenn zwei von einander unabhängigen Parteien mit Sachverstand und dem Willen zum Vertragsabschluss bereit wären, diesen Wert zu zahlen bzw. zu begleichen.
Fifo-Verfahren (First in – first out)	Verbrauchsfolgeverfahren zur Sammelbewertung von Roh-, Hilfs- und Betriebsstoffen. Bei diesem Verfahren wird unterstellt, dass die ältesten Bestände zuerst verbraucht werden, so dass sich immer die zuletzt eingegangenen Bestände auf Lager befinden. (Alternativ kann auch das *Lifo-Verfahren* angewandt werden.)
Free-Cashflow	Zu- und Abfluss von Zahlungsmitteln aus betrieblicher Tätigkeit und Investitionstätigkeit. Der Free-Cashflow

wird als Zwischensumme im Rahmen der *Kapitalflussrechnung* gebildet und ist für (spekulative) Anleger in Hinblick auf Ausschüttungsmöglichkeiten eine interessante Kennzahl.

Gesamtkostenverfahren Gliederung der Gewinn- und Verlustrechnung, bei der alle in einer Periode (Geschäftsjahr) angefallenen Erträge den angefallenen Aufwendungen gegenübergestellt werden. Erlaubt nach HGB und *IFRS*. Im Gegensatz zum Gesamtkostenverfahren kann auch das *Umsatzkostenverfahren* angewandt werden.

Grundsätze ordnungsmäßiger Buchführung (GoB) Müssen nach § 243 Abs. 1 HGB bei der Erstellung eines Jahresabschlusses unbedingt befolgt werden; sind allerdings vom Gesetzgeber nirgends exakt beschrieben worden. Die GoB sind das Resultat von gesetzlichen Regelungen (Handels- und Steuerrecht), handels-, bzw. steuerrechtlicher Rechtsprechung, Erlassen, Richtlinien von Behörden und Verbänden sowie »Handelsbräuchen«. Es handelt sich also bei den GoB um allgemein anerkannte Regeln zur sachgerechten Aufzeichnung, zeitlichen Zuordnung und Zusammenstellung der Zahlungen, Forderungen und Verbindlichkeiten aus den Geschäftsvorfällen.

Goodwill (Geschäfts- oder Firmenwert) Betrag, den ein Käufer bei Übernahme einer Unternehmung als Ganzes unter Berücksichtigung künftiger Ertragserwartungen über den Wert der einzelnen Vermögensgegenstände nach Abzug der Schulden hinaus zu zahlen bereit ist. Ein bilanzierter Goodwill bzw. Geschäfts- oder Firmenwert stellt einen immateriellen Vermögenswert dar, der in einem HGB-Abschluss planmäßig abgeschrieben wird und der bei einem *IAS/IFRS*-Abschluss nur bei nicht mehr vorhandener Werthaltigkeit (die in einem »*Impairment Test*« ermittelt wird) abzuschreiben ist.

Going-concern-Prinzip Es handelt sich hier um einem im § 252 HGB Abs. 1 niedergelegten Bewertungsgrundsatz. Danach ist, solange von der Unternehmensfortführung auszugehen ist, ein Vermögensgegenstand in der Bilanz zu *Buchwerten* und nicht zu Liquidationswerten (Zerschlagungswerten) auszuweisen. Das »Going-concern-Prinzip« ist auch Bestandteil der *IAS/IFRS* und *der US-GAAP*.

Glossar

Impairment Test	Test hinsichtlich der Werthaltigkeit der zu bilanzierenden Vermögenswerte. Nach den *IAS/IFRS* ist an jedem Bilanzstichtag zu überprüfen, ob Anzeichen für eine Wertminderung der Vermögenswerte (*assets*) vorliegen. Liegen entsprechende Anzeichen vor, so muss ein »Impairment Test« durchgeführt werden.
International Accounting Standards (IAS)	Rechnungslegungsgrundsätze, die von der IASC (Internationale Organisation der Berufsverbände der Wirtschaftsprüfer und Steuerberater) aufgestellt wurden und die im Rahmen der *IFRS* weiter gelten. Die IAS orientieren sich an den angelsächsischen Bilanzierungsgrundsätzen, d.h. im Mittelpunkt der Jahresabschlussaufstellung steht nicht das Vorsichtsprinzip wie beim HGB, sondern der Grundsatz der periodengerechten Erfolgsermittlung.
International Financial Reporting Standards (IFRS)	Die IFRS werden von einer internationalen Fachorganisation (IASB – Nachfolgeorganisation der IASC, die die *IAS* aufstellten), die von mit Rechnungslegungsfragen befassten Berufsverbänden getragen wird, herausgegeben. Ziel des IASB ist es, mit den IFRS eine transparente und vergleichbare Rechnungslegung zu schaffen, die von Unternehmen und Organisationen weltweit angewandt werden kann. Die IFRS orientieren sich an den angelsächsischen Bilanzierungsgrundsätzen, d.h. im Mittelpunkt der Jahresabschlussaufstellung steht nicht das Vorsichtsprinzip wie beim HGB, sondern der Grundsatz der periodengerechten Erfolgsermittlung.
Kapitalflussrechnung	Bewegungsrechnung, in der für einen Zeitraum (Geschäftsjahr) Herkunft und Verwendung verschiedener liquiditätswirksamer Mittel dargestellt werden. Die Kapitalflussrechnung dient als zahlungsorientierte Finanzierungsrechnung insbesondere der Information von Anlegern und Kreditgebern (siehe *Cashflow aus betrieblicher Tätigkeit* und *Free-Cashflow*). Nach § 297 Abs. 1 HGB ist die Kapitalflussrechnung für Konzernabschlüsse vorgeschrieben
Konsolidierungskreis	Kreis der in einen *Konzernabschluss* einbezogenen Unternehmen.
Konsolidierungsmaßnahmen	Maßnahmen zur Zusammenführung der einzelnen Bilanzen und Gewinn- und Verlustrechnungen der in den

Glossar

	Konzernabschluss einzubeziehenden Unternehmen, um den Jahresabschluss eines fiktiven Gesamtunternehmens zu erhalten.
Konzern	Gruppe rechtlich selbständiger Unternehmen, die von einem zur Gruppe gehörenden Unternehmen (Mutterunternehmen) »gesteuert« werden oder die unter einer einheitlichen Leitung stehen. Zur Beantwortung der Frage, ob ein *Konzernabschluss* aufgestellt werden muss, ist lediglich entscheidend, ob ein »Control-Verhältnis« besteht.
Konzernabschluss	Jahresabschluss eines fiktiven Gesamtunternehmens, der vom Mutterunterunternehmen eines *Konzerns* aufgestellt wird. Bei dem im Konzernabschluss dargestellten fiktiven Gesamtunternehmen handelt es sich um die Gesamtheit der Konzernunternehmen, die als eine eigenständige wirtschaftliche Einheit betrachtet werden.
Latente Steuern	Zeitliche Unterschiede beim Steueraufwand in Einzel- und Konzernabschlüssen gegenüber den Steuerbilanzen. Aktivische »Latente Steuern« (höherer Steueraufwand nach den Steuerbilanzen, als nach handelsrechtlichen Abschlüssen anfallen würde) sind nach *IAS/IFRS* auf der Aktivaseite der Bilanz zu bilanzieren (nach dem HGB besteht beim Einzelabschluss ein Aktivierungswahlrecht). Ist hingegen der Steueraufwand nach steuerrechtlichen Vorschriften niedriger, als er nach dem handelsrechtlichen Ergebnis wäre, dann besteht sowohl nach *IAS/IFRS* wie auch nach HGB ein Passivierungspflicht in der Bilanz (Einzelabschluss wie Konzernabschluss).
Leverage-Effekt	Der Leverage-Effekt (leverage = Hebel) bezeichnet die Abhängigkeit der Rentabilität des Eigenkapitals vom Anteil der Fremdfinanzierung. Wenn die Rentabilität des Gesamtkapitals größer ist als der Fremdkapitalzins, erhöht sich bei gleichbleibender Verzinsung des eingesetzten Kapitals die Eigenkapitalrendite bei steigender Verschuldung (positiver Leverage-Effekt).
Lifo-Verfahren (Last in – first out)	Verbrauchsfolgeverfahren zur Sammelbewertung von Roh-, Hilfs- und Betriebsstoffen. Bei diesem Verfahren wird unterstellt, dass die zuletzt eingegangenen Bestände zuerst verbraucht werden, so dass sich am Bilanz-

Glossar

	stichtag immer die zuerst eingegangenen Bestände auf Lager befinden. (Alternativ kann auch das *Fifo-Verfahren* angewandt werden.)
Rating	Beurteilung der Zahlungsfähigkeit von Unternehmen. Die bekanntesten Rating Agenturen sind »Standard & Poors« und »Moody's Investors Service«.
Segmentberichterstattung	Veröffentlichung von Informationen über die Vermögens-, Finanz- und Ertragslage einzelner Geschäftsfelder. Sie ermöglicht Rückschlüsse auf die Entwicklung in den einzelnen Segmenten und deren Beitrag zum Unternehmensergebnis bzw. Konzernergebnis. Nach dem Bilanzreformgesetz von 2004 ist die Segmentberichterstattung für alle Konzernabschlüsse nur noch optional vorgesehen. Da allerdings ab dem 1.1.2005 kapitalmarktorientierte deutsche Mutterunternehmen ihren Konzernabschluss nach den IAS/IFRS zu erstellen haben (§ 315a HGB), müssen diese zwingend eine Segmentberichterstattung erstellen (IAS 14).
Stille Reserven	Unterbewertungen von Vermögensgegenständen (z.B. aufgrund zu hoher Abschreibungen) und Überwertungen von Verpflichtungen (z.B. Bildung überhöhter Rückstellungen) führen gemessen an den »Marktwerten« in der Bilanz zu einem geringeren Vermögensausweis bzw. zu einem höheren Fremdkapitalausweis. Die Differenz zwischen aktuellen Marktwerten und Bilanzwerten stellt die »Stille Reserve« dar, die im Rahmen einer Bilanzanalyse dem (effektiven) Eigenkapital zuzuordnen ist.
True-and-fair-view-Prinzip	Aus dem anglo-amerikanischen Rechnungslegungssystem ins HGB übernommene Generalnorm. Gemäß § 264 Abs. 2 HGB hat der Jahresabschluss einer Kapitalgesellschaft unter Beachtung der Grundsätze ordnungsmäßiger Buchführung ein den tatsächlichen Verhältnissen entsprechendes Bild der Vermögens-, Finanz- und Ertragslage zu vermitteln.
Umsatzkostenverfahren	Gliederung der Gewinn- und Verlustrechnung, bei der dem Umsatz in einer bestimmten Periode (Geschäftsjahr) nur die Aufwendungen gegenübergestellt werden, welche für die verkauften Produkte angefallen sind. Erlaubt nach HGB und IFRS. Im Gegensatz zum Umsatz-

	kostenverfahren kann auch das *Gesamtkostenverfahren* angewandt werden.
US-GAAP (United States – Generally Accepted Accounting Principles)	US-amerikanische Rechnungslegungsstandards, die vom einem privatrechtlich organisierten Gremium (FASB = Financial Accounting Standards Board) im Auftrag der US-Börsenaufsicht SEC (Securities and Exchange Commission) aufgestellt werden. Im Vordergrund der Rechnungslegung nach den US-GAAP steht die Bereitstellung von Informationen für Investoren.

Literaturverzeichnis

Coenenberg/Haller/Schultze, Jahresabschluss und Jahresabschlussanalyse, Betriebswirtschaftliche, handelsrechtliche, steuerrechtliche und internationale Grundsätze – HGB, IFRS und US-GAAP, 21. Überarbeitete Aufl., Schäffer-Poeschel, 2009
Ernst & Young (Hrsg.), Entwicklungstendenzen in deutschen Corporate Governance, 2002
Federmann/Müller, IAS/IFRS-stud., 4., völlig neu bearbeitete Aufl., Schmidt, Erich 2010
Fink/Schultze/Winkeljohann, Bilanzpolitik und Bilanzanalyse nach neuem Handelsrecht, Schäffer-Poeschel, 2010
Fitting/Engels/Schmidt/Trebinger/Linsenmaier, Betriebsverfassungsgesetz: BetrVG mit Wahlordnung, 25., neubearbeitete Aufl., Vahlen 2010
Göritz/Hase/Laßmann/Rupp, Interessenausgleich und Sozialplan, 2., aktualisierte und erweiterte Aufl., Bund-Verlag 2010
Gräfer/Schneider, Bilanzanalyse, 11., vollständig überarbeitete Aufl., NWB Verlag 2010
Paul Hartmann AG (Hrsg.), Geschäftsberichte 2008–2010; Jahresabschlüsse 2008–2010
Heuser/Theile, IFRS-Handbuch, 4., neu bearbeitete Aufl., Dr. Otto Schmidt 2009
Kessler/Leinen/Strickmann, Handbuch BilMoG, Der praktische Leitfaden zum Bilanzmodernisierungsgesetz, 2. Aufl., Haufe Verlag GmbH & Co KG, 2010
Köstler/Zachert/Müller, Aufsichtsratspraxis. Handbuch für Arbeitnehmervertreter im Aufsichtsrat, Bund-Verlag 2009
Kralicek, Bilanzen lesen – eine Einführung, 3. Aufl., Redline Wirtschaft 2007
Laßmann/Rupp, Handbuch Wirtschaftsausschuss, Handlungsmöglichkeiten für eine aktive Informationspolitik, 8., überarbeitete Aufl., Bund-Verlag 2011
Lüdenbach, IFRS, Der Ratgeber zur erfolgreichen Anwendung von IFRS, 6., überarbeitete und erweiterte Aufl., Haufe-Lexware 2010
Müller, IFRS – International Financial Reporting Standards, Grundlagen für Aufsichtsrat und Unternehmenspraxis, 2. Aufl., Bund-Verlag 2010

Literaturverzeichnis

Prangenberg, Konzernabschluss International, Einführung in die Bilanzierung nach IAS/IFRS und HGB, Schäffer-Poeschel 2011

Regierungskommission Deutscher Corporate Governance Kodex, Deutscher Corporate Governance Kodex

Rupp, Rudi, Übernahme durch Finanzinvestoren. Handlungshilfe für Betriebsräte, Wirtschaftsausschuss und Arbeitnehmervertreter im Aufsichtsrat, Bund-Verlag Frankfurt a. M. 2010.

Harald Schwarz, Flowtex: Prüfer zahlen 100 Millionen DM, in Süddeutscher Zeitung vom 17. 9. 2001

Stichwortverzeichnis

Abschlussprüfer 132–133, 139–140
– Fehleinschätzungen der Unternehmensrisiken 140
Abschreibungen 148, 151
Abschreibungsaufwandsquote 207, 217
Abschreibungsmethoden 149
Abschreibungsverfahren
– Beispiel 60
Aktivische latente Steuern 47–48
Aktivseite 42
Andere aktivierte Eigenleistungen 60
Anhang 69, 84
– Angabepflichten 69, 84
Anlagegitter 75
Anlagenintensität 197
Anlagespiegel 74–76, 191
Anlagevermögen 38, 42
Anteil des wirtschaftlichen Eigenkapitals 196
Arbeitsproduktivität 214
Aufwands- und Rentabilitätskennzahlen 216
Aufwandskennzahlen 217
Außerordentliche Aufwendungen 60–61
Außerordentliche Erträge 60–61
Außerordentliches Ergebnis 60–61

Beherrschungsvertrag 97
Beschäftigte im Jahresdurchschnitt 219
Bestätigungsvermerk 134–138, 140–141
– Bedeutung 136
– Beispiel 135
– eingeschränkter oder versagter 137
– Inhalt 134
– uneingeschränkter 137
Betriebsergebnis 182–183, 185
– ordentliches 185
Bewertung der Roh-, Hilfs- und Betriebsstoffe 154
– Durchschnittsmethode 154
– Festbewertung 154
– Fifo-Verfahren 154
– Lifo-Verfahren 155
– Verbrauchsfolgeverfahren 154
Bewertung der unfertigen und fertigen Erzeugnisse 156
Bilanz 36, 45
– Aktiva 36
– Bilanzgliederung 37–38
– Passiva 37
– verkürzte 45
Bilanzanalyse 164–165, 189
Bilanzaufstellungsfrist 29
Bilanzfeststellungsfrist 29
Bilanzkennzahlen 190, 200, 202
– graphische Darstellung 202

Stichwortverzeichnis

Bilanzpolitik 142–144, 163
- formale 143
- Instrumente 144
- materielle 143
- Sachverhaltsgestaltung 143
- Ziele 142

Bilanzrechtsmodernisierungsgesetz 23, 56ff., 96, 147
- Änderung von Bewertungs-, Ansatz- und Ausweiswahlrechten im HGB 144ff.
- Aufgabe des umgekehrten Maßgeblichkeitsprinzips 26
- Einführung von IFRS-Standards in das HGB 18
- Entwicklungskosten 147
- Goodwill 146
- Passivierungsverbot für Sonderposten mit Rücklageanteil 54
- Streichung der Öffnungsklausel 23

Bilanzreformgesetz 23
Bilanzrichtliniengesetz 21, 23, 34
BilMoG, s. Bilanzrechtsmodernisierungsgesetz
Bruttoeinkommen je ArbeitnehmerIn 219

Cashflow 220–221, 223–224, 227–228
- Ermittlungsschema 227
- vereinfachter 228

Cash-Pooling 47
Corporate Governance Kodex 25, 30

Deckungsgrade des Anlagevermögens 197
Derivate Finanzinstrumente 44
Disagio 159
Doppelte Buchführung 35

Dynamische finanzwirtschaftliche Kennzahlen 220
Dynamischer Verschuldungsgrad 223, 229

EBIT 204
EBITDA 203, 205
Eigenkapital 49–50
Eigenkapitalanteil 195
Eigenkapitalrentabilität 208, 217–218
Eigenkapitalspiegel 90–91, 100
Eigenkapitalveränderungsrechnung 90
Einigungsstelle nach § 109 BetrVG 136
Entwicklungsaufwendungen 148
Erfolgskennzahlen 203, 215–217
Ergebnis der gewöhnlichen Geschäftstätigkeit 60–61
Ergebnisverwendungsbeschluss 95
Ergebnisverwendungsvorschlag 95
EU-Mittelstandsrichtlinie 24

Finanzanlagen 43–44
Finanzergebnis 182, 186
Finanzierungskennzahlen 195
Forderungen 45
Forschungsaufwendungen 148

Geringwertige Wirtschaftsgüter 151
Gesamtkapitalrendite 218
Gesamtkapitalrentabilität 209–210, 217
Gesamtkostenverfahren Gewinn- und Verlustrechnung
- Gesamtkostenverfahren 60
Gesamtleistung 204
Geschäfts- oder Firmenwert 43, 146–147

Stichwortverzeichnis

Geschäfts- und Firmenwert 38
Gewinn- und Verlustrechnung 59, 62–64, 66, 181–182
– Aufgliederung 181–182
– Gesamtkostenverfahren 61–62, 64, 66
– Gliederungsschema 60
– Gliederungsschema nach dem Gesamtkosten- u. dem Umsatzkostenverfahren 60
– Umsatzkostenverfahren 60–61, 63–64
– Umsatzkostenverfahren 60
Gewinnrücklage 38
Gezeichnetes Kapital 38
Grundsätze ordnungsmäßiger Buchführung 32
– Bilanzkontinuität 33
– Einzelbewertung 33
– Niederstwertprinzip 33
– periodengerechte Zuordnung der Aufwendungen und Erträge 33
– Richtigkeit 33
– Stetigkeit 33
– Vollständigkeit 33
– Vorsicht 33
GuV-Rechnung
– s. Gewinn- und Verlustrechnung 60, 134

IAS/IFRS 98
Immaterielle Vermögensgegenstände 43
Informationsrecht 26
– Aufsichtsrat 26
– Betriebsrat 26
– Wirtschaftsausschuss 26
Innenfinanzierungsgrad 222, 228–229
Intensitäts- bzw. Aufwandskennzahlen 205

Jahresabschluss 26–29, 32, 36, 132
– Bestandteile 32, 36
– Offenlegung 29
– Prüfungspflicht 132
– Veröffentlichungspflicht, Veröffentlichungsvorschriften
– Einzelunternehmen 31
– Konzern 99
Jahresbilanz
– Bilanzgliederung 38
Jahresüberschuss bzw. -fehlbetrag 38, 60–61

Kapitalflussrechnung 31, 87–89, 100, 224–226
Kapitalgesellschaft 30, 40
– große 30
– kleine 30, 40
– mittelgroße 30
Kapitalgesellschaften-&-Co-Richtlinien-Gesetz 24
Kapitalkonsolidierung 103, 106
Kapitalrücklage 38
Kennzahlenbogen 232–233
Konsolidierungsformen 106
Konsolidierungskreis 106
KonTraG 24
Konzern 96
– Kontrollkonzept (BilMoG) 96
Konzern- GuV 100
Konzern GuV-Rechnung 112
– Beispiel 112
Konzernabschluss 28, 97–98, 100–103, 105–106, 108
– Befreiungstatbestände 98
– Konsolidierungsrechnung 102
– nach IAS/IFRS 101
– Pflicht zur Aufstellung 98
Konzernanhang 100, 112–113, 120

Stichwortverzeichnis

- Beispiel 120
- Pflichtangaben 113
Konzernbilanz 100, 109–111, 161
- Aufbau 110
- Beispiel 111
- Umbewertung 161
- Währungsumrechnungen 161
Konzern-Eigenkapitalspiegel 126
- Beispiel 126
Konzernkapitalflussrechnung 125
- Beispiel 125
Konzernlagebericht 101, 128–129
- Beispiel 129
Konzernrechnungslegung 97
Konzern-Segmentberichterstattung 126
- Beispiel 126

Lagebericht 28, 31, 99, 127–128, 134, 136
Latente Steuern 39, 157–158
Leverage-Effekt 210, 218
Liquidität 47
Liquidität 1. Grades (Barliquidität) 192
Liquidität 2. Grades 193
Liquidität 3. Grades 194
Liquiditätskennzahlen 192

Materialaufwand 60
Materialaufwandsquote 206, 216–217

Passivische latente Steuern 59
Passivseite 49
Pensionsrückstellungen 56
Personalaufwand 60
Personalaufwandsquote 206, 212–213, 216, 217, 219
- bereinigte 213, 219

Produktivität 219
Prüfungsbericht 132–134
- Aushändigung 136
- Einsichtnahme 136

Quotenkonsolidierung 108

Rechnungsabgrenzungsposten 47, 58
Rentabilitätskennzahlen 208, 217
Risikofrüherkennungssystem 134
Risikomanagementsystem 134
Rohergebnis 67–68
Rücklagen 49–50
- andere 50
- für Anteile an einem herrschenden oder mit Mehrheit beteiligten Unternehmen 50
- gesetzliche 50
- satzungsmäßige 50
Rückstellungen 55, 57, 159–160
- Abzinsung 55
- Altersteilzeitrückstellungen 55
- aufgrund einer Verpflichtung gegenüber Dritten 55
- für Mehrarbeits- und Urlaubsansprüche aus dem Berichtsjahr 55
- für unterlassene Abraumbeseitigung 55
- für unterlassene Aufwendungen zur Instandsetzung 55
- Kulanzrückstellungen 55
- ohne Verpflichtung gegenüber Dritten 55
- Pensionsrückstellungen 55
- Provisionsrückstellungen 55
- Prozessrisikorückstellungen 55
- Rückstellungen für Garantieverpflichtungen 55
- Rückstellungen für Umweltschutzmaßnahmen 55

Stichwortverzeichnis 279

- Rückstellungsarten 55
- sonstige 57
- Sozialplanrückstellungen 55
- Steuerrückstellungen 55

Sachanlagen 43
Sale-and-lease-back-Geschäft 153, 190
Schuldenkonsolidierung 103
Segmentberichterstattung 92–94, 99, 101
Sonderposten mit Rücklageanteil 53–54, 160, 176
- Beibehaltungswahlrecht 54
Sonstige betriebliche Aufwendungen 65
Sonstige betriebliche Erträge 60, 65
Sozialkennzahlen 211–212, 218–219
Sozialplanrückstellung 57
Steuerrückstellungen 57
Stille Reserven 190

Testat 138
Transparenz- und Publizitätsgesetz 25
True-and-fair-view-Prinzip 34

Umlaufvermögen 44
Umsatzkostenverfahren 60
Umsatzrentabilität 210–211, 217
Umstrukturierung der Bilanz 165–166, 171, 173–175, 177
- Aktivseite 171, 173
- Passivseite 174–175, 177
Unternehmenskrise 134
Unternehmensleasing 152
US-GAAP 98

Verbindlichkeiten 58
Verbindlichkeitenspiegel 77
Veröffentlichungsvorschriften
- Einzelunternehmen 31, 98
- Konzern 99
Vollkonsolidierung 107–108
Vorräte 45
Vorratsvermögen 153

Wertaufholungsgebot 43
Wertpapiere 46
Wirtschaftsprüferbericht 136

Zinsaufwandsquote 207, 217
Zweckgesellschaft 97

Kompetenz verbindet

Nikolai Laßmann / Rudi Rupp

Handbuch Wirtschaftsausschuss

Handlungsmöglichkeiten für eine aktive Informationspolitik
8., überarbeitete Auflage
2011. 427 Seiten, gebunden
€ 34,90
ISBN 978-3-7663-6082-3

Der Wirtschaftsausschuss hat die Aufgabe, den Betriebsrat und die Belegschaft in allen wirtschaftlichen Fragen zu beraten. Hierzu benötigt er fundiertes betriebswirtschaftliches Wissen, damit er auf Augenhöhe mit dem Arbeitgeber verhandeln und die ihm vorliegenden ökonomischen Daten beurteilen und aktiv kommunizieren kann.

Das Handbuch vermittelt das gesamte Basiswissen für die Arbeit des Wirtschaftsausschusses. Es stellt die notwendigen Grundlagen zur Verfügung, um die wirtschaftliche Situation des Unternehmens kompetent und unabhängig von Vorgaben des Arbeitgebers einzuschätzen.

Konkrete Handlungsempfehlungen unterstützen den Wirtschaftsausschuss dabei, seine Informations- und Beratungsrechte einzufordern und im Sinne der Belegschaft durchzusetzen.

Im Mittelpunkt der Neuauflage stehen die Möglichkeiten der Gewinnmanipulation in den Bilanzen von (multinationalen) Konzernen und wie der Wirtschaftsausschuss diese erkennen kann. Neu aufgegriffen haben die Autoren das Thema der Unternehmensbewertung.

Bund-Verlag

Kompetenz verbindet

Marcus Disselkamp

Die Praxis des Wirtschaftsausschusses von A bis Z

Das Handwörterbuch für die Arbeit des Wirtschaftsausschusses
2. Auflage
2009. 373 Seiten, gebunden
€ 49,90
ISBN 978-3-7663-3933-1

Die Bedeutung des Wirtschaftsausschusses wächst erheblich. Als Unterausschuss des Betriebsrats hat er die Aufgabe, die Informationen über die wirtschaftlichen Planungen des Unternehmens einzuholen und mit Blick auf Auswirkungen für die Beschäftigten zu bewerten.

Das im August 2008 in Kraft getretene Risikobegrenzungsgesetz räumt dem Wirtschaftsausschuss bei Unternehmensübernahmen deutlich mehr Informationsrechte gegenüber dem Arbeitgeber ein.

Das Handwörterbuch vermittelt die für die Arbeit des Wirtschaftsausschusses erforderlichen Kenntnisse in über 50 Stichwörtern. Der Autor erläutert eingehend, wie ein Wirtschaftsausschuss effektiv arbeitet. Er demonstriert, wie dieser alle rechtlichen Möglichkeiten gegenüber dem Arbeitgeber ausschöpft, um seine Informations- und Beratungsrechte durchzusetzen. Beispiele und Tipps für den Alltag runden das Werk ab.

Bund-Verlag

Kompetenz verbindet

Matthias Müller

IFRS

International Financial Reporting Standards
Grundlagen für Aufsichtsrat und Unternehmenspraxis
2., überarbeitete und erweiterte Auflage
2010. 210 Seiten, gebunden
€ 39,90
ISBN 978-3-7663-3979-9

Die International Financial Reporting Standards (IFRS) sind europaweite Grundlage für die Rechnungslegung kapitalmarktorientierter Gesellschaften. Auch nicht an der Börse notierte große und mittelständische Konzerne nutzen für die Erstellung des Konzernabschlusses regelmäßig die Bilanzierungsregeln der IFRS, weil Kapitalmarktteilnehmer und Kreditinstitute ihre Entscheidungen bevorzugt auf der Basis von IFRS-Rechenwerken fällen wollen.

Für Aufsichtsratsmitglieder und betroffene Betriebsräte ist die Kenntnis der Regelungen entscheidend, um die Jahresabschlüsse und die wirtschaftliche Situation des Konzerns verstehen und beurteilen zu können. Nur so können sie ihre Mitbestimmungsrechte zielführend einsetzen.

Das Handbuch enthält eine systematische Gesamtübersicht über die internationalen Rechnungslegungsstandards. Es stellt die erforderlichen Grundlagen dar und geht anhand zahlreicher Beispiele und umfangreicher Fallstudien auf praktische Umstellungsfragen ein.

Zu beziehen über den gut sortierten Fachbuchhandel oder
direkt beim Verlag unter E-Mail: kontakt@bund-verlag.de

Bund-Verlag

Kompetenz verbindet

Wilhelm Bichlmeier / Andrej Wroblewski

Das Insolvenzhandbuch für die Praxis

Insolvenzrecht, Arbeitsrecht, Sozialrecht
3., überarbeitete Auflage
2010. 602 Seiten, gebunden
€ 59,90
ISBN 978-3-7663-3949-2

In Wirtschaftskrisen haben Insolvenzen Hochkonjunktur. Detailliert informiert das Handbuch über die rechtlichen Auswirkungen von Insolvenzen auf das Arbeitsverhältnis. Schwerpunkte sind Fragen der praktischen Beratung und die gerichtliche sowie die außergerichtliche Vertretung von einzelnen Arbeitnehmern und Betriebsräten. Zahlreiche Praxishinweise, Checklisten, Mustertexte und Beispiele runden das Werk ab.

Die Inhalte:
- Krise des Unternehmens bis zur Insolvenzantragstellung
- Das Eröffnungsverfahren
- Das Regelverfahren: u.a. Forderungen der Arbeitnehmer, Gesetzliche Insolvenzsicherung der betrieblichen Altersversorgung, Betriebsübergang, Freistellung und Kündigungen in der Insolvenz, Insolvenzsozialplan, Altersteilzeit und Arbeitszeitkonten sowie deren Insolvenzsicherung
- Gläubigerversammlung und Gläubigerausschuss
- Die Rolle des Betriebsrats im Insolvenzverfahren
- Besondere Verfahrensarten: Insolvenzplan, Eigenverwaltung
- Informations- und Akteneinsichtsrechte
- Internationales Insolvenzrecht
- Insolvenzgeld

Bund-Verlag